친구를 만들고 사람을 움직이는 방법

친구를 만들고 사람을 움직이는 방법

카네기 처세술

HOW to WIN FRIENDs &

친구를 만들고 사람을 움직이는 방법

INFLUENCE PEOPLE

데일 카네기 지음 | 김이랑 옮김

시간과공간사

사람을 움직이는 자만이 성공한다

인간은 사회적 동물이다. 누구든 혼자 살아갈 수는 없으며 하루에도 수십 번, 수백 번씩 타인과 접촉하며 살아간다. 다시 말해 타인과의 접촉이 없이는 단 하루도 살아갈 수 없는 것이 사람이란 말이다. 그리고 아무리 유능한 인간일지라도, 다른 사람들이 움직여 주고 협조해 주지 않는다면, 아무 일도 해낼 수 없다. 그러므로 사람을 잘 움직이는 사람은 성공하고, 그렇지 못한 사람은 실패하기 마련이다.

그렇다면 성공적인 인생을 살기 위해선 어떻게 해야 할까? 우선 당신은 '사람을 움직이는 자만이 성공한다.'는 원칙을 명심하고, 그 방법을 체득하도록 노력해야 할 것이다. 그래야만 성공할 수 있기 때문이다.

이 책은 세계적으로 유명한 데일 카네기(Dale Carnegie)의 대표작 「How to Win Friends and Influence People」을 우리말로 옮긴 것으로, 미국에서만도 700만 부 이상이나 팔린 최고의 권위서다. 이 책이 당신에게 '사람을 움직이는 방법'을 터득하게 함으로써, 기적과 같은 성공의 행운을 안겨 줄 것이라 믿는다.

[CONTENTS]

[CONTENTS]

사람을 움직이는 3가지 방법

제1장

도둑에게도 할 말은 있다

1931년 5월 7일, 뉴욕 시내 한복판에서는 대대적인 체포 작전이 벌어졌다. 경찰들이 몇 주에 걸친 추적 끝에 드디어 극악무도한 살인범으로 유명한 '쌍권총의 클로레'의 은신처를 알아내, 웨스트 엔드가의 아파트에 숨어 있는 범인을 체포하기 위한 작전에 돌입했다.

범인이 잠복해 있는 아파트의 맨 위층을 경찰 150명이 포위한 다음, 지붕에 구멍을 뚫어 최루가스를 방사해 클로레를 몰아내기 시작했다. 그리고 얼마 후 주변 건물 옥상에서는 수십 개의 기관총들이 일제히 화염을 내뿜었다. 하지만 순순히 당하고만 있을 클로레가 아니었다. 궁지에 몰린 클로레는 두터운 소파에 몸을 숨기고 경찰부대를 향해서 권총을 마구 쏘아 대며 최후의 저항을 했다.

뉴욕 시내 한복판에서 일어난 이 총격전을 구경하려고 몰려든 군중은 무려 1만 명이나 되었다. 이는 전례에 없는 대활극이었기 때문이다.

마침내 클로레가 체포되었을 때, 경시총감 마를르네가 발표한 바에 의하면, 이 '쌍권총 클레로'는 뉴욕의 범죄사에서도 보기 드문 흉악범으로 아무런 원한도 없이 그저 사소한 이유만으로 사람을 죽였다고 한다. 그러면 이 '쌍권총 클로레'는 자신에 대해 어떻게 생각하고 있었을까? 이에 대한 답을 알 수 있는 단서가 남아 있기는 하다. 뉴욕 시내 한복판에서 벌어진 그 총격전 속에서 클로레는 한 통의 편지를 썼던 것이다. 편지를 쓰는 동안에도 그의 몸에서는 정신없이 피가 솟구쳤다.

피로 물든 편지의 한 구절에는 다음과 같은 내용이 적혀 있었다.

나의 마음…… 비록 지칠 대로 지쳐 버린 마음이긴 하지만 다정한 마음이다. 그 누구에게도 상처를 주려고 하지 않는 마음이다.

총격전이 일어나기 얼마 전, 클로레는 롱아일랜드의 시골길에 자동차를 세워 놓고 애인과 함께 밀애를 즐기고 있었는데 마침 지나던 한 경찰관이 그 모습을 보고 자동차로 가까이 가서 말을 걸었다.

"면허증 좀 봅시다."

말이 떨어지기가 무섭게 클로레는 단 한 마디도 없이 권총을 뽑아 들고 경찰관을 향해 쏘았다. 총격을 당한 경찰관이 쓰러지자 클로레는 차에서 뛰어내려서는 경찰관의 총을 꺼내 들고 다시 한 번 총을 쏘았다.

이렇듯 극악무도한 살인마가 편지에서 스스로를 '누구에게도 상처를 주려고 하지 않는 마음'의 주인공이라고 일컫고 있는 것이다.

클로레가 사형집행을 앞두고 전기의자에 앉았을 때, "이 모든 것이 다 나의 죄다. 나는 무고한 이들을 수없이 많이 죽였으니까."라고 했을까? 천만에 말씀이다. 클로레의 마지막 말은 "내 몸을 지키려다가 이런 꼴을 당하고 마는구나."였다.

내가 말하고자 하는 요점은 클로레와 같은 흉악무도한 인간조차도 결코 스스로를 나쁘다고는 생각하지 않고 있었다는 사실이다. 물론 이와 같은 사고방식을 가진 범죄자는 클로레 외에도 얼마든지 있다.

"나는 한창 일할 나이의 대부분을 사회를 위해서, 남을 위해서 봉사했다. 그런데 어떤가? 내가 그 대가로 받은 것은 싸늘한 세상의 비난과 용의자라는 낙인뿐이다."

이는 미국 전역을 공포에 몰아넣은 암흑가의 왕자 알 카포네의 말이다. 카포네처럼 극악무도한 사람도 자신을 악인이라고 생각하지 않았던 것이다. 아니 오히려 자신을 자선가라고 생각했다. 세상 사람들이 자신의 선행을 오해했다고 말했으니 말이다.

다치 슈르츠만 해도 그렇다. 그는 뉴욕에서도 일급 악인에 속하는데 갱끼리의 자리다툼으로 목숨을 잃기 전, 슈르츠는 한 신문기자와의 인터뷰에서 자신을 가리켜 '사회의 은인'이라고 했다.

이 문제와 관련해 나는 싱싱교도소 소장으로부터 흥미 있는 이야기를 들었다. 수감된 사람들 중 스스로를 악인이라고 생각하는 사람은 거의 찾아볼 수 없다는 것이다. 스스로를 일반 선량한 시민들과 조금도 다르지 않다고 생각하고 있고, 자신의 행위를 정당하다고 믿는다는 것이다. 그래서 자기가 왜 금고를 털지 않으면 안 되었는지, 왜 권총의 방아쇠를 당기지 않으면 안 되었는지의 이유를 정말 그럴듯하게 설명한다는 것이다. 따라서 자기가 형무소에 수감되어 있는 것은 정말 부당한 처사라고 생각하고 있다는 것이다.

앞에서 열거한 극악무도한 자들까지도 스스로의 행동에 정당성을 부여하고 그것이 옳다고 믿고 있다면 일반 사람들은 자기 자신을 어떻게 생각하고 있겠는가? 미국의 위대한 실업가 존 워너메이커는 이렇게 말한 일이 있다.

"나는 30년 전에 사람을 꾸짖는 것은 바보짓이란 사실을 깨달았다. 자신의 일조차도 자기 생각대로는 되지 않는데, 신이 모든 인간에게 평등한 능력을 부여해 주지 않은 일에까지 화를 내고 있을 만한 여유가 없다."

워너메이커는 젊은 나이에 이러한 진리를 깨달았지만, 유감스럽게도 나는 40세 가까이 되어서야 겨우, '인간이란 설사 자기 자신이 어떤 잘못을 저질러도 결코 자기가 나쁘다고는 생각하려 하지 않는다'는 사실을 깨닫기 시작했다.

다른 사람의 결점을 들추어내는 일은 유익할 게 하나도 없다. 상대방은 곧 방어태세를 갖추고, 어떻게든지 자신을 정당화할 것이다. 더구나 자존심에 상처를 입은 상대방이 무슨 일을 저지를지 알 수 없는 일이다.

일찍이 독일 군대에서는 어떤 불만이 있어도 그 자리에서 불평하는 일이 허용되지 않았다. 속으로 끙끙 앓으면서 무조건 하룻밤을 지내야 하는 것이다. 냉정을 찾을 여유를 갖게 하자는 의도였던 것이다. 이 규칙은 엄중히 지켜졌다.

나는 이러한 독일 군대의 규칙을 일반 사회에도 동일하게 적용시켜야 한다고 생각한다. 그러면 남에게 호통치고 남의 결점을 들추어 내는 사람들의 수가 현저히 줄어들 것이다.

남을 비난하는 것이 이롭지 않다는 사실은 역사에서도 그 예를 수없이 많이 찾아볼 수 있다. 루스벨트 대통령과 그 후계자인 태프트 대통령과의 관계는 아주 유명하다. 루스벨트와 공화당 혁신파와의 대립 때문에 그들이 이끄는 공화당이 분열되어 민주당의 윌슨이 백악관의 주인이 되었을 뿐 아니라, 1차 세계대전에 미국이 가담하게 되어 세계 역사의 흐름까지 바뀌게 되었던 것이다. 그러면 여기에서 그 사건을 잠시 더듬어 보기로 하자.

1908년에 루스벨트는 대통령자리를 같은 공화당의 태프트에게 양보하고, 자신은 아프리카로 사자사냥을 떠났다. 그런데 아프리카에서 돌아와 보니, 태프트의 일처리가 도무지 마음에 들지 않았다. 지나치게 보수적인 그의 방식이 눈에 가시처럼 느껴졌던 것이다. 그래서 둘은 반목하게 되었고, 결국 루스벨트는 다음 대통령 지명을 확보하기 위하여 진보당을 조직했다. 그 결과 공화당은 궤멸의 위기에 놓이게 되었고, 선거에서 태프트를 대통령 후보로 내세운 공화당은 버몬트와 유타의 겨우 두 곳에서만 지지를 얻었다. 이는 공화당으로서는 전례에 없는 참패였다.

루스벨트는 이 모든 원인을 태프트에게 돌리고 그를 비난했다.

그러나 비난을 당한 태프트는 과연 자기가 잘못했다고 생각했을까?
물론 그렇게 생각하지 않았다.

"아무리 생각해 보아도 나로서는 그렇게 하는 수밖에 다른 방법은
없었다."

태프트는 억울함을 누르지 못하고 눈물까지 흘리며 사람들에게
말했다.

그러면 이들 두 사람 중 누가 더 나빴을까? 솔직히 이 문제에
대해서는 나로서도 알 수 없는 노릇이고, 또 알 필요도 없는 일이다.
내가 여기서 말하고 싶은 것은 루스벨트가 아무리 심하게 태프트를
비난했어도 태프트로 하여금 후회나 반성의 생각을 끌어내지 못했
다는 사실이다. 태프트는 어떻든 자신의 입장을 정당화하려는 노력
만 했고, "아무리 생각해도 그렇게 하는 수밖에 다른 방법은 없었
다."는 말만 되풀이했다.

또 티포트 도움 유전의 의옥사건(疑獄事件)을 들어 보자. 이것은
미국에서도 전무후무한 큰 의옥사건으로, 여러 해 동안 국민들을
격분하게 한 커다란 사건이었다.

이 사건의 주인공은 앨버트 포올이라는 남자로, 그는 하딩 대통령
(미국의 29대 대통령) 밑에서 내무장관이란 요직을 맡고 있었다. 그는
당시 정부 소유의 티포트 도움과 엘크 힐의 유전대여(油田貸與)에
관한 실권을 쥐고 있었다.

원래 이 유전들은 해군용으로 보존해 두도록 되어 있었는데 포올
은 정식 입찰도 거치지 않고 친구인 드헤니와 계약을 맺고 대여해
주어, 그를 벼락부자로 만들어 주었다. 이에 드헤니는 '대부금'이라

는 명목으로 포올에게 10만 달러를 융통해 주었다. 그러자 이 내무
장관은 해병대를 동원하여, 그 유전 근처의 다른 업자들을 쫓아내기
시작했다. 다른 유전으로 인해 엘크 힐의 석유 매장량이 감소될
것을 우려했기 때문이다. 그러나 총칼 앞에 무참히 내쫓긴 사람들은
그대로 물러서지 않았다. 그들은 일제히 들고 일어나 법정에 호소했
고 결국 이 사건은 백일하에 폭로되었던 것이다.

추악한 이 사건으로 인하여 하딩 대통령은 끝내 목숨을 잃게 되었
고, 전 국민의 격분을 산 공화당은 위기에 빠지게 되었다. 물론 앨버
트 포올은 수감되었고, 얼마 후 처형당했다. 현직 관리로서는 전례
에 없는 중죄를 저질렀기에 처형을 피할 수 없었다.

그러면 포올은 과연 자신의 죄를 회개했을까? 천만의 말씀이다.
그로부터 몇 해가 지난 뒤 허버트 후버 대통령은 한 강연회에서,
하딩 대통령의 죽음을 재촉한 것은 친구에게 배신당한 정신적 충격
이었다고 말한 일이 있다. 그런데 마침 그곳에서 강연을 듣고 있던
포올 부인이 갑자기 의자에서 벌떡 일어나, 주먹을 휘두르면서 울부
짖었다.

"뭐라고요? 하딩이 포올에게 배신을 당했다고요? 천만에! 내 남편
은 단 한 번도 남을 배신한 일이 없습니다. 이 건물을 가득 덮고도
남을 만한 황금으로 내 남편을 유혹했다고 하더라도 그는 끄떡도
안했을 겁니다. 내 남편이야말로 배신을 당한 것입니다. 배신당하고
처형까지 당한 수난자입니다."

이런 식으로 악한 인간일수록 자신이 저지른 잘못은 모르고 남의
잘못만 들추어낸다. 그리고 이것은 인간이 타고난 천성이라고 할

수 있다.

이것은 악인에게만 국한된 일이 아니다. 평범한 우리들도 모두 마찬가지다. 그렇기 때문에 만일 당신이 남을 비난하고 싶어지거든 카포네나 클로레, 포올의 이야기를 떠올려 주기 바란다. 다른 사람을 비난하는 것은 마치 하늘을 보고 침을 뱉는 것과 같아, 반드시 자기 자신에게로 돌아오게 마련인 것이다.

1865년 4월 15일 토요일, 포드 극장에서 저격을 당해 쓰러진 링컨 대통령은 극장 맞은편에 있는 싸구려 여관 침대에 누워 죽음을 기다리고 있었다. 그리고 이러한 처참한 광경을 지켜보고 있던 스탠턴 장군은 이렇게 중얼거렸다.

"여기 이렇게 누워 있는 이 사람만큼 사람의 마음을 온전히 지배할 수 있는 사람은 이 세상에 아무도 없을 것이다."

스탠턴 장군은 평소에 링컨 대통령을 악평하던 사람인데, 링컨은 그것을 뻔히 알면서도 그를 요직에 앉힐 정도로 관대한 사람이었다. 그러면 이처럼 사람의 마음을 완전히 사로잡을 수 있었던 링컨의 비결은 과연 무엇인가?

나는 링컨의 생애를 10년 동안 연구했고, 다시 3년이라는 시간 동안 「세상에 알려지지 않은 링컨」이라는 제목의 책을 썼다. 링컨의 인간성과 그 가정생활에 대해서 나만큼 연구한 사람은 아마도 없을 것이라고 자부한다. 나는 특히 링컨이 사람을 다루는 방법에 관해서 더욱 깊은 연구를 했다.

링컨은 남을 비난한 적이 없었던가? 결코 그렇지 않다. 젊은 시절

그가 인디애나 주의 시골 도시에 살았을 때, 그는 사사건건 남의 잘못을 들추어냈고, 상대방을 조롱하는 내용의 편지를 써서 일부러 길가에 떨어뜨리곤 했다. 이로 인해 평생 그를 원수로 여긴 사람까지 있었으니 어느 정도였는지 짐작할 수 있을 것이다.

그리고 스프링필드로 나가 변호사 개업을 한 뒤에도, 그는 상대방을 공격하는 내용의 글을 신문에 자주 실었다.

1842년 가을, 링컨은 사치를 즐기고 싸움을 잘하는 아일랜드 태생의 정치가 제임스 시일즈를 비난하는 내용의 글을 써서 '스프링필드 저널'이란 신문에 익명으로 투고했다. 이 글이 신문에 실리자, 사람들은 웃음을 참지 못하고 박장대소했는데 시일즈는 이로 인해 불같이 화를 내고 어떻게 해서든 범인을 찾아내겠다고 공포했다. 결국 시일즈는 범인이 링컨임을 알아냈고, 링컨에게 달려와 결투를 신청했다. 링컨은 싸움에는 소질이 없었지만 거절할 수 있는 상황이 아니었기 때문에 마지못해 받아들였다. 무기의 선택은 링컨에게 주어졌는데 링컨은 자신의 긴 팔을 활용할 수 있는 기병용 검을 선택한 다음, 군 출신의 친구에게 검을 사용하는 방법에 대해 열심히 배웠다. 드디어 약속한 날짜가 되어, 두 사람은 미시시피 강의 모래밭에서 마주섰다. 그러나 결투가 시작되기 직전, 사람들의 중재로 결투는 실행되지 않았다.

싱겁게 끝나기는 했지만 용감한 링컨도 아마도 이 사건에는 간담이 서늘해졌을 것이다. 그리고 이 사건으로 인해 링컨은 사람을 다루는 방법에 대한 교훈을 얻었다. 이후 다시는 사람을 조롱하는 편지를 쓰지 않았고, 남을 비난하는 글을 쓰지 않게 된 것이다.

이보다 훨씬 후의 일이지만, 남북전쟁 때 포토맥 강 지구의 전투에서 별 성과를 얻지 못한 링컨은 사령관을 잇달아 교체한 일이 있다. 마클레런, 포오프, 밴사이드, 후카, 미드 등 5명의 장군을 차례로 바꾸었지만, 모두가 하나같이 실수를 저질렀다. 링컨은 완전히 낙담했다. 국민들 대부분이 무능한 장군들을 맹렬히 비난했기 때문이다. 하지만 링컨은 '악의를 버리고 사랑을 취하라.'라고 스스로를 타일러 마음의 평정을 잃지 않았다.

"남의 심판을 받기 싫거든, 남을 심판하지 말라."

이것이 그의 좌우명이었다. 아내나 주변의 가까운 이들이 남부 사람들을 비난하면, 링컨은 이렇게 대답했다.

"너무 나쁘게 말하지 말라구. 입장이 바뀌면 우리도 틀림없이 남부 사람들처럼 행동했을 거야."

그런데 남을 비난해도 좋을 사람이 이 세상에 단 한 명 있다면, 아마도 링컨이 그 주인공일 것이다. 그 예를 하나만 들어 보자.

1863년 7월 1일, 게티즈버그에서 남북 양군의 격전이 벌어졌다. 격전은 3일 동안 계속됐고 전세가 불리해진 남부군은 4일 날 밤 폭우가 퍼붓자, 리이 장군의 지휘에 따라 후퇴하기 시작했다. 그러나 포토맥 강까지 퇴각한 남부군은 더 이상 강을 건널 수 없었다. 폭우로 인해 강이 범람했기 때문이다. 결국 남부군은 범람하는 강물 때문에 더 이상 전진할 수도, 추격해 오는 북군 때문에 돌아갈 수도 없는 궁지에 빠지고 말았다.

링컨은 전쟁을 종결시킬 수 있는 좋은 기회가 온 것을 기뻐하며 미드 장군에게 즉각 추격 명령을 내렸다. 그런데 미드 장군은 링컨의 명령과는 정반대의 행동을 취했다. 작전회의를 열어 시간을 지연시켰고, 여러 가지 핑계를 대며 즉시 공격을 하지 않았다. 그 결과 불어난 강물이 모두 빠져 나가 남부군은 강을 건널 수 있게 되어 공격은 물거품이 되어 버렸다.

링컨은 화를 억누를 수가 없었다.

"도대체 이게 어떻게 된 거야!"

그는 아들 로버트에게 소리쳤다.

"이게 무슨 꼴이야! 독안에 든 쥐를 놓친 꼴이잖아? 간단히 해결할 수 있는 일이었는데 손가락 하나 까딱하지 않아서 놓치고 말았군. 내 명령에 따르기만 했어도 금방 끝날 일이었는데, 아무리 무능한 장군이라도 리이를 해치울 수 있었을 거야!"

몹시 실망한 링컨은 미드 장군에게 한 통의 편지를 썼다.

나는 적장 리이의 탈출로 인해 야기될 불행한 사태의 심각성을 귀하가 정확히 인식하고 있다고 생각하지 않습니다. 적은 바로 우리 손아귀에 있었습니다. 내 명령에 따르기만 했으면 전쟁은 틀림없이 종결되었을 것입니다. 그러나 이미 기회를 놓친 지금은 언제 전쟁이 끝날 지 알 수조차 없습니다. 적군이 강을 건너간 지금에 와서 그를 공격한다는 것은 절대 불가능할 것입니다. 지금 공격을 한다면 그 날 병력의 3분의 2밖에 쓸 수 없을 것입니다. 이제 귀하의 활약을 기대하는 것은 무리일 것 같습니다. 아니 이미 기대하고 있지 않습니다. 귀하는 천금같은 기회를 놓쳐 버린 것입니다. 그것 때문에 나는 깊은 괴로움에 빠져 있습니다.

이 편지를 읽은 미드 장군의 마음은 어떠했을까? 안타깝게도 그의 마음을 알 수 있는 방법은 없다. 왜냐하면 이 편지는 링컨이 죽은 뒤 그의 서재에 있는 서랍 속에서 발견되었기 때문이다.

이것은 내 추측이지만, 아마도 링컨은 이 편지를 다 쓴 후에 잠시 동안 창밖을 바라보았을 것이다. 그리고 틀림없이 이렇게 중얼거렸을 것이다.

"기다려 보는 게 좋겠다. 너무 성급히 서둘지 않는 편이 좋을지도 몰라. 전쟁터에서 멀리 떨어져 있는 이 평화로운 곳에서 공격명령을 내리는 일은 아주 쉬운 일이지. 하지만 만일 내가 미드 장군처럼 게티즈버그 전쟁터에서 피비린내 나는 현장을 직접 목격했다면 그리고 부상자들의 비명과 신음소리를 들었다면……, 아마 나도 틀림없이 공격을 멈췄을 거야. 모르긴 몰라도 내 담력이 조금만 작았더라면 나도 틀림없이 장군과 똑같이 했을 거야. 그리고 이미 배는 떠나지 않았는가. 이 편지를 보내면 내 속은 조금 시원해질지 모르지만 편지를 받은 미드의 마음은 어떻겠는가? 그는 틀림없이 자신의 행동을 정당화시키고 오히려 나를 비난할 것이다. 그래서 나에 대한 반감만 쌓여, 결국은 군에서 떠나고 말겠지."

링컨은 과거의 쓰라린 경험을 통해 심한 비난이나 책망은 조금도 유익할 것이 없다는 사실을 이미 알고 있었던 것이다.

루스벨트는 대통령 재임 중 어떤 어려운 문제에 처하면, 언제나 응접실 벽에 걸려 있는 링컨의 초상화를 보면서 '링컨이라면 이 문제를 어떻게 처리할까?'라고 생각하는 것이 습관이었다고 한다. 우리도 다른 사람을 맹렬히 비난하고 싶어질 때, 루스벨트 대통령처럼

‘링컨이라면 이 경우에 어떻게 할까?’ 하고 생각해 보는 것이 좋지 않을까.

다른 사람의 결점을 고쳐 주려는 마음가짐은 확실히 훌륭하고 존경받을 만하다. 그러나 어째서 자신의 결점은 보지 않고 고치려 들지 않는 것일까? 섣불리 남을 바로잡아 주려고 하기보다는 자기 자신을 바로잡는 것이 보다 현명하고 득이 되는 일이 아닐까?

“자신과 싸움을 시작한 사람은 자신이 가치 있는 인간임을 증명한 것이다.”

이것은 영국의 시인 브라우닝의 말이다. 자신과 싸워서 자기 자신을 완전한 인간으로 만들려면, 적지 않은 시간이 걸린다. 하지만 그 일에 성공하면 멋진 인생을 살 수 있다. 남을 비난하기에 앞서 자신이 먼저 완전해야 된다는 사실을 기억하자.

사람을 상대할 때는 상대를 논리의 동물이라고 생각해서는 안 된다. 상대는 감정의 동물이라는 사실을 기억해야 하며, 더구나 편견에 가득 차 있고, 자존심과 허영심에 의해 움직인다는 사실을 똑똑히 알고 있어야 한다.

다른 사람을 비난하는 것은 말하자면 위험한 불꽃이다. 그 불꽃은 자존심이란 화약고를 건드려 폭발을 일으키기 쉽다. 그리고 그 폭발은 가끔 사람의 목숨을 뺏기까지 한다. 남을 비난하고 잔소리를 퍼붓는 일은 아무리 바보라도 다 할 수 있다. 그리고 바보일수록 그런 일에 뛰어난 능력을 보인다. 타인을 이해하고 남에게 관용을 베푸는 일은 뛰어난 성품을 갖춘 사람만이 가질 수 있는 덕이다.

영국의 사상가 칼라일은 “위대한 인간은 소인을 다루는 방법으로 그 위대함을 나타낸다."라고 말했다. 당신도 이제부터는 다른 사람을 비난하기에 앞서, 상대방을 이해하는 노력을 먼저 해보지 않겠는가? 상대방이 무엇 때문에 그런 잘못을 저지르게 되었는지 원인에 대해 깊이 생각해 보지 않겠는가? 그렇게 하는 것이 여러모로 당신에게 득이 될 것이다. 그리고 일단 이러한 노력을 하면 관용과 동정, 호의는 자연스럽게 생겨날 것이다.

모든 것을 알면 모든 것을 용서하게 된다. 영국의 위대한 문학가 닥터 존슨은, "하나님도 인간을 심판하는 데는 그 사람이 숨을 거둘 때까지 기다리신다."라고 말했다. 위대한 신도 최후까지 기다리는데 우리 인간들이 그 때까지 기다리지 못할 까닭이 어디 있겠는가.

중요감을 갖게 하라

사람을 움직이는 방법은 단 하나밖에 없다. 그것은 바로 마음을 움직이는 것이다. 다시 말해 억지로 힘을 가하는 것이 아니라 스스로 움직이고 싶은 마음이 들게 해서 움직이도록 하는 것이다. 그런데 이 사실을 알고 있는 사람이 매우 드문 것 같다.

물론 상대방의 가슴에 총을 겨누어 가진 것을 내놓게 할 수도 있고, 해고를 무기로 해서 종업원을 움직이게 할 수도 있다. 적어도 감시의 눈이 지켜보는 동안에는 말이다. 또 회초리나 위협적인 말로 아이들을 마음대로 움직이게 할 수도 있다. 그러나 이런 어설픈 방법에는 언제나 뒷말과 반발이 따르기 마련이다.

사람을 움직이려면, 상대방이 바라고 있는 것을 주는 것이 가장 빠르고 유일한 방법이다. 그러면 사람은 무엇을 바라는가? 20세기

의 위대한 심리학자인 프로이드 박사에 의하면 인간의 모든 행동은
두 가지 동기, 즉 성적 충동과 위대해지고 싶은 욕망에서 우러나온다
고 한다.

미국의 유명한 철학자요 교육가이기도 한 존 듀이 교수도 이와
일맥상통한 내용의 말을 했다. 즉 인간이 지니는 가장 끈질긴 충동
은 '중요한 인물이 되고 싶은 욕구'라는 것이다.

'중요한 인물이 되고 싶은 욕구'란 정말로 의미심장한 말이다. 여
기에서는 이에 대해 좀 자세히 생각해 보고자 한다. 인간은 무엇을
바라는가? 아무것도 바라지 않는 것처럼 보이는 인간도 그것을 수중
에 넣지 않고서는 못 견딜 만큼 간절히 바라는 것이 있다. 우선
보통 사람들이라면 다음과 같은 것들을 바랄 것이다.

① 건강과 장수
② 음식
③ 수면
④ 돈과 돈으로 살 수 있는 것
⑤ 내세의 생명
⑥ 성욕의 만족
⑦ 자손의 번영
⑧ 자기의 중요감

이상의 8가지 욕구 중 대부분은 충족시킬 수 있는 것들이지만
한 가지는 예외다. 바로 마지막의 '자기의 중요감(가치 있는 존재감)'이
그것으로 이것은 프로이드가 말하는 '위대해지고 싶은 욕망'이며,

듀이가 말하는 '중요한 인물이 되고 싶은 욕구'이다. '자기의 중요감'에 대한 욕구는 인간을 다른 동물과 구별되게 하는 중요한 인간의 특성이다.

링컨은 편지 첫머리에, "인간은 누구나 칭찬을 좋아한다."라는 말을 적은 바 있으며, 유명한 심리학자인 윌리엄 제임스는 "인간이 지니는 타성 중 가장 강한 것은 다른 사람에게 인정받기를 갈망하는 마음이다."라고 말한 바 있다. 여기서 제임스가 '희망한다'든가 '염원한다'든가 '동경한다'든가 하는 미온적인 말을 쓰지 않고, 굳이 '갈망한다'고 표현한 것에 주목하기 바란다. 이것이야말로 인간의 마음을 끊임없이 뒤흔들고 있는 강한 욕망인 것이다. 그런데 다른 사람의 이러한 욕망에 대한 갈증을 풀어 줄 수 있는 사람은 극히 드물다.

다시 말해 이러한 갈증을 시원하게 풀어 줄 수 있는 사람이야말로 비로소 다른 사람의 마음을 자기 손안에 넣을 수 있는 사람이 되는 것이다.

내가 미주리 주의 시골에 살던 어린 시절의 일이다. 아버지는 듀로크 저지 품종의 우량 돼지와 얼굴이 흰 순혈종(純血種)의 소를 기르고 있었는데 이것들은 중서부 각지의 경진대회에서 일등상을 여러 차례 획득했다. 아버지는 대회에서 받은 각종 상패와 기념품들을 소중히 간직했는데 손님들이 올 때마다 그것들을 꺼내 자랑하시곤 했다. 정작 상을 탄 돼지와 소는 그 상들에 무관심했지만 아버지는 대단한 자부심을 가지고 계셨다. 그것은 상들이 아버지의 중요감을 한층 높여 주었기 때문이다.

만일 우리의 조상들이 '자기의 중요성'에 대한 강렬한 욕구를 가지고 있지 않았다면, 지금과 같이 발달된 인류 문명도 생겨나지 않았을 것이다.

우리가 잘 아는 링컨을 탄생시킨 것도 바로 이 '자기의 중요감'에 대한 욕구였다. 그렇지 않고서야 정규교육의 혜택을 전혀 받지 못한 가난한 식료품점 점원이 어찌 대통령이 될 수 있었겠는가.

영국의 소설가 디킨스가 위대한 소설을 쓸 수 있었던 것도, 18세기 영국의 유명한 건축가 크리스토프 렌이 불후의 걸작을 남길 수 있었던 것도, 록펠러가 평생을 두고 써도 다 쓰지 못할 만큼의 거부가 될 수 있었던 것도, 따지고 보면 모두가 '자기의 중요감'에 대한 욕구 때문이다.

돈 많은 부자가 필요 이상으로 큰 저택을 세우는 것도 역시 이 욕구 때문이고, 최신 유행 스타일로 몸치장을 하거나, 새 자가용을 타고 돌아다니는 것, 자식 자랑을 늘어놓는 것도 모두 '자기의 중요감'에 대한 욕구가 있기 때문인 것이다. 그리고 많은 청소년들이 방황하고 나쁜 길로 빠지게 되는 것도 이 욕구 때문이다. 뉴욕의 경시총감이었던 마를르네는 이렇게 말하고 있다.

"요즘의 청소년 범죄자들은 마치 자아의 덩어리인 것 같다. 체포된 뒤 그들의 첫 번째 요구는, 자신을 영웅처럼 취급해서 보도한 신문을 보여 달라는 것이다. 자신의 사진이 아인슈타인이나 루스벨트와 같은 사람들의 사진과 함께 신문에 실려 있는 것을 보면, 전기의자에 앉을 근심 따위는 까마득히 사라져 버리는 모양이다."

자기의 중요감을 만족시키는 방법은 사람에 따라 다르다. 따라서 그 방법으로 그가 어떤 인간인가를 파악할 수 있다. 자기의 중요감을 만족시키는 방법에 따라, 그 인간의 성격이 결정되는 것이다.
이는 아주 중요한 일이다.

예를 들면 존 록펠러에게 있어서 자기의 중요감을 충족시키는
방법은 중국의 가난한 사람들을 위하여 북경(北京)에 현대식 병원을
세울 자금을 기부하는 일이었다. 그런데 딜린저라는 사람은 자기의
중요감을 만족시키기 위해, 도둑질과 강도질을 하다가 결국에는 살
인자가 되었다. 그는 경찰에 쫓겨 미네소타의 한 농가로 뛰어 들어
갔을 때, "나는 딜린저다!" 하고 외쳤다. 자신이 흉악범이란 것을
과시하고 싶었던 것이다.

"나는 너희들을 해칠 생각은 추호도 없다. 나는 딜린저다!"

딜린저와 록펠러의 중요한 차이는, 바로 자기의 중요감을 만족시
키기 위해 취한 방법의 차이다.

역사적으로 저명한 인물들의 숨겨진 일화는 자기의 중요감을 만
족시키기 위해서 어떠한 행동을 취했는지를 보여 준다. 워싱턴 대통
령까지도 자기 자신을 '미합중국 대통령 각하'라고 불러 주기를 바랐
다. 콜럼버스도 '해군 대제독', '인도 총독'이라는 칭호를 원했다. 러
시아의 캐서린 여왕은 자기에게 오는 편지에 '폐하'라고 쓰여 있지
않은 것들은 거들떠보지도 않았다. 그리고 링컨 대통령의 부인은
대통령 관저에서 글란트 부인을 향하여, "당신은 정말 예절을 모르
는군요! 내가 앉으란 말을 하기도 전에 의자에 앉다니!" 하고 서슬이
퍼렇게 외쳤다고 한다.

또 버드 소장이 남극을 탐험했을 때 미국의 백만장자들이 자금을
원조해 주었지만, 거기에는 남극의 산맥에 자신들의 이름을 붙여야

한다는 조건이 있었다. 그리고 프랑스의 문호 빅토르 위고는 파리의 이름을 자기와 관련된 것으로 변경하려는 대단한 꿈을 안고 있었고, 셰익스피어조차도 자기의 이름에 관록을 더하기 위하여 막대한 돈을 들여 집안의 문장(紋章)을 수중에 넣었다.

심지어는 사람들의 동정과 주의를 끌어 자기의 중요감을 높이려고 일부러 병을 앓는 척 하는 사람들도 있다. 예를 들면 매킨리 대통령 부인이 그렇다. 그녀는 자신의 중요감을 만족시키기 위하여, 남편인 매킨리 대통령을 하염없이 붙들어 두었다. 잠들 때까지 곁에 있게 하는 것은 물론 치과 치료를 받을 때조차도 남편을 옆에 붙어 있게 했다. 한 번은 대통령이 피치 못할 약속으로 부인 혼자 치료를 받도록 했는데 이 때문에 큰 소동이 일었다고 한다.

나는 어떤 젊고 건강한 여성이 특별한 이유도 없이 앓아누웠다는 이야기를 들은 일이 있다. 이 여성은 혼기를 놓쳤다는 것 외에는 특별한 인생의 걸림돌이 없었는데 어느 날 갑자기 병석에 눕고 말았다. 의학적으로는 전혀 아무런 문제가 없었으며, 단지 스스로에 대한 만족이 없었을 뿐이었다.

그리고 놀랍게도 10년이란 세월 동안 이 여성은 자기 방에 갇혀 한 발작도 나오지 않고 그녀의 어머니가 주는 밥만 얻어먹었다고 한다. 그런데 딸의 간호에 지친 어머니는 결국 운명을 달리 하게 되었고, 딸은 그로 인한 충격으로 몇 주일을 비탄에 빠졌다고 한다. 하지만 곧 무슨 일이 있었냐는 듯 자리를 털고 일어나 전처럼 건강을 되찾았다고 한다.

전문가의 이야기에 따르면, 현실세계에서는 자기의 중요감을 만족시킬 수 없기 때문에, 광기의 세계에서 그 만족을 얻기 위하여 실제로 정신이상이 되는 사람도 있다고 한다.

그렇다면 정신이상의 원인은 무엇인가? 이 막연한 질문에는 누구든 선뜻 대답할 수 없을 것이다. 정말 뇌에 특별한 이상이 있어서 정신질환자가 되는 것일까? 물론 그런 환자들도 있다. 정신질환자의 반 정도는 뇌 조직의 장애나 알코올 중독, 독소, 외상 등의 신체적 원인에 의한 것이지만 나머지 반 정도는 놀랍게도 뇌 조직에 아무런 결함이 없다고 한다. 시체를 해부하여 가장 우수한 현미경으로 뇌 조직을 검사해 보아도 정상적인 사람과 조금도 다른 데가 없다고 한다.

그러면 뇌 조직에 이상이 없는 인간이 왜 미친 사람이 될까?

얼마 전에 나는 이에 대하여 어느 정신병원 원장에게 물어본 일이 있다. 정신병원의 최고 권위자로 인정받고 있는 이 원장은 이렇게 말했다.

"솔직히 말해서 그런 사람이 왜 정신이상이 되었는지는 나도 모릅니다."

확실한 것은 아무도 모른다. 그러나 현실적으로 만족시킬 수 없는 자기의 중요감을 얻기 위하여 미치는 사람이 많은 것은 확실하다고 원장은 말했다. 그리고 그는 다음과 같은 이야기를 들려주었다.

"지금 우리 병원에는 결혼에 실패한 여성 환자가 한 사람 있습니다. 그 여인은 애정과 성욕의 만족, 그리고 아이들과 사회적 지위 등을 기대하고 결혼을 했습니다. 그런데 현실은 무참히도 그녀의 희망을 짓밟아 버리고 말았습니다. 남편은 그녀를 사랑해 주지 않았고 식사를 함께 하지도 않았습니다. 아기도 생기지 않았고 그야말로 그녀의 기대는 아무 것도 채워진 것이 없었습니다. 그래서 결국 그녀는 정신이상이 되었고, 그녀만의 세계에서 그녀는 남편과 이혼하고 영국의 귀족과 결혼했습니다. 지금은 스미스 후작 부인이라고 부르지 않으면 대꾸하지도 않습니다. 그리고 내가 진찰하러 갈 때마다, 그녀는 간밤에 아기를 낳았다고 보고합니다.”

그녀의 꿈을 실은 배는 현실이라는 암초에 부닥쳐 산산조각이 나 버렸지만, 이제 그녀는 광기라는 아름다운 공상의 세계에서 행복하게 살고 있는 것이다. 이것은 과연 비극일까? 나로서는 알 수가 없다.

그 의사도 이렇게 말하고 있다.

“설사 내가 손을 대기만 해도 그녀의 정신이상이 나을지라도, 나는 그렇게 할 생각이 없습니다. 그녀에게는 지금의 상태가 한결 행복하니까요.”

대부분의 경우 정신이상자의 우리들 정상적인 사람보다 행복하고 광기의 세계를 즐기고 있는 이들도 많다. 이것이 왜 나쁘단 말인가? 그들은 그들 나름대로 자신의 문제를 해결하고 있는 것이다. 배짱좋게 백만 달러짜리 수표를 끊어 주기도 하고, 황제 앞으로 소개장을 써 주기도 한다. 결국 정신이상자들은 자신이 창조한 꿈나라에서, 자신의 최대의 소원인 ‘자기의 중요감’을 찾아내고 있는 것이다.

세상에는 ‘자기의 중요감’을 지나치게 갈망한 나머지, 광기의 세계에 들어가 그것을 만족시키려는 사람들도 있다. 그렇다면 우리들이 만일 현실의 세계에서 사람들의 이 소망을 충족시켜 준다면, 어떤 기적이라도 일어나게 할 수가 있을 것이다.

철강왕 카네기가 고용한 찰스 슈워브는 연봉을 백만 달러나 받았는데 이는 카네기보다 더 많은 액수였다고 한다. 그럼 카네기는 왜 찰스 슈워브에게 자신보다 많은 급료를 지급했을까? 그가 어느 누구보다 철강에 대한 해박한 지식을 갖고 있었기 때문에? 아니다. 그러면 제철 최고의 권위자였기 때문에? 천만의 말씀이다. 슈워브의 말에 따르면 제철에 관한 일이라면 그가 부리고 있는 많은 부하들이 그보다 훨씬 잘 알고 있다고 했다.

그럼 해답은 무엇일까? 바로 사람을 다루는 솜씨가 뛰어 났기 때문이다. 이는 그 자신도 인정하는 부분인데, 그 비결이 무엇이냐고 물으면 그는 다음과 같이 대답했다. 이것은 금언(金言)으로 잘 정리해 액자에 걸어 두면 좋을 것이다. 어린이들에게 다른 지식을 심어 주기보다는 이 금언을 암기하도록 하는 것이 좋을 것이다. 이 금언을 활용하기만 하면 우리들의 인생은 크게 변모할 것이다.

"나에게는 사람들의 열의를 불러일으키는 능력이 있다. 이것이 나에게는 그 무엇과도 바꿀 수 없는 귀중한 재산이다. 다른 사람의 장점을 키워 주는 데는 칭찬해 주고 격려해 주는 일이 상책이다. 상사로부터 꾸중을 듣는 것만큼 열의를 해치는 것은 없다. 나는 절대로 남을 비난하지 않는다. 사람을 일하게 하려면 장려가 꼭 필요하다고 나는 믿고 있다. 그렇기 때문에 나는 남을 칭찬하는 것은 아주 좋아하지만, 헐뜯는 것은 매우 싫어한다. 마음에 드는 일이 있으면, 진심으로 찬성하고 아낌없는 찬사를 보낸다."

이것이 슈워브의 방법이다. 그런데 일반 사람들은 어떠한가? 이와
정반대다. 조금만 마음에 들지 않으면 사정없이 나무라지만, 마음에
드는 일에는 입을 다물고 만다.

"나는 이제까지 세계 여러 나라의 많은 훌륭한 사람들과 접촉해
왔지만, 아무리 높은 지위에 있는 사람도 잔소리를 듣고 일할 때보다
칭찬을 받고 일할 때가 한결 일에 대한 열의가 생기고, 일도 잘
되는 것 같다. 이제까지 나는 여기서 벗어난 예외적인 일을 한 번도
본 일이 없다."

슈워브는 단언하고 있다. 그리고 앤드류 카네기가 크게 성공한
열쇠도 바로 이것이었다고, 슈워브는 말하고 있다. 카네기 역시 공
과 사, 어느 경우고 사람을 잘 칭찬했던 것이다.

카네기는 자기 묘비에까지 새겨서, 다른 사람을 칭찬하려 했다.
그 자신이 스스로 쓴 묘비명은 이러하다.

"자신보다 현명한 인물을 신변에 모으는 법을 터득한 자 여기
잠들다."

한편 록펠러 또한 사람을 잘 다루기로 유명한데 그의 비결은 진심
을 기울여 감사하는 것이었다. 그에게는 다음과 같은 일화가 있다.
에드워드 베드포드라는 공동 출자자의 실수로 그만 100만 달러의
손해를 입게 된 것이었다. 남미에서 물품을 구매하는 중에 그만
실수를 저지른 것이었다. 다른 사람 같으면 틀림없이 화를 내고

잔소리를 늘어놓았을 것이다. 그런데 록펠러는 베드포드가 그 나름 대로 최선을 다했다는 것을 알고 있었다. 더구나 일은 이미 엎지른 물이 되어 버린 것이다. 그래서 록펠러는 보통 사람과 반대로 그를 칭찬할 재료를 찾아냈다. 즉 베드포드가 투자액의 60%정도나 회수 한 것에 기뻐하며, "참 놀라운 일이야. 그만큼이나 회수했다는 것은 큰 공훈이야."라고 말했던 것이다.

지그펠드라고 하면 브로드웨이를 현혹시킨 대흥행사이면서, 어떤 여자라도 멋진 미인으로 탈바꿈시키는 수완으로 명성을 얻은 사나 이다.

그는 언제나 누구의 눈길도 끌지 못하는 초라한 소녀를 찾아내는 데, 일단 무대에 서기만 하면 이전의 모습은 오간데 없고 매혹적인 모습으로 변해 버리는 것이다. 상대를 칭찬하고 신뢰하는 일이 지닌 위력을 충분히 알고 있는 그는, 친절과 동정심으로써 그녀들에게 자신감을 심어 주었는데 이것이 그녀들을 변화시킨 것이다.

그는 또 코러스걸의 급료를 주급 30달러에서 195달러까지 인상해 주기도 했다. 그리고 기사도적인 예절도 터득하고 있었는데 공연 첫날밤이면 출연하는 배우들에게 축전을 보내고, 코러스걸 전원에 게 호화스러운 장미 꽃다발을 보내 주곤 했던 것이다.

'비인의 재회'라는 유명한 연극에서 주연으로 출연한 앨프레드 란 트도, "나에게 가장 필요한 영양소는 자기평가를 높여 주는 말이다." 라고 말하고 있다.

우리들은 가족이나 친구를 비롯한 주변 사람들에게 너무나 인색 하다. 그들을 위해 영양가 있는 저녁 한 끼는 대접하면서도 그들의 자기평가에는 좀처럼 영양분을 주지 않고 있다. 따뜻한 칭찬의 말을 주는 일은 까마득하게 잊고 있는 것이다. 따뜻한 칭찬의 말 한마디는 마치 새벽하늘의 별들이 연주하는 음악처럼 우리의 기억에 남아 마음의 양식이 된다.

"뭐야, 시시한 소리! 입에 발린 소릴 하라는 거야! 비위를 맞추라고! 낡은 사고방식이야! 지성 있는 사람에게 그따위 방법은 통하지 않는다고!"

독자들 중에는 여기까지 읽고서 이렇게 생각하는 사람도 있을 것이다. 물론 입에 발린 칭찬은 분별 있는 사람에게는 통하지 않는다. 이런 말은 천박하고 이기적이고 진심이 결여되어 있기 때문에 통용되지 않는 것은 당연한 일이다. 그러나 우리 주변에는 칭찬의 말에 굶주린 사람들이 도처에 있다는 사실을 기억해야 한다.

무디바니 형제가 몇 번씩이나 화제를 불러일으킨 결혼에 성공한 비결은 무엇일까? '왕자'라는 별명을 가진 이 두 사나이는 어떻게 해서 영화배우, 세계적으로 유명한 가수, 그리고 10센트 스토어를 경영하고 있는 백만장자인 바바라 허턴을 차례차례로 수중에 넣을 수 있었을까? 도대체 그들은 무슨 수법을 썼을까?

이에 대하여 '리버티'지는 이렇게 전하고 있다.

"무디바니 형제의 어디에 여성들이 매혹되는 것인지, 많은 사람들은 이상하게 생각할 것이다. 세상 모든 일에 도가 트이고, 특히 남성 평가에 있어서는 권위자란 평을 받고 있는 대예술가 폴러 네그리의 말에 의하면, 무디바니 형제만큼 입에 발린 칭찬에 능숙한 사람은 못 보았다고 한다. 오늘날과 같이 각박한 세상에서는 인사치레의

기술이 자취를 감추었는데 무디바니 형제는 바로 그 기술을 갖고
활용할 줄 알았기 때문에 바바라 허턴을 손에 넣을 수 있었던 것이
다.”

　영국의 빅토리아 여왕조차도 입에 발린 아첨을 좋아하는 경향이
있었다. 당시의 재상 디즈렐리도 여왕에게는 아첨의 말을 듬뿍 사용
했다고 스스로 말하고 있다. 그의 표현을 빌면 “흙손으로 맥질하듯
이” 아첨의 말을 사용했다고 한다. 하지만 디즈렐리처럼 아첨의 말
을 사용한다고 해서 누구나 그 효과를 볼 수 있는 것은 아니다.
입에 발린 말은 결국에는 해를 가져오게 되어 있다. 입에 발린 말은
가짜다. 위조화폐와 마찬가지인 그것을 사용하다가는 조만간 큰 코
를 다치게 될 것이다.

　그러면 입에 발린 말과 진심의 말은 어떻게 다른가? 대답은 간단
하다. 후자는 진실이고 전자는 진실이 아니다. 후자는 마음에서 나
오고 전자는 입에서 나온다. 후자는 이기적이 아니고 전자는 이기적
이다. 후자는 누구에게나 환영을 받고, 전자는 누구에게나 미움을
받는다.

　나는 최근 멕시코의 차파르티페크 궁전을 찾아간 일이 있었는데,
거기에는 오브레곤 장군의 흉상이 있었다. 그리고 그 흉상 아래쪽에
다음과 같은 장군의 신조가 새겨져 있었다.

　“적을 두려워하지 말라. 감언을 일삼는 친구를 두려워하라.”

　감언을 일삼는다고……, 천만에. 나는 감언을 일삼으라고 권장하
고 있는 것은 절대로 아니다. 내가 권장하고 있는 것은 ‘새로운 생활
법’이다. 되풀이해서 말하거니와, 나는 ‘새로운 생활법’을 권장하고

있는 것이다.

영국의 왕 조지 5세는 버킹검 궁전 안에 있는 서재에 여섯 조항의 금언을 걸어 두었는데 그 중 '값싼 칭찬은 주지도 말고 받지도 말라.'는 조항이 있었다고 한다.

입에 발린 말은 '값싼 칭찬'이다. 어느 책에서는 '상대방의 자기평가에 딱 부합되는 것을 말해 주는 일'이 바로 값싼 칭찬이라고 했다. 이것은 마음 깊이 새겨 두어도 좋은 말이다.

미국의 사상가 에머슨은 "인간은 어떤 말을 사용해도, 자기의 본심을 속일 수는 없다."고 했다. 만일 입에 발린 말을 하기만 해서 만사가 잘 풀린다면 누구나가 입에 발린 말을 사용하게 되어 세상은 사람을 잘 다루는 명수들만이 우글거리게 될 것이다.

인간이란 어떤 문제가 생겨 그 일에 마음을 뺏기고 있을 때 이외에는, 대체로 자기에 관한 것만을 생각하며 살아가게 마련이다. 그래서 말이지만, 잠시 자신에 대한 생각을 멈추고, 다른 사람의 장점을 생각해 보도록 하자. 다른 사람의 장점을 알게 되면, 뱃속이 뻔히 들여다보이는 값싼 감언이설 따위는 사용하지 않아도 될 것이다.

에머슨은 또 이렇게 말하고 있다.

"어떤 인간이라도 어느 점에서는 나보다 훌륭하다. 내가 배워야 할 점을 지니고 있다는 점에서."

에머슨과 같은 사람도 이런 말을 했는데 하물며 평범한 우리들은 어떻겠는가! 자신의 장점과 욕망을 잠시 잊고, 다른 사람의 장점을 생각해 보지 않겠는가? 그러면 입에 발린 감언이설 따위는 멀리 달아날 것이다.

거짓말이 아닌 진심에서 우러나온 칭찬은 말을 하도록 노력하라!
슈워브처럼 '진심으로 찬성하고 아낌없는 찬사를 주도록' 노력하라!
상대방은 그 말을 마음 속 깊이 간직하여, 평생토록 잊지 못할 것이
다. 비록 그 말을 준 본인은 잊을지라도, 그 말을 들은 상대방은
언제까지나 잊지 않고서 애지중지할 것이다.

제3장

상대방의 입장에서 생각하라

해마다 여름철이 되면, 나는 메인주로 낚시를 간다. 그리고 미끼로 물고기가 좋아하는 지렁이를 사용한다. 내가 딸기우유를 좋아한다고 해서 물고기 미끼로 딸기우유를 사용하지는 않는다. 당연한 말을 해서 황당할지 모르지만 이러한 개념을 사람들과의 관계에서도 사용하면 어떨까? 사람을 낚을 때에도 이 낚시질의 상식을 이용하는 것이다.

영국의 수상 로이드조지는 이 방법을 이용했다. 1차대전 때 그와 함께 활동한 연합국의 다른 지도자들이 일찍이 사람들의 기억에서 사라졌음에도, 로이드조지는 여전히 그 지위를 지키고 있었다. 이에 그 비결을 묻자, 그는 "낚시질에는 꼭 물고기가 좋아하는 미끼를 달아야 한다."고 대답했다.

도대체 자기가 좋아하는 것을 문제 삼을 필요가 어디 있겠는가? 그런 것을 문제 삼는 것은 어린애 같은 바보짓이다. 우리들은 누구나 자기가 좋아하는 거에 관심을 갖고, 이는 죽을 때까지 변함이 없을 것이다. 그러나 자기 자신 이외에는 그것에 관심을 가져 주는 사람은 아무도 없다. 다른 사람들도 우리와 마찬가지로 자기에 대한 관심에만 쏠려 있기 때문이다.

따라서 사람을 움직이는 유일한 방법은, 그 사람이 좋아하는 것을 문제로 삼아 그것을 획득하는 방법을 가르쳐 주는 일이다. 이 방법이 아니고서는 사람을 움직일 생각은 아예 말아야 한다. 예를 들면 아들이 담배 피우는 것을 말리고 싶다면 설교를 해서는 안 된다. 자신의 희망을 말해서도 안 된다. 담배를 피우면 야구선수가 되지 못하고, 키도 더 이상 크지 않으며, 100미터 경주에서도 우승하지 못한다는 설명을 해주어야 한다. 이 방법을 터득하고 있으면, 어린이고 송아지고 원숭이고 마음대로 움직일 수가 있다.

이런 이야기가 있다.

에머슨과 그의 아들이 송아지를 외양간으로 몰아넣으려 했다. 그런데 에머슨 부자는 세상 사람들이 흔히 저지르는 과오를 범하고 말았다. 그들은 자신들의 희망밖에 생각지 못했던 것이다.

아들이 앞에서 송아지를 끌고, 에머슨이 뒤에서 밀었지만 송아지는 네 다리로 버티고 서서 움직이지 않았다. 이 광경을 보다 못한 아일랜드 태생의 하녀가 달려왔다. 그녀는 논문이나 책을 쓸 줄은 몰랐지만 적어도 이 경우에 있어서는 에머슨보다 폭넓은 상식을 갖추고 있었다. 즉 그녀는 송아지가 무엇을 원하는가를 생각했던 것이다. 그녀는 전혀 힘을 들이지 않고 단지 자신의 손가락을 송아지 입에 물리고, 그것을 빨게 하면서 송아지를 외양간으로 끌어들였던 것이다.

인간의 모든 행위는 무언가를 원하는 데서 생겨난다. 그러면 적십자사에 100달러를 기부하는 행위는 어떤가? 그것도 역시 이 법칙에 벗어나지는 않는다. 그것은 남을 돕고 싶다고 원하고 있기 때문이다. 신과 같이 남을 도와주려는 거룩한 행위를 하고 싶다고 생각하고 있기 때문이다.

"가난한 형제들에게 선을 행함은 곧 주를 섬김과 같으니라."

착한 행위를 하는 데서 얻는 기쁨보다 100달러의 돈을 더 소중하게 생각하는 사람은 기부 같은 건 전혀 하지 않을 것이다. 물론 거절하기가 어렵다든가 평소에 신세지고 있는 사람의 부탁으로 마지못해 기부하는 경우도 있을 것이다. 그러나 기부를 한 이상 무엇인가를 원했던 것만은 사실이다.

미국의 심리학자 오버스트리트 교수의 명저 「인간의 행위를 지배하는 힘」에 다음과 같은 말이 있다.

"인간의 행동은 마음속의 욕구로부터 생겨난다.(중략) 그러므로 사람을 움직이는 최선의 방법은, 우선 상대방의 마음속에 강한 욕구를 일어나게 하는 일이다. 장사에 있어서나 가정이나 학교에 있어서나, 또는 정치에 있어서나, 사람을 움직이고자 하는 이는 이것을 잘 기억해 둘 필요가 있다. 이것을 할 수 있는 사람은 만 명의 지지를 얻을 수 있고, 이것을 하지 못하는 사람은 단 한 명의 지지도 얻지 못할 것이다."

강철왕 앤드류 카네기도 원래는 스코틀랜드 태생의 가난뱅이에 불과했다. 그는 처음에는 한 시간에 2센트의 급료밖에 받지 못하는 노동자였지만, 종국에는 3억 6천5백만 달러의 기부를 할 정도로 거부가 되었다,

그는 젊은 시절에 이미 사람을 움직이는 데는 상대방이 원하는 것을 말해 주는 방법 이외에 다른 것은 없다는 사실을 깨달았다. 그는 학교에는 4년밖에 다니지 않았지만 사람을 다루는 방법을 알고 있었던 것이다.

이런 일화도 있다.

카네기의 처제가 예일 대학에 다니고 있는 두 아들 때문에 걱정이 이만저만이 아니었다. 그들은 자기들 일에 바빠서 집에는 편지 한 장 보내지 않았다. 어머니가 아무리 걱정하는 편지를 써 보내도, 도무지 답장이 오지를 않는다.

이에 카네기는 조카들에게 답장을 받는 것을 두고 내기를 했다. 답장을 하라는 말을 단 한 마디도 하지 않고 답장을 받겠다는 것이었다. 거금 100달러를 걸고 내기를 했는데 카네기는 조카들에게 아무런 내용이 담기지 않은 편지를 보냈다. 추신에만 한 줄의 짧은 글을 썼는데 '약간의 돈을 붙이니 유용하게 사용하라.'는 내용이었다. 물론 돈은 붙이지 않고 추신의 글귀만 보냈다. 자, 어떻게 되었겠는가? 뒷일은 여러분의 상상에 맡기도록 하겠다.

남을 설득하여 어떤 일을 시키려 할 때는, 말하기 전에 스스로에

게 먼저 물어 보는 것이 좋다.

"어떻게 하면 상대방에게 그렇게 하고 싶은 마음이 일어나도록 할 수 있을까?"

이렇게 하면 상대방에게 장황한 설명을 덧붙이지 않아도 될 것이다.

나는 강연회를 위해 뉴욕에 있는 한 호텔의 큰 홀을 계절마다 20일씩 밤에만 빌려 쓰고 있다. 그런데 어느 날 나는 갑자기 이 호텔로부터 사용료를 종전의 3배 가까이 인상한다는 통지를 받았다. 그때는 이미 강연의 공지가 모두 끝난 상황이었기 때문에 다시 변경할 처지가 아니었다. 나는 인상액을 내고 싶은 생각이 없었다. 그렇다고 내 기분을 호텔 측에 말해 봤자 소용이 없을 일이었다. 호텔 측은 오직 자기네 일만을 생각하고 있으니까. 그래서 나는 이틀 후에 지배인을 만나러 갔다.

"그 통지를 받았을 때는 좀 놀랐습니다. 그러나 당신을 책망하고 싶은 생각은 조금도 없습니다. 나도 당신 입장에 있다면, 아마 그와 똑같은 편지를 썼을 겁니다. 호텔의 지배인으로서는 될 수 있는 대로 호텔의 수입을 올리는 게 그 직무이니까요. 그것을 못하는 지배인이라면 당연히 사표를 내야겠지요. 그렇지만 이번 사용료 인상이 호텔에 어떤 이익과 손해를 가져오는가를 표로 만들어 검토해 볼까요?"

이렇게 말하고, 나는 메모지 한 장을 꺼내서 중앙에 선을 그어 두 개의 칸을 만들고, 거기에 '이익'과 '손해'라고 썼다. 그리고 나는 이익란에 '큰 홀이 빈다'라고 써 넣은 다음, 말을 계속했다.

"비어 있는 큰 홀을 댄스파티나 집회용으로 빌려 주면 이익이 생깁니다. 이것은 확실히 큰 이익입니다. 강연회용으로 빌려 주는 것보다 한결 비싼 사용료를 받을 수 있으니까요. 20일 동안이나 그 큰 홀을 밤에 점령한다는 건 호텔로서는 큰 손실일 것입니다. 자, 그러면 이번엔 손해에 대해서 생각해 볼까요? 우선 당장은 내게서 지불될 수입이 없어질 것입니다. 왜냐하면 나는 당신이 요구하는 사용료를 지불할 수 없는 처지이기 때문입니다. 강연회를 취소할 수는 없는 상황이고, 여기서 할 수는 없고, 그러니 다른 장소를 알아 볼 수밖에요. 그리고 또 한 가지 호텔 측에 손해되는 일이 있습니다. 내 강연에는 지식인이나 문화인들이 많이 모여듭니다. 이것은 호텔을 위해 큰 선전이 될 것입니다. 사실 신문광고에 5천 달러를 쓸지라도 이 강연회에 모여드는 정도의 사람들을 한꺼번에 호텔로 불러 모으지는 못할 것입니다. 이것보다 더 좋은 광고가 어디 있겠습니까? 이 강연회가 호텔을 위하여 몹시 유리하다고 생각되지 않습니까?"

나는 이상의 두 가지 손해를 해당란에 써넣은 다음, 그 메모지를 지배인에게 주었다.

"여기에 적힌 이익과 손해를 잘 참작하신 다음, 최종적인 회답을 해주십시오."

이튿날 나는 사용료의 3배가 아니라 5할만 인상하겠다는 통지를 받았다.

여기서 내가 요구사항을 한 마디도 입 밖에 내지 않았다는 사실에 주의하기만 바란다. 처음부터 끝까지 상대방의 욕구에 대해서만 얘기를 했고, 어떻게 하면 그 욕구를 충족시킬 수 있는가에 대해서 말했던 것이다. 그런데 만일 내가 인간으로서의 자연적인 감정에만 사로잡혀 지배인 방으로 달려가서, 이렇게 소리쳤다고 하자.

"여보시오! 이제 와서 갑자기 사용료를 세 배로 올리다니 그게 될 말이오? 입장권도 다 만들었고 발표도 벌써 끝났다는 것은 당신도 다 알고 있을 거요. 세 배? 어이가 없군! 난 못 내겠소!"

만일 그랬다면 결과는 어떠했을까? 서로가 흥분해서 말다툼을 했을 것이고, 그 결과는 말하지 않아도 뻔한 일이다. 설사 내가 그를 설득해서 부당하다는 것을 인식시켰더라도 그는 물러서지 않았을 것이다. 자존심이 그걸 허락하지 않았을 것이기 때문이다.

자동차왕 헨리 포드는 대인관계의 비결에 대하여 다음과 같이 말하고 있다.

"성공의 비결이란 것이 있다면, 그것은 다른 사람의 입장을 이해하며, 자기의 입장과 동시에 그 사람의 입장에서도 사물을 보는 능력이다."

이 얼마나 깊이 새길 만한 말인가! 몇 번이고 되풀이해서 읽어 깊이 명심해 두기 바란다. 이것은 몹시 간단하면서도 알기 쉬운 진리인데도 사람들은 대부분의 경우 이를 잊고 산다. 그 예는 얼마든지 있다. 매일 아침 배달되어 오는 편지가 그렇다. 대부분의 편지는 이 상식의 대원칙을 무시하고 있다. 그 한 예로서 전국에 지사를 가지고 있는 한 광고회사의 방송부장이 각 지방 방송국장에게 보낸 편지를 들어 보겠다.(괄호 안의 것은 나의 생각이다.)

안녕하십니까. 본사는 라디오광고의 대행업자로서 항상 제일류가 되길 염원하고 있습니다.

(너희 회사의 염원 따위를 알 게 뭐야. 그렇지 않아도 이쪽은 골치 아픈 문제가 산더미 같다고. 저당 잡힌 집은 공매처분 당할 것 같고, 값진 정원수는 벌레가 먹어 죽어 가고 있단 말이지. 주가는 폭락이야. 오늘 아침에는 통근열차를 놓쳐 지각했고, 어젯밤에는 웬일인지 존스 집 댄스파티에 초대를 받지 못했단 말이야. 의사는 고혈압이니 신경통이니 하고 주의를 주지 않나. 그런데 이게 뭔가! 그렇지 않아도 심란한데, 사무실에 나오자 기다리고 있는 게 고작 이따위 편지라니! 이 편지가 상대방에게 어떤 인상을 주는지조차도 모르는 놈이라면, 일찌감치 광고업을 집어치우라고!)

우리나라의 방송사업 발족이래로 본사의 업적은 날로 향상하여, 항상 업계의 수위를 차지해 왔습니다.

(그래, 너희 회사는 대규모고 업계에서 첫째간단 말이지? 그래서 그게 어떻다는 거지? 설사 너희 회사가 제너럴 모터와 제너럴 전기의 두 회사를 합친 것보다도 몇 배나 크다고 하자. 하지만 그게 나와 무슨 상관이야. 이쪽은 너희 회사의 크기보다는 내 회사 크기에 신경이 쓰인다. 세 살 먹은 어린 아이라도 그 정도는 알 것이다. 너희 회사의 자랑을 듣고 있으면, 우리 회사는 점점 쪼그라드는 기분이라구!)

본사는 항상 각 방송국의 최근 상황을 파악하기를 염원하고 있습니다.

(또 네놈의 염원이야! 이 바보 자식아! 네 염원만 말하지 말고, 내 염원도 생각해 주지? 거기에 대해선 일언반구도 없으니 말이다.)

따라서 귀하가 속한 방송국의 주간 보고를 해주시기 바라오며, 대리업자에게 필요하다고 생각되시는 사항은 대소를 막론하고 빠짐없이 보고해 주시기 바랍니다.

(뻔뻔스러워도 정도가 있지! 실컷 제 자랑만 늘어놓고, 건방지게 보고를 하라구!)

모쪼록 귀사의 최근 상황에 대하여 회답해 주시면, 피차간에 유익할 것으로 생각됩니다.

(이 바보자식아! 이따위 인쇄된 편지를 보내 놓고, 건방지게도 회답을 원하다니! 아마 네놈은 틀림없이 이 엉터리 편지를 추풍에 낙엽처럼 전국에 뿌렸을 거다. 너만 바쁘냐? 나도 바쁘다! 그리고 도대체 네가 무슨 권리로 건방지게 명령하는 거냐. '피차간에 유익', 그래 마지막에 가서야 겨우 이쪽 입장이 생각난 모양이지만, 과연 이쪽에 무슨 이익이 있는 거지? 거기에 대해선 한 마디도 없잖아.)

추신

'프랭크빌 저널' 신문의 복사본을 한 부 동봉합니다. 귀국 방송에 이용해 주신다면 다행으로 생각하겠습니다.

(추신에 와서야 겨우 '피차간에 유익'이란 뜻을 알겠군. 왜 진작 그런 말을 하지 않았지? 하기야 첫머리에 그런 말을 썼더라도 별로

다를 건 없겠지만. 도대체가 이런 엉터리 편지를 태연히 쓸 수 있는 광고업자라면 분명히 머리가 좀 비었을 거야. 너에게 필요한 건 이쪽의 상황보고가 아니라, 네 멍청함을 치료할 약이라구.)

광고업에 종사하는 사람들조차 이런 편지를 쓰는 형편이니 다른 직업에 종사하는 사람들이 쓰는 편지가 어떻다는 것은 가히 짐작할 수 있는 노릇이다.

여기에 또 한 통의 편지가 있다. 이 편지는 어느 운수회사의 수송 과장이 내 강연회의 수강자인 에드워드 버밀먼 씨에게 보낸 것이다.

본사의 형편을 말씀드린다면, 취급하는 화물의 대부분이 저녁에 한꺼번에 쇄도하기 때문에 발송업무에 지장을 초래하는 경우가 많습니다. 그래서 종업원들의 시간외 노동, 적재와 수송의 지연 등의 결과가 나타납니다. 지난 11월 10일 귀사로부터 510개나 되는 대량의 화물이 도착되었습니다만 그때는 이미 하오 4시 20분이나 되어 있었습니다. 본사로서는 그와 같은 사태로 인하여 발생하는 불편을 없애기 위하여 감히 귀사의 협조를 바라는 바입니다. 전기와 같은 대량의 화물은 도착시간을 좀 앞당겨 주시든지, 아니면 오전에 그 일부가 도착되도록 힘써 주십시오. 이와 같이 배려해 주신다면 귀사의 트럭이 기다리는 시간도 단축되고, 또 화물도 그 날로 발송될 수 있을 것입니다.

이 편지에 대한 버밀먼 씨의 감상은 다음과 같다.

"이 편지는 그 의도와는 달리 정반대의 역효과를 내고 있습니다. 서두에서부터 자기의 형편만을 말하고 있는데, 도대체 이쪽에서는 그런 것에 흥미가 없는 일이지요. 다음으로 협력을 요청하고 있는데 그로 인해서 일어나는 이쪽의 불편은 전혀 무시하고 있습니다. 겨우 마지막 구절에 가서야 협력해 주면 이쪽에도 이러저러한 이익이 있을 것이라고 말했지만, 제일 요긴한 것이 뒤로 미루어져 있기 때문에 협력은 고사하고 적개심만 불러일으킵니다."

이 편지를 고쳐 써 보도록 하자. 자기 형편에만 정신을 뺏기지 말고, 자동차왕 포드의 말처럼, '다른 사람의 입장을 이해하여, 자기의 입장과 동시에 그 사람의 입장에서도 사물을 보도록'하는 것이 좋을 것이다. 다음과 같이 쓴다면, 최선이라고는 할 수 없겠지만, 앞의 것보다는 나을 것이다.

폐사는 그간 14년 동안이나 베풀어 주신 은혜에 감사드리며, 앞으로는 더욱 신속하고 능률적인 서비스로 보답할 것을 약속드립니다. 그런데 지난 11월 10일의 경우와 같이 오후 늦게 한꺼번에 대량의 화물을 보내 주신다면 본의 아니게 귀사의 기대에 어긋나는 경우가 생기게 됩니다. 그 이유는 오후 늦게는 다른 화주들도 화물을 많이 보내오기 때문에 자연히 혼잡을 이루게 되어, 귀사의 트럭도 오래 기다리게 되고, 때로는 발송도 지연되는 경우가 생기는 것입니다. 이것은 실로 유감천만이옵니다.

이와 같은 사태를 피하려면 되도록 화물을 오전 중에 보내 주시는 것이 좋은 방법이라고 생각되는 바입니다. 그렇게 해주신다면, 첫째, 귀사의 트럭이 기다리고 있을 필요가 없게 되고, 귀사의 화물은 곧 발송될 수 있게 되오며, 또 폐사의 종업원들도 정시에 가정으로 돌아가 귀사 제품인 맛있는 마카로니의 저녁식사를 하게 될 것입니다.

이상에서 드린 말씀은 결코 불평으로 받아들이시지 않도록 부탁드립니다. 그리고 외람되게 귀사의 영업방침을 간섭하려는 뜻은 추호도 없사오니, 부디 오해 없으시기 바랍니다. 폐사로서는 오로지 귀사의 애호에 더욱 보답코자 하는 일념에서 이러한 서면을 드리는 바입니다. 귀사의 화물이라면 언제 도착되더라도 가능한 한 신속히 처리하도록 전력을 다하겠사오니, 이 점만은 부디 안심해 주십시오.

오늘도 수천 명의 세일즈맨들이 충분한 수입도 올리지 못하고, 실망과 피로에 지친 몸으로 거리를 거닐고 있다. 왜 그럴까? 그들은 항상 자기가 원하고 있는 것밖에는 생각하지 않기 때문이다.

우리들은 별로 아무것도 사고 싶은 생각이 없다. 그런데 그들은 그것을 모르고 있는 것이다. 우리들은 사고 싶은 것이 있으면 직접 나가서 산다. 우리들은 우리 자신의 문제를 해결하는 일에 대해서는 언제나 관심을 가지고 있다. 그렇기 때문에 세일즈맨이 팔려고 하는 물건이 그 문제를 해결하는데 유용하다는 것이 증명되기만 하면 이쪽에서 자진해서 산다. 세일즈맨은 억지로 팔려고 할 필요는 없는 것이다. 손님이란 사고 싶어서 사는 것은 좋아하지만 억지로 사는 것은 싫어하게 마련이다. 그럼에도 불구하고 대부분의 세일즈맨들은 손님의 입장에서 생각하지 않고 그대로 팔려고만 한다. 그 좋은 예가 있다.

나는 뉴욕 교외의 포리스트 힐즈에 살고 있다. 그런데 어느 날 정류장으로 급히 가는 도중 롱아일랜드에서 다년간 부동산 중개업을 하고 있는 사나이를 만났다. 그는 포리스트 힐즈의 사정을 훤히 알고 있는 사람이었다. 그래서 나는 내가 살고 있는 집의 건축자재가 무엇으로 되어 있는지 알고 싶다며 물었다. 그런데 그는 자기도 모르겠다고 하고는 정원협회에 전화로 문의해 보라고 했다. 그거라면 나도 전부터 알고 있는 일이었다.

그런데 그 다음날 그로부터 한 통의 편지가 왔다. 어제 내가 물어본 것을 안 것일까? 전화로 물어 보면 단 1분도 안 걸리는 일이니까 자신이 직접 알아본 것일까. 그런데 편지를 뜯어보니 그게 아니었다. 어제와 마찬가지로 전화로 문의해 보라는 내용을 적고는 느닷없이 보험에 가입해 달라는 부탁을 했다.

이 사나이는 나에게 도움이 되는 일 따위에는 흥미가 없고, 오직 자신에게 도움이 되는 일에만 흥미를 가지고 있는 것이었다. 만일 이 사나이가 남을 돕는 일에 흥미를 가지고 있었다면 나를 보험에 가입시키는 것은 물론 더 큰 이익을 얻는 삶을 살았을 텐데 말이다.

지적인 직업에 종사하고 있는 사람도 이와 같은 과오를 범하고 있다.

나는 필라델피아에서도 이름난 이비인후과 의사를 찾아간 일이 있다. 그런데 이 의사는 내 편도선을 보기도 전에, 내 직업부터 물었다. 그러니까 그는 내 편도선 사정보다는 내 주머니 사정에 관심이 있었던 것이다. 남을 돕는 일보다 돈벌이에만 흥미를 가지고 있었다. 그 결과 그는 손해를 보았다. 그의 인격을 경멸한 나는 그대로 돌아와 버리고 말았으니까.

세상에는 이와 같이 자기 잇속만 차리려는 인간들이 우글거리고 있다. 그렇기 때문에 자기 자신보다 남을 위해 봉사하려는 소수의 사람들에게는 놀라울 만큼 세상은 유리하다. 즉 경쟁자가 거의 없는 것이다.

"자기 자신을 다른 사람의 입장에 놓을 수 있고, 다른 사람의 마음의 움직임을 이해할 수 있는 사람은 장래를 걱정할 필요가 없다."

이것은 미국의 유명한 실업가 오웬 영의 말이다.

이 책을 읽고서, 항상 '상대방의 입장에 자기를 놓고 상대방의 입장에서 사물을 생각한다'는 단 한 가지만 기억한다면, 당신은 이미 성공의 제일보를 내디딘 셈이다. 대학에서 그 어려운 라틴어나 미적분을 배운 사람들까지도, 자기 자신의 마음의 움직임에 대해서는 전혀 모르는 경우가 허다하다.

일찍이 나는 뉴저지 주에 있는 캐리어 냉난방기 제조회사에 '화술'에 관한 강연을 하러 간 일이 있다. 수강자들 모두가 대학을 졸업한 신입사원들뿐이었다. 그런데 그 중 한 사람이 동료들에게 농구를 하자고 권유하는 광경을 목격하게 되었다.

"우리 함께 농구를 하지 않겠나? 나는 농구를 좋아해서 몇 차례나 체육관에 갔었지만 언제나 인원수가 모자라서 게임을 할 수가 없었단 말이지. 지난번엔 두세 명밖에 안 되어서 그냥 공만 던지다가 왔다니까. 그러니 우리 함께 가서 하자구. 농구가 하고 싶어 미칠 지경이란 말이야."

그는 상대방이 농구를 하고 싶어 할만 한 말은 한 마디도 하지 않았다. 아무도 가지 않는 체육관에 가고자 하는 사람이 없는 것은 당연한 이치다. 그가 아무리 농구를 하고 싶을지라도, 그런 것은 다른 사람들이 알바가 아니다.

그는 좀 달리 말할 수도 있었다. 농구를 하면 기운이 난다든가, 식욕이 왕성해진다든가, 기분전환이 된다든가, 건강에 좋다든가에 대해 중점을 두어 말했어야 했다.

여기서 나는 오버스트리트 교수의 말을 되풀이할 필요가 있을 것 같다.

"우선 상대방의 마음속에 강한 욕구를 불러일으키라. 이것을 할 수 있는 사람은 만 명의 지지를 얻을 수 있고, 이것을 못하는 사람은 단 한 사람의 지지도 얻지 못한다."

이것은 내 강연에 참가한 한 청강생의 이야기다. 그는 언제나 자기의 어린 아들을 걱정하고 있었다. 그 아이는 편식이 심하여 몹시 여위어 있었던 것이다. 세상의 부모들이 대게 그러 듯이, 그들 내외도 잔소리만 퍼부었다.

"엄마는 말이야, 네가 이걸 먹었으면 좋겠어."

"아빠는 말이야, 네가 튼튼한 사람이 되었으면 좋겠어."

만일 이런 잔소리를 듣고서 아이가 부모의 말을 들었다면, 이야말로 이상한 노릇이다. 30대의 아버지 생각을 세 살짜리 꼬마에게 납득시키려 한다는 것이 무리라는 것쯤은 누구나 다 아는 사실이다.

그런데 그 아이의 아버지도 뒤늦게 그것이 무리라는 것을 깨닫고,

이렇게 생각했다.

"도대체 이 아이는 무엇을 제일 원하고 있을까? 어떻게 하면 이 아이의 소원과 내 소원을 일치시킬 수 있을까?"

생각해 보니 아주 간단한 일이었다. 그의 아들은 세발자전거를 가지고 있었으며, 그걸 타고 집 앞에서 노는 것을 제일 좋아하고 있었다. 그런데 불과 두세 집 건너 이웃에 아주 개구쟁이가 있는데, 그놈이 툭하면 자전거를 뺏어 제 것처럼 타고 돌아다니는 것이었다. 그럴 때마다 아이는 울음을 터뜨리고 엄마에게로 돌아왔고, 그러면 그의 아내는 곧 뛰어나가 자전거를 찾아다 주었다. 이와 같은 일이 거의 매일같이 되풀이되고 있었던 것이다.

그러면 이 아이는 무엇을 제일 바라고 있었을까? 셜록 홈즈의 힘을 빌릴 것까지도 없이, 생각하면 곧 답을 얻을 수 있는 일이다.

"엄마가 주는 대로 먹기만 하면, 넌 곧 그 아이보다 기운이 세어질 거야."

아버지의 이 한마디로, 아들의 편식문제는 당장에 해소되었다. 어린 아이는 그 개구쟁이를 한번 혼내 주고 싶은 일념에서, 무엇이나 가리지 않고 먹게 되었던 것이다.

편식문제가 해결되자 아버지는 다음 문제로 들어갔다. 이 아이는 밤에 오줌을 싸는 버릇이 있었던 것이다. 아이는 언제나 할머니와 함께 잤는데, 아침이 되면 할머니가, "조니야, 너 또 쌌구나!" 하고 꾸중을 했다. 그러면 아이는 그것을 완강히 부인하고, 오줌은 할머니가 싼 것이라고 우겼다.

그때마다 야단을 치거나 달래거나 하여 엄마의 생각을 말해 주었지만, 아무런 효과가 없었다. 그래서 그들 부부는 어떻게 하면 좋을지 궁리했다.

아이는 무엇을 바라고 있는가? 우선 아이는 할머니의 잠옷이 아니라 아버지와 같이 파자마를 입고 싶어 했다. 할머니는 손자가 오줌 싸는데 진저리가 나서 그것이 낫기만 하면 파자마를 사 주자고 제안했다. 그리고 또 아이가 바라는 것은 자신의 침대였다.

그래서 엄마는 조니를 데리고 백화점으로 갔다.

"우리 아기가 뭐를 좀 사겠다는군요."

여점원에게 눈짓을 하며 이렇게 말하자, 여점원도 정중히 인사했다.

"어서 오십시오. 무얼 드릴까요?"

여점원의 접대에 자기의 중요감을 충족시킨 조니는 우쭐해서 대답했다.

"내 침대요."

침대는 다음날 배달되었다. 저녁때 아빠가 돌아오자, 조니는 현관으로 달려 나갔다.

"아빠 어서 2층에 가 봐. 내 침대가 생겼어."

아빠는 침대를 바라보면서 "조니, 이 침대를 적시면 안 되겠지?" 하고 말했다. 그러자 조니는 절대로 적시지 않겠다고 약속했다. 그리고 그 뒤로 오줌 싸는 버릇은 사라졌다.

그것은 자기의 침대요, 더구나 자기 자신이 골라서 산 침대였다. 그리고 어른처럼 파자마를 입고 있었기 때문에 어른처럼 행동하고 싶었던 것이다.

역시 내 강연에 참가한 더치먼이란 전화기사도 세 살짜리 딸이 아침을 먹지 않아 골치를 썩고 있었다. 야단을 치기도 하고 달래기도 해보았지만, 전혀 효과가 없었다. 그래서 어떻게 하면 딸에게 아침을 먹고 싶은 생각이 들도록 할 수 있을까 고민했다. 그런데 이 아이는 엄마의 흉내 내기를 좋아했다. 엄마의 흉내를 내고 있으면 어른이 된 것 같은 생각이 드는 것이다.

그래서 어느 날 아침, 아이에게 아침 식사 준비를 시켜 보았다. 딸이 요리 만드는 흉내를 한참 하고 있을 때, 적당한 시기를 보아서 부엌을 들여다보니, 딸은 자랑스러운 듯이 이렇게 외쳤다.

"아빠, 이것 봐, 나 지금 아침 준비하는 거야."

그 날 아침 꼬마는 오트밀을 두 접시나 먹어 치웠다. 아침 식사에 흥미를 가졌기 때문이다. 꼬마는 자기의 중요감을 만족시켰던 것이다. 아침 준비를 하는 데서 자기표현의 방법을 발견했던 것이다.

"자기표현은 인간의 중요한 욕구 중 하나다."

이것은 윌리엄 윈터의 말이지만, 우리도 이 심리를 일에 응용할 수 있을 것이다.

어떤 멋진 아이디어가 떠올랐을 때, 상대방이 그 아이디어를 깨닫도록 유도하여, 그것을 자유로이 요리시켜 보면 어떨까?

"우선 상대방의 마음속에 강한 욕구를 불러일으키라. 이것을 할 수 있는 사람은 만 명의 지지를 얻을 수 있고, 이것을 못하는 사람은 단 한 사람의 지지도 얻지 못할 것이다."

이 말을 마음 깊이 새겨 두기 바란다.

호감을 얻는 6가지 방법

제1장

관심을 기울여라

친구를 얻는 방법을 배우려면, 굳이 이 책을 읽을 필요가 없다. 세상에서 이 방면에 도가 트인 명수가 하는 방법을 배우면 될 것이다. 그러면 그 명수란? 우리들은 매일같이 길거리에서 그 명수들을 만나고 있다. 이쪽에서 가까이 가면, 그들은 꼬리를 흔들기 시작한다. 걸음을 멈추고 쓰다듬어 주면, 그들은 열심히 호의를 보이려고 애쓴다. 무슨 속셈이 있어서 그렇게 애정을 표시하는 것은 아니다. 집이나 토지를 팔아넘기려 한다든가 결혼을 부탁한다든가 하는 속셈 같은 건 더욱 없다.

아무 일도 하지 않고서도 살아갈 수 있는 동물은 개뿐이다. 닭은 달걀을 낳고, 소는 우유를 생산하고, 카나리아는 노래를 불러야 하지만, 개는 다만 사람에게 애정을 바치기만 하면 살아갈 수 있다.

내가 다섯 살 때, 아버지가 노란 강아지 한 마리를 50센트를 주고 사 오셨다. 그 강아지 티피의 존재는, 당시 나에게는 그 무엇과도 바꿀 수 없는 기쁨이요 광명이었다. 매일 오후 4시 반쯤 되면, 강아지는 어김없이 앞뜰에 순한 눈빛으로 앉아 있었다. 그러다가 내 목소리가 들리거나, 도시락을 들고 있는 내 모습이 정원수 사이로 아른거리면, 마치 총알처럼 달려와서, 짖고 뛰어오르고 하면서 반가워서 어쩔 줄 몰라 했다.

이로부터 5년 동안, 이 티피는 나의 둘도 없는 친구였다. 그런데 어느 날 밤에 티피는 불과 10피트도 떨어지지 않는 내 눈앞에서 죽었다. 벼락을 맞았던 것이다. 티피의 죽음은 평생 동안 잊을 수 없는 슬픔을 내 어린 가슴에 심어 놓았다.

심리학책을 읽은 일도 없고, 또 읽을 필요도 없었던 티피는 상대방의 관심을 끌려고 하기보다는 상대방에게 순수한 관심을 기울이는 편이 훨씬 더 효과적이라는 것을 본능적으로 알고 있었던 것이다. 되풀이해서 말하거니와, 친구를 얻는 데는 상대방의 관심을 끌려고 애쓰기보다 상대방에게 순수한 관심을 기울이는 방법이 훨씬 좋다.

그런데 이 세상에는 다른 사람의 관심을 끌기 위하여 헛된 노력을 기울이는 사람이 많다. 물론 이런 헛수고는 아무리 해도 소용이 없다. 인간이란 원래 다른 사람에 대해서는 관심을 갖지 않는다. 오로지 자기 자신에 대해서만 관심을 갖는다.

한때 뉴욕의 전화회사에서 어떤 단어가 통화에 제일 많이 사용되는가를 조사한 일이 있다. 그 결과 가장 많이 사용되는 것은 역시 '나'라는 말이었다. 5백 통화 중에 3,770회나 '나'라는 말이 쓰였던 것이다. 여러 사람들과 함께 찍은 사진을 볼 때, 우리들은 제일 먼저 누구의 얼굴을 찾는가? 자기가 여러 사람의 관심을 끌고 있다고 생각하는 사람은 다음 물음에 대답해 보라.

"만일 당신이 오늘밤에 죽는다면, 몇 사람이 장례식에 참가해 줄까?"

또 다음 물음에 대답해 보라.

"당신이 먼저 상대방에게 관심을 갖지 않는다면, 어찌 상대방이 당신에게 관심을 갖겠는가?"

단순히 사람을 감복시킴으로써 관심을 끌려고만 한다면, 결코 진정한 친구는 많이 만들지 못한다. 진정한 친구란 그런 방법으로 만들어지는 게 아니다. 세계적인 영웅 나폴레옹도 이 방면에 있어서 우를 범한 인물이다. 그는 아내 조세핀과 헤어질 때 때, 이렇게 말했다.

"조세핀, 나는 세계 제일의 행운아야. 하지만 내가 가장 믿을 수 있는 건 당신 한 사람뿐이야."

그런데 조세핀마저도 그가 믿을 수 있는 사람이었는지는 심히 의심스러운 일이라고, 역사가들은 말하고 있다.

빈의 유명한 심리학자인 앨프레드 아들러는 그의 저서에서 이렇게 말하고 있다.

"다른 사람의 일에 관심을 갖지 않은 사람은 고난의 일생을 걸어가야 할 뿐 아니라, 남들에게도 큰 폐를 끼친다. 인간의 모든 실패는 이런 사람들 때문에 생겨난다."

세상에는 심리학책이 많지만, 이만큼 우리들에게 의미심장한 말을 찾기는 어려울 것이다. 이 아들러의 말은 몇 번이고 되풀이해서 음미할 가치가 있다.

나는 뉴욕대학에서 단편소설 창작법의 강의를 들은 일이 있다. 그때 강사는 『콜리어즈』잡지의 편집장이었다. 그런데 그는 매일같이 책상 위에 수북이 쌓이는 그 많은 원고들 중에서 어느 것을 집어 읽어도, 두서너 줄만 보면 그 작가가 인간을 좋아하는 사람인지 아닌지를 곧 알 수 있다고 했다.

"작가가 인간을 좋아하지 않으면, 세상 사람들도 그의 작품을 좋아하지 않는다."

이 편집장은 소설 창작법에 대한 강의를 하다가 두 차례나 강의를 중단하고 이렇게 말했다.

"설교 같아서 좀 미안하지만, 나는 목사와 같은 말을 하고 싶습니다. 만일 여러분이 소설가로서 성공하고 싶다면, 다른 사람에 대해서 관심을 가질 필요가 있다는 것을 명심해 두시기 바랍니다."

소설을 쓰는 데도 그것이 필요하다면, 직접 사람을 다루는 데는 그것의 세 배 정도의 노력이 더 필요하다고 해도 과언이 아닐 것이다.

하워드 서스턴은 유명한 마술사다. 얼마 전에 그가 브로드웨이에 왔을 때 나는 그를 분장실로 찾아간 일이 있다. 그는 그야말로 마술계의 황태자로, 40년 동안 세계 각지를 순회 공연하면서 관중들로 하여금 환각을 일으키게 하고, 경탄하게 하고, 숨을 죽이게 한 마술계의 권위자다. 적어도 6천만 명 이상의 관람객들이 그에게 입장료를 지불하여, 그는 2백만 달러에 달하는 수입을 올렸던 것이다.

나는 서스턴 씨에게 성공의 비결을 물어 보았다. 학교교육이 그의 성공과 아무런 관계가 없음은 분명한 일이었다. 그는 어렸을 때 집을 뛰쳐나와 부랑아가 되어, 화물차에 무임승차를 하고, 건초더미 속에서 잠을 자고, 남의 집 문전에서 밥을 구걸하는 생활을 했던 것이다. 글자를 읽는 법도 가까스로 독학으로 터득했다고 한다.

그러면 그가 마술에 대하여 뛰어난 지식을 가지고 있었느냐 하면, 그렇지도 않았다. 마술에 관한 서적은 산더미처럼 출판되어 있고, 마술에 대하여 그 정도의 지식을 가지고 있는 사람은 부지기수로 많았다.

그러나 그는 다른 사람들이 추종할 수 없는 두 가지 장점을 가지고 있었다. 첫째는 관객들을 끌어당기는 그의 인품이다. 그는 뛰어난 연예인으로서 인정의 기미를 잘 알고 있었다. 손짓과 몸짓 말씨와 얼굴의 표정 등 사소한 점에 이르기까지 사전에 연습을 충분히 하여, 적절한 타이밍에 1초의 착오도 없이 다양하게 구사했던 것이다.

둘째로 서스턴은 인간에 대한 성실한 관심을 가지고 있다. 그의 말에 따르면, 대부분의 마술사들은 관객 앞에 서면 마음속으로 이렇게 생각한다고 한다.

"흥, 보아하니 만만하게 보이는 사람들만 모였군. 이런 친구들을 속이는 것쯤은 식은 죽 먹기지."

그런데 서스턴의 경우는 전혀 그렇지가 않았다. 그는 무대에 서면 언제나 이렇게 생각한다고 한다.

"내 연기를 보러 와 주시는 손님들이 있다는 것은 얼마나 고마운 일인가? 덕분에 나는 하루하루를 편히 살아갈 수 있는 것이다. 최선을 다해서 내 연기를 보여 드리자.”

서스턴은 무대에 서면 반드시 마음속으로, ‘나는 손님들을 사랑하고 있다.’고 몇 번이고 되풀이해서 말한다고 한다. 서스턴의 이러한 자세를 시시하다고 생각하든 우스꽝스럽다고 생각하든지, 그것은 여러분의 자유다. 단지 나는 여기에서 세계 제일의 마술사가 사용하고 있는 비결을 사실 그대로 공개했을 뿐이다.

슈만 하이크 여사도 서스턴과 똑같은 말을 내게 들려주었다. 굶주림과 고민 등 여러 가지 슬픔에 지쳐, 그녀는 자식들과 함께 집단자살을 기도한 일까지 있었지만 그녀는 이러한 모든 역경을 딛고 세계적인 가수가 되었다. 본인의 말에 따르면, 그녀의 성공의 비결도 다른 사람에 대해 비상한 관심을 기울이는 것이라고 한다.

루스벨트가 절대적인 인기를 얻은 비결 역시 그런 데에 있었다. 심지어는 하인들에 이르기까지 그를 존경하지 않는 자가 없었으며, 제임스 에머스라는 흑인 하인은 「하인의 눈으로 본 루스벨트」라는 책도 썼다. 그 책에는 다음과 같은 구절이 있다.

“어느 날 내 아내가 대통령에게 메추리는 어떤 새이냐고 여쭈어 본 일이 있다. 아내는 메추리를 본 일이 없었던 것이다. 대통령께서는 메추리는 이러이러한 새라고 자세히 가르쳐 주셨다. 이로부터 얼마 뒤에 집으로 전화가 걸려 왔다.(에머스 부부는 루스벨트 저택 안에 있는 작은 집에서 살고 있었다.) 아내가 수화기를 들어 보니 상대방은 대통령이었다. 지금 마침 그 창 밖에 메추리가 한 마리 날아와 앉아 있으니, 창문으로 내다보면 그것이 보일 거라고 일부러 전화로 알려

주셨던 것이다. 이 사소한 일 하나가 대통령의 인품을 잘 나타내주고 있다. 대통령께서는 우리들의 오막살이를 지나실 때면, 우리들의 모습이 보이거나 말거나 반드시 우리의 이름을 부르고 다정스럽게 안부를 물으셨다."

찰스 엘리어트 박사가 대학총장으로서 명성을 떨친 것도 역시 다른 사람들의 문제에 대해 깊은 관심을 기울인 데 있었다. 박사는 남북전쟁 후 4년째 되던 해부터 1차대전이 일어나기 5년 전까지 약 40년 동안이나 하버드대학 총장직에 있던 사람이다.

여기에서 그가 취한 방법을 소개하려 한다.

어느 날 그랜든이란 신입생이 학생 융자금을 50달러 빌려 쓰기 위해 총장실로 찾아가서 융자의 허가를 받았는데, 그때의 상황을 그랜든은 이렇게 회고하고 있다.

감사하다는 인사를 드리고 물러 나오려 하자, 엘리어트 총장님이 나를 불러 세웠다.

"자네 여기 좀 앉게."

나는 무슨 일인가 하고 자리에 앉았다.

"자네는 자취를 하고 있다지?"

이분이 그걸 어떻게 아셨을까? 내가 놀라서 어리둥절 하자, 총장님은 이렇게 말씀을 계속하시는 것이었다.

"음식을 고루 만들어 먹게. 그리고 배불리만 먹을 수 있다면 자취도 결코 나쁘지는 않지. 나도 학창시절에 자취를 해본 경험이 있네.

자네는 빌로프란 걸 만들어 본 일이 있나? 재료로 쓸 송아지고기를 잘 삶기만 하면, 싸고도 맛있는 요리가 되네.”

그리고서 총장님은 고기를 다지는 방법과 삶는 방법, 써는 방법에서 먹는 방법에 이르기까지 자세히 설명해 주셨다.

내가 경험한 바에 의하면, 이쪽에서 진심으로 관심을 보이기만 하면 아무리 바쁜 사람이라도 관심을 기울여 주고, 시간도 짜내 주고, 협력도 해주게 마련이다.

그 예를 하나 들어보기로 한다.

꽤 오래전의 얘기지만, 나는 브룩클린에 있는 예술과학학원에서 소설 창작법의 강연을 계획한 일이 있었다. 우리들은 당시의 유명한 작가 캐슬린 노리스, 파니 허스트, 아이러 터벨, 앨버트 터휴운, 루퍼트 휴즈들에게서 유익한 경험담을 듣고 싶어 했다. 그래서 우리들은 그들의 작품을 애독하고 있으며, 직접 그들의 이야기를 듣고서 성공의 비결을 알고 싶다는 내용의 편지를, 작가들에게 각각 띄웠다. 그 편지에는 약 150명의 청강생들이 서명을 했다. 그리고 몹시 바빠서 강연의 준비를 할 시간이 별로 없을 것이라는 사실을 짐작해서, 미리 이쪽에서 알고 싶은 것들을 표로 만들어, 그것을 편지에 동봉했다. 그랬더니 그렇게 한 것이 그들의 마음을 움직였던 모양이다. 그 작가들은 우리들을 위해서 멀리 브룩클린까지 와 주었던 것이다.

이와 똑같은 방법으로, 나는 데오도르 루스벨트 내각의 재무장관인 레즐리 쇼우나, 태프트 내각의 법무장관인 조지 워커샴, 프랭클린 루스벨트 등 여러 저명인사들에게 적용해, 수강생들에게 그들의 강연을 들려 줄 수 있었다.

인간은 누구나 자기를 칭찬해 주는 사람을 좋아하게 마련이다. 예를 들면 독일의 황제 카이제르의 경우도 그렇다. 1차대전에서 패했을 때, 그는 아마 온 세계에서 제일 미움을 받은 인간이었을 것이다. 그가 목숨이 위태로워 네덜란드로 망명할 무렵에는, 독일 국민들까지도 그를 원수로 생각했다. 몇백 만이나 되는 사람들이 그를 증오하여 그의 사지를 갈기갈기 찢어서 화형에 처해도 시원찮다고 생각하고 있었다.

그런데 이 격분의 소용돌이 속에서, 한 어린 소년이 진정과 찬미에 넘치는 편지를 카이제르에게 보냈다.

"누가 어떻게 생각하든, 저는 폐하를 언제까지나 저의 황제로 숭배하겠습니다."

이 편지를 읽은 카이제르는 마음 깊이 감동하여, 꼭 한 번 만나보고 싶다는 답장을 썼다. 소년은 어머니의 손을 잡고 그를 찾아갔고, 마침내 카이제르는 소년의 어머니와 결혼하게 되었다. 이 소년이라면 굳이 이 책을 읽을 필요가 없다. 그는 선천적으로 '사람을 움직이는 법'을 터득하고 있었던 것이다.

친구를 삼고 싶다면, 우선 그 사람을 위해서 힘써 줄 일이다. 다른 사람을 위해 자신의 시간과 수고를 제공하여, 사려 깊은 이타적인 노력을 해야 한다.

원저 공이 아직 황태자였을 무렵 남미 여행을 계획했다. 외국에 가면 그 나라 언어로 말하는 것이 좋겠다고 생각한 공은 출발에 앞서 몇 달 동안이나 스페인어를 공부했다. 덕분에 남미에서의 그의 인기는 대단했다.

여러 해 전부터 나는 친구들의 생일을 알아내도록 마음을 기울이고 있다. 원래 나는 점성술 같은 건 전혀 믿지 않지만, 사람의 생년월일이 성격이나 기질과 어떤 관계가 있다고 생각 하냐고 상대방에게 물어 본다. 그런 다음에 상대방에게 생일날을 물어 본다. 가령 상대방이 11월 24일이냐고 대답하면, 나는 마음속으로 '11월 24일, 11월 24일' 하고 몇 차례 되풀이하다가, 틈을 보아 상대방의 이름과 생일을 메모한다. 그리고 매년 정월이 되면 새로운 탁상달력에 생일을 체크한다. 이렇게 하면 잊을 염려가 없다. 그래서 그들은 각각 자기 생일날이면 내가 보내는 축하의 편지나 축전을 받아 보게 되는 것이다. 이것은 매우 효과적이어서, 때로는 그 사람의 생일을 기억하고 있는 것은 이 세상에서 나 하나뿐이었다는 경우도 더러 있다.

친구를 만들고 싶다면, 다른 사람을 열의 있는 태도로 맞이해야 한다. 이것은 전화를 받을 때도 마찬가지다. 전화를 걸어 준 것이 몹시 기쁘다는 것을 느낄 수 있도록 통화해야 한다. 전화상담원이나 교환원들도 말에 마음을 담는 훈련을 하고 있다. 그저 필요한 내용만 전달하면 그만이라는 생각으로 통화를 하면 상대의 마음이 좋을 리 없다.

이러한 방법은 역시 장사에도 도움이 된다. 그 실례는 얼마든지 들 수 있지만, 우선 다음의 두 가지만 소개하고자 한다.

뉴욕의 어느 큰 은행에 근무하고 있는 찰스 월터즈는 모 회사에 관해 조사하라는 비밀스런 명령을 받았다. 그런데 월터즈는 그 문제의 회사 사정에 정통한 사람을 꼭 한 사람 알고 있었다. 그 사람은 어느 큰 공업회사의 사장이었다. 월터즈가 그 회사를 찾아가서 사장실에 안내되어 들어가 있을 때, 젊은 여비서가 사장에게 하는 말을 듣게 되었다.

"죄송하지만 오늘은 드릴 우표가 없습니다."

사장은 월터즈에게 이렇게 설명했다.

"열두 살짜리 큰놈이 우표 수집을 하고 있어서 말입니다."

월터즈는 찾아온 용건을 말하고 질문을 시작했지만, 사장의 대답은 횡설수설이어서 도무지 종잡을 수가 없었다. 그는 그 화제에 대하여 언급하기를 꺼려하는 모양이어서, 그에게서 정보를 얻어낸다는 것은 도저히 불가능할 것 같았다. 만남은 단시간에 끝났고, 얻은 것이라곤 아무것도 없었다.

"솔직히 말해서 그때는 나도 어떻게 해야 좋을지 막연했습니다."

월터즈는 당시의 일을 이렇게 술회하고, 다음과 같이 말했다.

"그러던 중에 나는 문득 그 여비서가 사장에게 했던 말이 떠올랐습니다. '우표! 열두 살짜리 아들이라…….' 그와 동시에 은행의 외국과가 떠올랐습니다. 외국과에서는 세계 각국에서 오는 편지의 우표를 모아 두고 있었기 때문이지요. 다음 날 오후, 나는 그 사장을 찾아가서 그의 아들에게 줄 우표를 가져왔노라고 말했습니다. 물론 대환영을 받았지요. 아마 그가 국회의원 입후보중이라도 그렇게까지 친절하게 나를 맞아 주지는 않았을 겁니다. 기분이 몹시 좋아진 사장은 우표를 받아 들더니 소중한 듯이 다루면서, '이것은 조지 마음에 꼭 들겠는데. 정말 근사하군. 값도 굉장히 나가겠는데.' 하고

신이 나서 떠들어대는 것이었습니다. 사장과 나는 그로부터 30분가량 우표에 관한 얘기를 하기도 하고, 그의 아들 사진을 들여다보기도 했는데, 이윽고 사장은 내가 말을 꺼내기도 전에, 내가 알려고 했던 정보를 스스로 말하기 시작하는 것이었습니다. 그는 한 시간 이상에 걸쳐 그가 알고 있는 전부를 털어놓고, 다시 부하를 불러서 물어보기도 하고, 아는 사람에게 전화를 걸어 알려 주기까지 하는 겁니다. 그래서 나는 목적을 충분히 달성한 셈이 되었지요. 신문기자들이 말하는 소위 '특종자료'를 입수했던 겁니다."

또 하나의 예는 다음과 같다.

필라델피아에 살고 있는 C.M. 내플이란 사나이는 큰 연쇄점에 석탄을 납품하려고 여러 해 동안 몹시 애써 왔다. 그런데 그 연쇄점에서는 시외에 있는 업자로부터 석탄을 매입했고, 그 트럭들은 언제나 내플의 상점 앞으로 지나가, 그를 더욱 약 오르게 했다.

어느 날 밤, 내플은 내 강연에 참가하여, 연쇄점에 대한 평소의 불만을 털어놓고, 연쇄점은 시민들의 적이라고 욕설을 퍼부었다. 그러면서도 그는 연쇄점에 석탄 납품을 하고자 하는 뜻을 꺾지 않았다. 그래서 나는 좀 색다른 방법을 써 보지 않겠느냐고, 그에게 제안했다. 그 전말을 간단히 설명하면 이러하다. 즉 강연회 토론의 의제로 '연쇄점의 보급은 과연 국가적으로 해로운가?' 하는 문제를 채택했던 것이다.

그런데 내플은 평소와는 달리 연쇄점을 옹호하는 편에 섰다. 그리고 곧 평소에 원수처럼 생각하고 있던 연쇄점 중역에게로 달려갔다.

"오늘은 석탄을 팔려고 온 것이 아닙니다. 다른 부탁이 있어서 찾아왔습니다."

그는 이렇게 서두를 꺼낸 다음, 토론회에 관해서 설명했다.

"실은 그래서 연쇄점에 관해서 여러 가지를 배워야겠는데, 선생님보다 더 적당한 분이 없을 것 같아서 찾아온 겁니다. 토론회에서는 꼭 이기고 싶습니다. 좀 도와주십시오."

내플의 말을 들어 보자.

"그 중역은 꼭 1분 동안만 시간을 내어 주겠다고 약속했다. 이런 조건부로 면회가 허락되었던 것이다. 그런데 내가 찾아온 취지를 말하자 중역은 내게 의자를 권하고서 이야기를 시작하더니, 무려 1시간 47분 동안이나 계속했다. 그는 연쇄점에 관한 책을 저술한 다른 중역까지 불러다 주었다. 그리고 전미국 연쇄점협회에 조회하여 이 문제에 관한 토론 기록의 사본까지 입수 해다 주는 것이었다. 그는 연쇄점이야말로 인류에 참다운 봉사를 하고 있다고 굳게 믿고 있었으며, 자기의 사업에 큰 긍지를 가지고 있었다. 이야기를 하는 동안 그의 눈은 빛나고 있었다. 솔직히 말해서 나는 이제까지 꿈에도 생각하지 못했던 일에 눈뜨게 되었다. 그가 내 사고방식을 일변시켜 놓았던 것이다. 용건이 끝나 돌아가려 하자, 그는 내 어깨에 손을 얹고 문 앞까지 전송해 주면서, 토론회에서 꼭 이기기를 빈다고 말하고, 다시 그 결과를 꼭 와서 알려 달라고 했다. '봄이 되거든 꼭 와 주시오. 석탄을 좀 주문하겠으니……' 이것이 헤어질 때 그가 한 말이다. 나는 기적을 눈앞에 본 느낌이었다. 내가 부탁도 하지 않았는데, 저쪽에서 자진해서 석탄을 사 준다는 것이었다. 상대방에게 내 상점의 석탄에 관심을 갖게 하려는 방법으로는 10년이 걸려도 할 수 없던 일을, 저쪽에서 관심을 가지고 있는 일에 이쪽에서 진심어린 관심을 기울이자, 불과 두 시간 동안에 해치울 수 있었던 것이다."

그러나 내플은 무슨 새로운 진리를 발견한 것은 아니다. 기원전 100년에, 로마의 시인 파블리우스 시라스가 이미 다음과 같이 말하고 있다.

"우리들은 우리에게 관심을 기울여 주는 사람들에게 관심을 기울인다."

미소를 지어라

얼마 전에 뉴욕에서 열린 어느 만찬회에 참석한 일이 있다. 그런데 손님들 중에 막대한 유산을 상속받은 한 부인이 있었는데, 그 부인은 어떻게 하든지 여러 사람에게 좋은 인상을 주려고 애쓰고 있었다. 흑담비 모피 옷과 다이아몬드로 휘감고 있었지만 얼굴은 전혀 신경 쓰지 않은 것 같았다. 밉다는 말이 아니라 그에 걸맞은 표정이 아니었다는 말이다. 얼굴에는 심술과 방자함이 여실히 나타나고 있었다. 몸에 걸치는 옷보다도 얼굴에 나타나는 표정이 얼마나 더 소중한지는 누구나 다 알고 있는 사실인데 그녀는 그것을 모르고 있었던 것이다.

이것은 여담이지만 아내가 모피코트를 사 달라고 조를 때를 대비해서 이 구절을 암기해 두기를 바란다.

"찰스 슈워브는 자기의 미소를 백만 불짜리라고 말한 바 있지만, 그의 미소의 값은 그보다 한결 더 비싼 것이다. 그의 뛰어난 성공은 오로지 그의 인품과 매력, 남에게 호감을 주는 능력 등이 가져다 준 것이며, 그의 매혹적인 미소는 그의 인품을 형성하는 가장 중요한 요소인 것이다."

한때 나는 모리스 슈발리에와 오후를 함께 지낸 일이 있는데 솔직히 말해서 몹시 실망했다. 무뚝뚝하고 말이 없는 사나이로, 내가 상상하고 있던 그와는 딴판이었다. 적어도 그가 미소를 짓기 전까지는 그렇게 생각하고 있었다. 그런데 그가 한 번 미소를 짓자, 마치 구름 사이를 헤치고 태양이 갑자기 떠오르는 것 같은 느낌이 들었다. 만일 그 미소가 아니었더라면, 모리스 슈발리에는 아직도 파리의 뒷골목에서 아버지의 직업을 이어받아 가구 제조공 노릇을 하고 있었을 것이다.

동작은 말보다 뛰어난 웅변이다. 그리고 미소 역시 마찬가지다.

"나는 당신을 좋아합니다. 당신 덕분에 나는 행복합니다. 당신을 만나면 기쁩니다."

개나 고양이가 귀여움을 받는 까닭도 여기에 있다. 개는 주인을 보면 기뻐서 어쩔 줄 몰라 한다. 그래서 우리들도 개가 귀여워지는 것이다.

마음에도 없는 거짓 웃음, 그런 것에는 아무도 속지 않는다. 그런 기계적인 웃음에는 도리어 화만 치민다. 나는 지금 진정한 미소를 말하고 있는 것이다. 마음을 따뜻이 녹여 주는 미소, 마음속으로부터 솟아 나오는 미소, 천만금의 가치가 있는 이런 미소에 대하여 말하고 있는 것이다.

뉴욕에 있는 한 큰 백화점 주임의 말에 의하면, 억지로 의젓한 표정을 짓는 대학 출신의 직원보다는, 초등학교도 제대로 나오지 못했지만 상냥한 미소를 지닌 직원을 점원으로 채용하는 것이 효과적이라고 한다. 또 미국에서도 손꼽히는 고무회사 사장의 말에 따르면, 일에 재미가 나서 견딜 수 없는 정도가 아니면 절대로 성공하지 못한다는 것이다. 이 공업계의 거물은 "근면은 희망의 문을 여는 유일한 열쇠다."라는 옛 격언을 그다지 믿고 있지 않은 모양이다. 그는 이렇게 말하고 있다.

"나는 자기가 하는 일을 마치 술자리에서 노는 것처럼 즐거워하여, 그래서 성공한 몇 사람을 알고 있다. 그런데 이런 사람이 진지하게 딱딱한 일과 씨름을 하기 시작하면 끝장이다. 점차로 일에 대한 흥미를 잃어, 드디어는 실패해 버리고 만다."

다른 사람이 나를 보고 즐거워하기를 바란다면, 먼저 내가 다른 사람을 보고 즐거워해야 한다. 나는 많은 사업가들에게, 깨어 있는 동안에는 한 시간에 한 번씩, 누구에게든 미소를 던져 주는 일을 1주일 동안 계속하고서, 그 결과를 내 강연회에서 발표하도록 한 일이 있다. 그런데 그것이 어떤 효과를 가져왔는지, 그 한 예를 들어 보기로 하겠다.

지금 내 손에는 뉴욕 장외증권의 중개인인 윌리엄 스타인하트의 수기가 있다. 그렇다고 이것이 특별해서 소개하는 것은 아니다. 이런 정도의 예는 얼마든지 있다.

스타인하트의 수기는 다음과 같다.

나는 결혼한 지 18년 넘었지만, 아침에 일어나서 출근할 때까지 아내에게 미소를 던져 준 일도 없었고, 말도 별로 걸어 준 일이 없었습니다. 그러니까 세상에서도 보기 드문 무뚝뚝한 사람이었지요. 그런데 선생님이 미소에 대한 경험을 발표하라고 말씀하셔서, 나는 시험 삼아 1주일 동안만 해보자고 생각했습니다. 그래서 그 다음날 아침에, 나는 머리에 손질을 하면서 거울에 비친 돌부처 같은 내 얼굴에다 대고 타일렀습니다.

"빌, 오늘은 그 우거지상을 펴는 거야. 미소를 지으란 말이야. 어서 빨리."

아침 식탁에 앉을 때, 나는 아내에게 "잘 잤어?" 하고 말하면서 미소를 지어 보였습니다.

선생님은 상대방이 깜짝 놀랄지도 모른다고 말씀하셨지만 아내의 반응은 그 이상으로, 굉장한 충격을 받은 모양입니다. 이제부터는 날마다 그럴 터이니 그리 알라고 아내에게 말해 주었는데, 사실 그 약속은 이제 꼭 두 달 동안 지켜지고 있습니다.

그런데 내가 태도를 바꾸고 나서 이 두 달 동안에, 일찍이 맛보지 못했던 큰 행복이 우리 가정에 찾아왔습니다. 나는 매일 아침 출근할 때, 아파트의 엘리베이터보이에게도 미소를 보내며 "잘 잤어!" 하고 인사를 하고, 수위한테도 웃는 얼굴로 인사를 하게 되었습니다. 지하철 창구에서 거스름돈을 받을 때에도 역시 그러고, 직장에 가서도 이제까지 나의 웃는 얼굴을 보지 못했던 사람들에게 미소를 던집니다.

그러다 보니 모든 사람들이 미소를 나에게 되돌려 보내게 되었습니다. 상대방의 불만에 귀를 기울이면서 미소를 잃지 않도록 하자, 문제도 한결 수월하게 해결된 것입니다. 그리고 미소 덕분에 내 수입도 부쩍 늘었습니다.

나는 다른 중개인 한 사람과 공동으로 사무실을 사용하고 있습니다. 그런데 그가 고용하고 있는 사무원 중에 호감이 가는 청년이 있습니다. 미소의 효과로 재미를 본 나는 며칠 전에 그 청년에게 대인관계에 대한 내 새로운 철학을 들려주었습니다. 그러자 그는 나를 처음 만났을 때는 몹시 무뚝뚝한 사람이라고 생각했는데, 최근에는 완전히 달라졌다고 말해 주는 것이었습니다. 내 웃는 얼굴에는 인정미가 넘쳐흐른다는 것입니다.

그리고 나는 남의 험담을 하지 않기로 했습니다. 험담을 하는 대신 칭찬을 해주기로 했습니다. 내 욕망에 대해서는 아무것도 말하지 않고, 오로지 다른 사람의 입장에 서서 사물을 생각하도록 노력하고 있습니다. 그랬더니 내 생활에 문자 그대로 혁명적인 변화가 일어났습니다. 나는 전과는 전혀 딴 사람이 되어, 수입도 늘고 좋은 친구도 많은 행복한 인간이 되었습니다. 인간으로서 이 이상의 행복을 바랄 수 없다고 생각합니다.

이 수기를 쓴 사람이 뉴욕의 장외증권 중개인이란 점을 주의하기 바란다. 뉴욕의 장외증권 중개인이라면 몹시 하기 어려운 사업으로, 100명 중 99명은 실패한다. 그만큼 위험한 사업으로 세상물정에

흰한 사람이, 이와 같은 수기를 썼기 때문에 더욱 깊은 의미를 지니고 있다 하겠다.

그러나 미소를 지을 기분이 일어나지 않을 때는 어떻게 해야 하는가? 그러한 때는 이런 방법을 써 보라. 우선 억지로라도 웃어 볼 일이다. 혼자 있을 때라면, 휘파람을 불거나 콧노래라도 흥얼거려 보라. 행복해서 견딜 수 없는 것처럼 행동하는 것이다. 그러면 신기하게도 정말로 행복한 기분이 들게 된다.

하버드대학의 교수였던 윌리엄 제임스의 말을 다음에 소개하겠다.

"동작은 감정에 따라 일어나는 것처럼 보이지만, 실제로는 동작과 감정은 병행하는 것이다. 동작은 의지로써 직접 통제할 수가 있지만, 감정은 그렇지 않다. 그러나 감정은 동작을 조정함으로써 간접적으로 조정할 수가 있다. 따라서 쾌활한 감정을 잃었을 경우 그것을 회복하는 최선의 방법은, 진짜로 쾌활한 것처럼 행동하고, 쾌활한 것처럼 떠들어대는 일이다."

세상 사람들은 누구나 행복을 추구하고 있거니와, 그 행복을 얻는 방법은 꼭 하나가 있다. 그것은 자기 마음을 마음대로 할 수 있는 방법을 터득하는 일이다. 행복이란 외적 조건으로 얻어지는 것이 아니라, 자기의 마음가짐 하나로 좌우되는 것이다.

행복과 불행은 재산이나 지위나 직업 등에 의해서 결정되는 것이 아니다. 무엇을 행복이라 생각하고, 또 무엇을 불행이라고 생각하는

가의 태도가 행복과 불행의 갈림길인 것이다. 예를 들면 똑같은 장소에서 똑같은 일을 하는 두 사람이 있다고 하자. 이 두 사람들은 대체로 비슷한 재산과 비슷한 지위를 가지고 있음에도, 한 사람은 행복해하고 또 한 사람은 불행해하는 경우가 많다. 왜 그런가? 마음의 태도가 다르기 때문이다.

나는 중국으로 여행을 갔을 때 불과 7센트의 임금을 받기 위해서 온종일 비지땀을 흘려 가며 노동하는 사람들의 표정이 한결같이 밝은 것을 보았다. 뉴욕의 에비뉴 공원에서도 그렇게 행복해하는 표정의 얼굴을 쉽게 볼 수 없을 것이다.

"사물에는 원래 좋고 나쁨이 없다. 단지 우리들의 생각에 따라 좋고 나쁨이 갈라진다."

이것은 셰익스피어의 말이다.

"대부분의 사람은 행복해지려는 결심의 강도에 따라 행복해지게 마련이다."

이것은 링컨의 말로 틀림없는 명언이다.

얼마 전에 나는 이 링컨의 말을 보증하는 산 실례를 목격했다. 내가 뉴욕의 롱아일랜드 역의 계단을 올라가고 있을 때, 내 바로 앞에는 3, 40명의 다리의 자유를 잃은 소년들이 목발에 몸을 의지하고 계단을 올라가고 있었다. 개중에는 보호자에게 업혀서 올라가는 소년들도 있었는데 나는 그 소년들의 희희낙락하는 모습을 보고 놀랐다. 그래서 어느 보호자에게 물어 보았더니, 그는 이렇게 대답했다.

"그렇습니다. 아이들은 처음에 본인들이 평생 불구자노릇을 해야 한다는 것을 알았을 때는 심한 충격을 받지만, 차차 그 충격이 가서, 대체로 자기의 운명을 받아들이고, 마침내는 보통 아이들처럼 쾌활해진답니다."

나는 이 소년들에게 절로 고개가 수그러졌다. 그들은 나에게 일생 동안 잊을 수 없는 교훈을 주었던 것이다.

일찍이 세인트루이스 카디널스의 3루수였고, 현재는 미국 굴지의 보험외교원인 프랭클린 베트거의 이야기를 한 토막 하겠다.

그는 미소를 잃지 않는 사람은 어딜 가든지 환영받는다는 사실을 일찍부터 알고 있었다. 그래서 그는 사람을 찾아갈 때는 반드시 방에 들어가기 전에 걸음을 멈추고서, 자기가 그에게 감사해야 할 일들을 여러 가지로 생각해 내어, 마음으로부터 우러나오는 미소를 짓고, 그 미소가 사라지기 전에 방으로 들어갔다는 것이다. 그가 보험외교원으로서 대성공을 거둔 것은 이 간단한 테크닉의 덕분이라고, 그는 스스로 말하고 있다.

다음에 인용하는 것은 앨버트 허버트의 말이다. 잘 읽어 주기 바란다. 아니, 읽는 것만 가지고는 소용이 없다. 그대로 실천하기 바란다.

"집에서 나올 때에는 언제나 턱을 당겨 머리를 곧게 세우고, 가능한 한 숨을 크게 쉬어 햇볕을 들이마실 것. 친구에게는 웃음으로 대하고, 악수에는 진심을 담으라. 오해받을 걱정 따위를 하지 말고, 적으로 생각하는 일에 마음을 뺏기지 말라. 하고 싶은 일을 마음속에서 굳게 결정하라. 그리고서 한눈을 팔지 말고서 목표를 향해서 돌진하라. 크고도 훌륭한 일을 달성하겠다는 포부를 지녀, 그것을 항상 염두에 두라. 그러면 시간이 흐름에 따라 언젠가는 그 염원을 달성하는데 필요한 기회가 자기 수중에 쥐어져 있음을 깨닫게 될 것이다. 그리고 유능하고 성실하여, 다른 사람들에게 도움이 되는 인물이 되도록 노력하되, 언제나 그런 마음을 잊지 않도록 하라. 그러면 시간이 흐름에 따라, 당신은 실제로 그런 인물이 되어 갈 것이다. 마음의 작용이란 실로 신묘한 것이다. 올바른 정신상태, 즉 용기와 솔직함과 명랑함을 항상 지니라. 올바른 정신상태는 위대한 창조력을 지니고 있다. 모든 사물은 소망으로부터 생겨나므로 마음으로부터의 간절한 소망은 꼭 달성되게 마련이다. 인간이란 마음먹은 대로 되는 것이다. 턱을 당기고 머리를 곧게 세우라. 신이 되기 위한 앞 단계, 이것이 인간인 것이다."

프랭크 어빙 플레처는 오펜하임 코린스 회사의 광고문에서 다음과 같은 평범한 철학을 말하고 있다.

크리스마스의 미소

자금은 필요치 않다. 그래도 이익은 막대하다.
아무리 주어도 줄지 않고, 받는 사람은 부유해진다.
한순간 보인 것이, 영원히 기억에 남는 수가 있다.
아무리 부자라도 이것 없이는 살지 못한다.

아무리 가난한 사람도 이것만 있으면 부유해진다.

가정에는 행복을, 그리고 장사에는 호의를 가져다준다.

우정의 암호, 지친 자에게는 휴양,

실의에 빠진 자에게는 광명이 되고,

슬픈 자에게는 태양, 고민하는 자에게는 자연의 해독제가 된다.

살 수도 없고, 강요할 수도, 빌릴 수도, 훔칠 수도 없다.

공짜로 줄 때에만 값어치가 나간다.

크리스마스 대매출로 피로한 점원 중에, 이것을 보여 드리지 않는 자가 있을 경우에는, 죄송하지만 손님께서 그것을 보여 주시기 바랍니다. 미소를 다 써 버린 인간처럼 미소를 필요로 하는 사람은 없습니다.

남에게 호감을 얻는 두 번째 방법:

언제나 밝은 미소로 대한다.

제3장

이름을 기억하라

1898년에 뉴욕의 로클랜드에서 처참한 사건이 일어났다.

한 어린이가 죽어서 이웃사람들이 장례식 준비를 하고 있었는데 그 와중에 짐 팔레라는 사람이 난동을 부리는 말의 뒷발에 차여 죽음을 맞이한 것이다. 그래서 그 작은 마을에서는 일주일 사이에 두 번의 장례식을 치르게 되었던 것이다.

짐 팔레는 아내와 세 아들과, 그리고 약간의 보험금을 남겨 놓고 죽었다. 생계가 막막해짐을 느낀 그 집안의 장남 제임스 팔레는 불과 열 살의 나이로 벽돌공장에 나가 일해야 했다. 그가 하는 일은 모래를 개어서 틀에 넣어 그것을 햇볕에 늘어놓아 말리는 것이었다. 장남은 학교에 다닐 시간이 없었다. 그러나 이 소년은 아일랜드인 특유의 쾌활한 성격을 지니고 있어, 누구에게서나 호감을 얻게 되었고, 마침내는 정계로 진출하게 되었다. 그는 유독 사람들의 이름을 잘 기억하는 비상한 능력을 가지고 있었다. 그는 학교 문턱에도 가 보지 못했지만 46세 때, 대학으로부터 박사 학위를 받았으며, 민주당 전국위원장이 되고, 미합중국의 체신장관이 되었던 것이다.

어느 날 나는 그와 회견을 하게 되었다. 내가 그의 성공의 비결을 묻자, 그는 "근면이죠."라고 대답했다. 이에 내가 "단지 그것만은 아니시겠지요."라고 했다. 그러자 그는 오히려 나에게 질문했다.

"그러면 당신은 어떻게 생각하시오?"

"선생께선 만 명의 이름을 기억하고 계신다고 들었습니다."

내가 이렇게 대답하자, 그는 그것을 정정했다.

"아니, 5만 명입니다."

그는 석고회사의 세일즈맨으로서 각 지역을 돌아다니고, 스토니 포인트의 동사무소에 근무하는 동안에, 사람들의 이름을 기억하는 방법을 생각해 냈다고 한다.

이 방법은 생각보다 아주 간단하다. 처음 만나는 사람에게는 반드시 그 이름과 가족관계와 직업, 그리고 정치에 대한 의견을 묻는다. 그리고 그것들을 완전히 머리 속에 기억해 버리는 것이다. 그러면 다음에 만났을 때, 설사 1년 뒤에 만날지라도, 그 사람의 어깨를 치면서 아내나 자녀들의 안부를 묻거나, 정원수에 관한 것까지 물어 볼 수 있게 된다. 이러니 지지자들이 늘어나지 않을 이유가 어디 있겠는가?

루스벨트가 대통령 선거에 출마하기 수개월 전에, 팔레는 서부와 서북부 여러 주 사람들에게 매일 수백 통씩의 편지를 썼다. 그리고 기차로 19일 동안 20주를 순회했다. 1만 2천 마일의 여정으로 그는 기차·자동차·마차·나룻배 등 온갖 교통수단을 이용해야 했다. 한 도시에 도착하면 곧 그곳 사람들과 식사나 차를 나누면서 흉금을 터놓고 이야기를 주고받고, 그것이 끝나자마자 곧 다음 도시로 달려가야 했다.

순회를 마치고 돌아온 그는 자신이 방문한 도시의 대표자들에게 편지를 띄워 자신의 모임에 참석한 사람들의 명단을 보내 달라고 했다. 이렇게 해서 그의 수중에 들어온 명단은 수만 명에 이르렀다. 그리고 명단에 들어 있는 사람들 모두는 하나도 빠짐없이 민주당 전국위원장 제임스 팔레로부터 친근감 넘치는 편지를 받았다. 편지의 서두는 각 사람들의 이름으로 시작해서 가까운 느낌이 들게 했고, 마지막에는 '짐(제임스의 애칭)'이라고 되어 있어, 다정한 친구간의 편지처럼 느껴지게 했다.

인간이란 다른 사람의 이름 같은 것에는 일체 관심을 갖지 않으면서도, 자기 이름에 대해서는 큰 관심을 가지고 있다는 사실을, 짐 팔레는 일찍부터 알고 있었던 것이다.

누가 자기의 이름을 기억하고 있다가 그것을 불러 준다는 것은 말할 수 없이 기분이 좋은 법이어서, 시시하게 칭찬하는 말보다 한결 효과적이다. 이와 반대로 상대방의 이름을 잊어 먹거나 잘못 쓰거나 하면 손해를 단단히 본다. 예를 들면 내가 일찍이 파리에서 변론술의 강연회를 연 일이 있었다. 파리에 가 있는 미국인들에게 인쇄한 안내장을 보냈는데, 영어를 잘 모르는 프랑스인 타이피스트에게 겉봉을 부탁한 것이 실수였다. 덕분에 나는 미국의 대형 은행의 파리지점장으로부터, 자기 이름의 철자가 틀려 있다는 항의를 듣고야 말았다.

앤드류 카네기의 성공의 비결은 무엇인가? 세상에서는 카네기를 '철강왕'이라고 부르고 있지만, 막상 본인은 철강에 관한 것은 별로 아는 것이 없었다고 말했다. 철강왕이라 불리는 자신보다 철강에 대해서 훨씬 더 잘 알고 있는 수백 명의 사람들을 고용하고 있었던 것이다.

그렇다면 무엇 때문에 그가 성공했는가. 그 역시 사람 다루는 법을 잘 알고 있었다. 바로 이것이 그를 거부로 만들어 준 비결이다. 그는 어린 시절부터 사람들을 조직하고 통솔하는 재능을 보여 주었다. 그는 열 살 때 이미 인간이란 누구나 자기 이름에 대하여 비상한 관심을 가지고 있다는 사실을 발견했으며, 이 발견을 이용하여 사람들의 협력을 얻어냈던 것이다.

그에게는 이런 일이 있었다. 이것은 그가 아직 스코틀랜드에서 살던 소년시절의 이야기다.

어느 날 그는 토끼 한 마리를 붙잡았는데 마침 그 토끼가 새끼를 배고 있어서 토끼장은 어느새 새끼들로 가득 찼다. 그러자 먹이가 모자랐다. 이때 그에게 멋진 생각이 떠올랐다. 친구들에게 토끼의 먹이를 많이 뜯어 오면 토끼에게 각자의 이름을 붙여 주겠다는 약속을 한 것이다. 이 생각은 보기 좋게 적중했다.

이런 일이 또 있었다. 카네기는 펜실베이니아 철도회사에 레일을 납품하려고 하고 있었다. 그런데 당시 그 철도회사의 사장은 에드거 톰슨이라는 사람이었다. 그래서 카네기는 피츠버그에 거대한 제철 공장을 세우고 그 이름을 '에드거 톰슨 철강소'라고 했다. 펜실베이니아 철도회사에서는 레일을 어디에서 구입했겠는가? 그것은 독자들의 상상에 맡기기로 하겠다.

카네기와 조지 풀먼이 침대차의 경쟁판매로 덤핑 작전을 쓰게 되었을 때, 철강왕은 다시 토끼의 교훈을 상기했다. 카네기의 센트럴 트랜스포테이션 회사와 풀먼의 회사는 유니언 퍼시픽 철도회사에 침대차를 납품하려고 적자를 무릅쓰고 덤핑 경쟁을 벌이고 있을 때였다. 카네기와 풀먼은 각자 유니언 퍼시픽 철도회사의 수뇌부를 만나기 위하여 뉴욕으로 출발했다. 그리고 호텔에서 두 사람은 얼굴을 마주하게 되었다.

"풀먼 씨 안녕하시오! 생각해 보니 우리들은 서로 바보짓을 하고 있는 것 같군요."

"도대체 그게 무슨 뜻입니까?"

여기에서 카네기는 이제까지 생각하고 있던 것을 그에게 털어놓았다. 즉 그것은 두 회사의 합병이었다. 서로 원수처럼 지내느니보다는 손을 잡는 편이 서로에게 현명할 것이라고 열심히 설명했다. 풀먼은 귀를 기울여 듣고는 있었지만 반신반의하는 모양이었다.

이윽고 풀먼은 카네기에게 이렇게 물었다.

"그렇다면 그 새 회사의 이름은 어떻게 하죠?"

그러자 카네기는 선뜻 이렇게 대답했다.

"물론 풀먼 팔레스사라고 하는 게 좋겠지요."

그러자 풀먼의 얼굴이 갑자기 밝아졌다.

"그렇다면 내 방으로 가서 조용히 상의합시다."

그리고 바로 이 만남이 공업 역사의 새로운 페이지를 장식하게 된 시초가 되었다.

이와 같이 친구나 거래처의 이름을 존중하는 것이 카네기가 성공한 비결 중 하나였다. 카네기는 자기 밑에서 일하고 있는 수많은 노동자들의 이름을 기억하고 있는 것을 자랑으로 삼고 있었다. 그리고 자신이 앞장서서 진두지휘를 하고 있는 동안에는, 단 한 번도 동맹파업이 일어나지 않은 것을 자랑으로 여겼다.

이것은 좀 색다른 얘기지만, 유명한 피아니스트인 파데레프스키는 자신의 침대차의 흑인 요리사에게 '미스터 코퍼'라고 정중한 호칭을 사용함으로써 상대방에게 자기의 중요감을 느끼게 했다. 파데레프스키는 열렬한 청중들의 요망에 보답하기 위하여서 15회나 전미국의 연주여행을 했다. 그때마다 그는 전용열차를 타고 다녔는데 식사는 언제나 그 흑인 요리사의 몫이었다. 그런데 파데레프스키는 그 흑인의 이름을 마구 부르지 않고 언제나 반드시 '미스터 코퍼'라고 예의를 갖추어 불렀다고 한다. 그리고 이것이 당사자인 미스터 코퍼에게는 큰 기쁨을 주어, 언제나 성심성의껏 그의 식사 준비를 위해 힘썼다고 한다.

인간이란 자기 이름에 대해서 비상한 관심을 갖고 있어서, 어떻게든지 그것을 후세에까지 남기려고 애쓴다. 지금으로부터 2백 년 전에는 돈 많은 부자들은 책의 저자에게 돈을 지불하고서, '이 책을 ○○씨에게 바친다.'라는 문구를 책 첫머리에 써 넣게 했다. 도서관이나 박물관의 호화로운 소장품 중에도 자기 이름을 세상에 남기고 싶어 하는 사람들이 기증한 것이 많다. 예를 들면 뉴욕시립도서관의 애스터문고나 레녹스문고 등이 그렇고, 메트로폴리탄 박물관의 벤자민 앨트먼이나 J.P. 모건이 그렇다.

대부분의 사람들은 다른 사람의 이름을 별로 기억하고 있지 않다. 바빠서 기억할 시간이 없다는 것이 그 이유다. 그러나 아무리 바쁠지라도 프랭클린 루스벨트보다 더 바쁜 사람은 없을 것이다. 그런데 그 루스벨트는 우연히 만난 일개 기계공의 이름을 외어 두기 위해서 시간을 쪼갰던 사람이다. 그 내막은 이러하다.

크라이슬러 자동차회사에서 루스벨트를 위해서 특별 승용차를 제작한 일이 있다. W.F. 쳄버린이 기계공 한 사람을 데리고 그 승용차를 대통령관저에 배달했는데 쳄버린은 그때의 상황을 나에게 보낸 편지에서 다음과 같이 말하고 있다.

나는 대통령께 특수한 장치가 많이 달린 자동차의 조종법을 가르쳐 드렸는데, 그는 나에게 훌륭한 인간조종법을 가르쳐 주셨습니다.

관저에 들어가자, 대통령이 몹시 기분 좋아하며 내 이름을 불러가며 이야기를 걸어 주셨기 때문에, 나는 긴장이 완전히 풀렸습니다. 특히 감명 깊었던 것은 그가 내 설명에 진심으로 흥미를 보이는 일이었습니다. 주변에는 많은 구경꾼들이 모여들어 있었습니다. 그 자동차는 두 손만으로 조종할 수 있도록 되어 있었는데 대통령이 특히 이 부분에 대해 매우 흥미를 보였습니다.

"이건 정말 신기한데, 버튼을 누르기만 하면 자유자재로 조종할 수 있으니 놀라운 일이야. 그 장치가 어떻게 되어서 그럴까? 틈만 있으면 한 번 분해해서 내부를 자세히 보고 싶군."

대통령은 자동차를 구경하고 있는 여러 사람들 앞에서 내게,

"챔버린 씨, 이처럼 훌륭한 자동차를 만들려면, 평소에 대단한 노력을 해야겠습니다. 정말로 탄복했습니다."

그러면서 라디에이터, 백미러, 시계, 조명기구, 차내 장치, 운전석 그리고 트렁크 속에 이름이 새겨진 여행가방 등을 하나하나 살펴보시면서 연신 경탄하시는 것이었습니다. 대통령은 나의 노고를 완전히 이해해 주셨던 것입니다.

그리고 대통령은 부인과 노동장관인 파킨스 여사 등 주위 사람들에게도 이 자동차의 새로운 장치를 구경시키며·설명하는 것을 잊지 않으셨습니다.

"챔버린 씨, 연방준비은행 사람들을 한 30분 동안이나 기다리게 해 놓았으니, 오늘은 이 정도로 해 두십시다."

이렇게 대통령과의 만남은 마무리 되어 갔습니다.

나는 그때 기계공을 한 사람 데리고 갔었습니다. 우리가 대통령관저에 도착했을 때, 그도 대통령께 소개되었습니다만 그 뒤로는 잠자코 있었습니다. 그러니까 대통령은 그의 이름을 한 번 들었을 뿐입니다. 더구나 이 기계공은 천성이 수줍어서 줄곧 뒤편에 숨어만 있었습니다. 그런데 막상 우리들이 작별인사를 드릴 때가 되자, 대통령은 그 기계공을 찾아내어, 악수를 청하고 그의 이름을 부르면서 수고했다고 말씀하시는 것이었습니다. 더구나 그 태도가 스쳐 가는 인사말이 아니라, 마음으로부터 우러나오는 인사였습니다. 나는 그것을 확실히 느낄 수 있었습니다.

뉴욕으로 돌아온 며칠 뒤, 나는 대통령의 사인이 든 사진과 감사

장을 받았습니다. 대통령이 어떻게 그런 틈까지 내 주셨는지, 나로서는 도무지 알 수가 없습니다.

프랭클린 루스벨트는 남에게서 호감을 받는 가장 간단한 방법, 누구나 할 수 있는 방법을 일찍부터 알고 있었던 것이다. 상대방의 이름을 기억하고 중요감을 느끼게 하는 일. 그런데도 이 사실을 알고 있는 사람이 과연 세상에는 몇 사람이나 있을까? 알고는 있지만 실천하고 있는 사람이 과연 몇이나 있을까?

초면의 사람과 인사를 나누고 2, 3분 동안 이야기를 하다가, 작별 인사를 할 때면 벌써 상대방의 이름이 생각나지 않는 경우가 흔히 있게 마련이다.

"선거인들은 이름을 기억하라. 이것이 바로 정치적 수완이라는 것이다. 그들의 이름을 잊는 것은 곧 그들로 하여금 당신의 이름을 잊게 하는 일이다."

이상은 정치가가 배워야 할 첫 번째 과제인 것이다. 나폴레옹 3세는 나폴레옹의 조카가 되는 사람으로 그는 국정으로 눈코 뜰 새 없이 바쁜 생활 속에서도 한 번 소개받은 사람의 이름은 전부 기억하고 있다고, 스스로 공언했다.

그러면 그는 어떤 방법을 사용했는가? 이것 또한 지극히 간단하다. 그는 우선 상대방의 이름을 똑똑히 듣지 못했을 때에는, "미안하지만 한 번 다시 말해 주십시오."라고 부탁한다. 만일 이름이 좀 희귀하면 "어떤 글자를 쓰지요?" 하고 묻는 것이다. 그리고 그는 상대방과 이야기를 하고 있는 동안에 몇 번이고 그 이름을 되풀이해서, 상대방의 얼굴이나 표정, 태도와 함께 기억하도록 노력했다.

만일 상대방이 중요한 인물일 경우에는 그는 더욱 노력을 기울였다. 즉 그와 헤어지고 혼자 남게 되면 곧 메모지에 그의 이름을 써 놓고, 정신을 집중시켜 그것을 뚫어지게 들여다보아 완전히 기억한 다음, 그 메모지를 찢어 버렸던 것이다. 이와 같이 그는 눈과 귀 모두를 동원하여 상대방의 이름을 기억하도록 노력했다.

이것은 시간이 좀 걸리는 방법이다. 그러나 에머슨은 이렇게 말하고 있다.

"좋은 습관은 사소한 희생을 쌓아올림으로써 이루어진다."

남에게 호감을 얻는 세 번째 방법:
상대방의 이름을 기억한다.

상대방의 말에 귀를 기울여라

얼마 전에 나는 어느 브리지게임(카드게임의 일종)에 초대되어 간 일이 있다. 실은 나는 브리지게임을 할 줄 모른다. 그런데 마침 거기에는 나와 마찬가지로 브리지게임을 할 줄 모르는 한 금발여인이 와 있었다.

나는 로웰 토머스가 라디오에 출연하여 유명해지기 전에 그의 매니저노릇을 한 일이 있는데 그의 여행기 준비를 돕기 위해 둘이서 유럽 각지를 여행한 일이 있었다. 마침 이 사실을 알고 있던 금발여인은 내게 그 이야기를 들려 달라고 했다.

"선생님, 선생님이 여행하신 훌륭한 곳들과 아름다운 경치들에 대한 이야기를 해주세요."

그러면서 그 여인은 내 옆으로 다가와 앉더니, 자기는 최근 남편과 함께 아프리카 여행에서 돌아온 길이라고 했다.

"아프리카요!"

나는 큰소리로 외쳤다.

"그거 참 멋지군요! 아프리카라면 벌써부터 나도 꼭 한 번 가 보고 싶던 곳입니다. 나는 알제리에 겨우 24시간 동안 머물렀을 뿐이기 때문에, 아프리카에 대해서는 아무것도 모릅니다. 그 맹수들이 있는 지방에도 가 보셨나요? 그것 참 멋진 여행을 하셨군요! 정말 보고 싶군요. 아프리카 이야기를 좀 들려주시지 않겠습니까?"

그녀는 45분 동안이나 아프리카 얘기를 들려주었다. 그녀는 내 여행담을 듣고 싶었던 것이 아니다. 그녀가 실제 바라고 있던 것은 자신의 이야기를 들어 줄 열렬한 청취자였던 것이다.

그러면 이 금발의 여인은 이중인격이었던 것일까? 천만에, 그렇지 않다. 이것은 인지상정인 것이다.

예를 들면 이런 일이 있었다.

어느 날 나는 뉴욕의 출판업자인 J.W. 그린버그 씨가 주최한 만찬회에서, 어느 유명한 식물학자를 만났다. 나는 그때까지 식물학자와는 한 번도 이야기를 나눈 일이 없었다. 그런데 그의 얘기에 완전히 도취되고 말았다.

회교도들이 마취제로 쓰고 있는 인도 대마초의 얘기, 식물의 새로운 품종을 엄청나게 만들어 낸 루더 버뱅크에 대한 얘기, 실내정원이나 감자에 대한 얘기들을 듣고 있는 동안에 내 귀와 무릎은 점점 그에게로 다가갔다. 우리 집에도 작은 실내정원이 하나 있어서, 나는 평소에 실내정원에 관한 몇 가지 의문을 품고 있었는데, 그의 얘기를 듣고 그 의문이 완전히 풀렸다.

우리들은 만찬회 석상에 있는 것이며, 다른 손님들도 십여 명이나 있었다. 하지만 나는 무례함을 무릅쓰고 다른 손님들과는 대화를 나누지 않고서, 몇 시간이나 그 식물학자와 이야기를 했던 것이다.

이윽고 밤이 깊어 작별을 고할 때, 그 식물학자는 주인에게 내 칭찬을 무던히 늘어놓았다. 나중에는 내가 '세상에서도 보기 드문 화술가'라고까지 말했다. 내가 보기 드문 화술가라니! 그때 나는 거의 아무 말도 하지 않았는데도 말이다. 첫째로 나는 얘기를 하고 싶어도 할 수 있는 지식이 전혀 없었다. 식물학에 대해서는 전혀 백지상태였기 때문에, 화제를 바꾸지 않는 이상 나에게는 이야기할 재료가 없었던 것이다. 그러나 말하지 않은 대신, 듣는 것만은 분명히 마음을 기울여 들었다. 진심으로 재미있다고 생각하면서 들었다. 상대방은 그것을 알았던 것이다. 그래서 그는 즐거웠던 것이다.

이와 같이 상대방의 말에 귀를 기울이는 일은 우리들이 누구에게나 줄 수 있는 최고의 찬사이다.

"아무리 칭찬하는 말에 유혹되지 않는 인간도, 자기 얘기를 성의껏 들어 주는 사람에게는 유혹된다."

이것은 잭 우드포드가 한 말인데 나는 그의 얘기를 성의껏 들어 주었을 뿐 아니라, 찬사까지 아낌없이 해주었던 것이다.

"말씀을 들어 정말 즐거웠고 얻은 바가 많습니다."

"나도 선생님만큼 식물에 대한 지식이 있으면 좋겠습니다."

"선생님과 함께 들판으로 돌아다니고 싶군요."

"꼭 다시 뵈었으면 좋겠습니다."

이와 같은 말들이 내가 그에게 준 찬사였다. 그러나 그것은 내 마음 속으로부터 나온 말들이었다. 그래서 실제로 나는 단순히 좋은 경청자로서 그에게 얘기할 흥취를 이끌어 주었을 뿐인데도, 그에게는 내가 뛰어난 화술가로 비쳤던 것이다.

상담의 비결에 대하여, 찰스 엘리어트 박사는 이렇게 말하고 있다.

"상담에 특별한 비결은 없다. 단지 상대방의 이야기에 귀를 기울이는 것이 중요할 뿐이다. 아무리 아첨하는 말이라도 이보다 더 큰 효과는 없다."

이것은 너무나 평범한 얘기다. 대학을 나오지 않았어도, 누구나 다 알고 있을 것이다. 그런데 세상에는 비싼 임대료를 주고 점포를 빌리고, 상품을 잘 사들이고, 사람들의 눈을 끌 만큼 진열을 잘해 놓고, 막대한 금액을 선전비로 쓰면서도 가장 중요한 것은 놓치는 경우가 많다. 바로 손님들의 말을 귀담아 듣는 종업원을 고용하는 것이다. 툭하면 손님의 얘기를 중간에서 가로채고, 손님들의 말에 반박해 기분 나쁘게 하는 등 찾아오는 손님을 오히려 쫓아내는 것이나 다름없는 짓을 하는 점원들을 예사로 고용하고 있는 것이다.

예를 들면 이런 일이 있다. 이것은 J.C. 우튼이란 사나이가 경험한 것을, 얼마 전 내 강연회에서 발표한 것이다.

나는 뉴저지 뉴워크에 있는 어느 백화점에서 양복 한 벌을 사 가지고 돌아왔습니다. 그런데 양복을 입어 보니 물감이 빠져서 와이셔츠 깃에 검게 묻는 것이었죠. 그래서 양복을 가지고 다시 백화점으로 가서, 그것을 판 점원에게 그 사실을 말했습니다. 아니 말하려 했습니다. 그런데 그 점원은 나의 말을 들어 보려고 하지도 않았습니다.

"우리 상점에서는 이와 똑같은 양복을 지금까지 몇천 벌이나 팔아 왔지만, 불평을 듣기는 처음입니다."

점잖게 글로 써서 그렇지, 점원의 말투는 마치, '거짓말 말아요. 누가 당신한테 속을 줄 알아요?' 하는 식이었습니다. 이래서 한동안 언쟁이 벌어지고 있는데, 다른 점원 하나가 끼어들어 "검은 양복은 원래 처음에는 물감이 빠지는 겁니다. 그 값으로는 별 수 없죠. 물감 이 나쁜 걸요."하고 말하는 것이었습니다.

이렇게 되자 나는 더 이상 참을 수가 없었습니다. 첫 번째 점원은 내 정직을 의심했고, 다음 점원은 내가 싸구려 물건을 산 것처럼 말하 는 것입니다. 나는 분통이 터졌습니다. 양복을 그들에게 팽개치려고 할 때, 마침 백화점의 지배인이 왔습니다. 역시 지배인은 장사의 요령 을 터득하고 있어서, 내 기분을 완전히 풀어 주었습니다. 그는 화가 나서 마구 나대는 나를 만족스러워 하는 손님으로 바꿔 놓았던 것입 니다. 그가 사용한 방법, 그것은 다음의 세 가지였습니다.

첫째, 그는 내 얘기를 처음부터 끝까지 잠자코 다 들어 주었습니 다.

둘째, 그는 철저히 내 입장에서 이야기를 했습니다.

내 얘기가 끝나자 점원들이 다시 일제히 그들의 의견을 말했는데 지배인은 나의 입장, 즉 손님의 입장에서 그들과 논전을 폈습니다. 와이셔츠의 깃이 더러워진 것은 분명히 양복의 물이 빠졌기 때문이라고 지적했을 뿐 아니라, 앞으로 손님에게 만족을 주지 못하는 상품은 이 상점에서는 절대로 팔아서는 안 된다고 타일렀습니다,

셋째, 그는 이 양복에 결점이 있는 줄은 몰랐다고 자기의 잘못을 인정하고 솔직하게, "이 양복은 어떻게 하시면 좋겠습니까? 저희는 손님 의견에 따르겠습니다."라고 말하는 것이었습니다.

조금 전까지만 해도 나는 그 마땅치 않은 양복을 무를 생각이었습니다만, "의견을 듣고 싶습니다. 물이 빠지는 것은 일시적인 현상입니까? 그리고 그것을 예방하는 방법이 있으면 가르쳐 주십시오." 하고 대답하고 말았습니다.

그는 1주일간만 더 시험해 보면 어떻겠느냐고 권한 다음, "그래도 마음에 안 드시거든 염려 마시고 되돌려 주십시오. 마음에 드시는 것과 바꿔 드리겠습니다. 불편을 끼쳐 드려서 죄송합니다." 하고 말하는 것이었습니다.

나는 흡족한 기분으로 그 백화점을 나왔습니다.

그리고 1주일이 지났는데 역시 물은 더 이상 빠지지 않았습니다. 그 백화점에 대한 나의 신뢰는 완전히 회복된 것이지요.

이 지배인은 역시 이래서 지배인이 될 수 있었던 것이다. 이와 반대로 그 점원들, 그런 상태라면 더 이상의 발전은 없을 것이다. 아니 어쩌면 손님들과 얼굴을 마주 대할 필요가 없는 포장부로나 좌천되고 말 것이다.

사소한 일에도 기를 쓰고 악착같이 반대하는 사람이 있다. 그런

사람들 중에는 상당히 악질적인 사람이 있거니와, 그런 사람도 귀를 기울여 자기 이야기를 들어 주는 사람, 아무리 화를 내어 코브라처럼 독을 뿜어 대도 잠자코 끝까지 들어 주는 사람에 대해서는 대체로 얌전해지게 마련이다.

수년 전에 이런 일이 있었다. 뉴욕 전화국 교환원들의 눈물을 빼 놓는 한 망나니 전화가입자가 있었다. 그는 차마 들을 수 없는 욕설과 잡소리를 교환원들에게 마구 퍼부었다. 수화기의 선을 뽑아 놓는다고 위협하는가 하면, 청구서가 틀렸다고 전화요금을 지불하지 않기가 일쑤요, 신문에 투서를 하고, 공익위원회에 진정서를 내고, 심지어는 전화국을 상대로 소송을 제기하기까지 하는 것이었다.

드디어 전화국에서는 전화국 안에서 가장 분쟁해결을 잘하는 명수를 이 귀찮은 존재에게 파견했다. 전화국원은 상대방이 마음대로 울분을 터뜨리도록 내버려 두고, 그의 말을 귀담아 듣고 당연하다는 듯 동정의 빛을 나타내 보였다.

이에 대하여 그는 이렇게 말하고 있다.

"첫 번째는 그가 호통 치는 것을 세 시간 가까이 잠자코 들어 주었습니다. 그 다음에도 역시 그랬습니다. 결국 모두 네 차례를 만나러 갔습니다만, 네 번째 면담이 끝날 무렵에는 나는 그가 설립을 계획하고 있는 모임의 발기인이 되었습니다. 그 모임의 명칭은 '전화 가입자 보호협회'란 것이었습니다. 하지만 내가 알기로는 현재도 그 사나이 말고는 회원은 고작 나 한 사람뿐입니다. 나는 상대방의 불평을 처음부터 끝까지 상대방의 처지에서 들어 주었습니다. 그는 전화국원의 이와 같은 태도를 대해 본 것은 처음이었으며, 나를 마치 다정한 친구처럼 대해 주었습니다. 나는 네 차례나 그를 방문했지만 찾아간 목적에 대해서는 한 마디도 말한 일이 없습니다. 그런데도 네 번째 갔을 때에는 소기의 목적은 완전히 달성되어 있었습니다. 이제까지 밀려온 전화요금도 다 지불해 주었고, 진정서와 소송도 취하해 주었던 것입니다.”

이 말썽꾸러기 사나이는 필시 자기 자신을 가혹한 착취로부터 공민권을 방어하는 투사로 자처하고 있었을 것이다. 하지만 실은 그 모든 것이 자기의 중요감을 채우기 위한 욕구였던 것이다. 그는 자기의 중요감을 충족시키기 위하여 불평을 늘어놓았고, 그 전화국 원에 의해서 그의 중요감이 만족되자, 망상으로 꾸며냈던 불평들은 순식간에 사라져 버리고 말았던 것이다.

데트머 모직물회사라면 오늘날에는 세계에서도 손꼽히는 회사다. 그런데 이 회사가 창립되고 얼마 안 되었을 무렵의 어느 날, 초대 사장인 줄리안 데트머 씨의 사무실로 화난 사람 한 명이 뛰어 들어왔다.

데트머 사장은 당시의 일을 내게 다음과 같이 말해 주었다.

이 사람은 우리 회사에 15달러의 미불금이 있었다. 그런데 본인은 그런 일이 없다고 잡아떼는 것이다. 이쪽에서는 절대로 틀림없다는 자신이 있었기 때문에, 그에게 두세 차례 독촉장을 보냈는데 거기에 화가 난 그는 멀리 시카고에 있는 내 사무실에까지 달려와서, 지불은 고사하고 앞으로는 데트머 회사와는 거래를 끊겠다고 말하는 것이었다.

나는 그의 말을 꾹 참고 들었다. 중간에서 몇 차례나 대꾸하고 싶은 충동이 일었지만, 그것이 상책이 아님을 깨닫고, 그가 하고 싶은 말을 다 털어놓게 했다. 할 말을 다하고 나자, 그는 흥분이 가라앉아 이쪽 말도 들어 줄 것 같은 태도였다. 그래서 나는 조용히 입을 열었다.

"일부러 이 먼 시카고에까지 와 주셔서 정말 감사합니다. 그리고 참 좋은 말씀을 들려 주셨습니다. 담당자가 그런 실수를 저지르고 있다면, 다른 분들에게도 폐를 끼치고 있을지 모릅니다. 그렇다면 이건 큰일입니다. 이런 문제라면 선생님께서 와서 말씀해 주시지 않더라도, 내가 마땅히 찾아가 뵙고서 말씀을 드려야 할 일입니다."

그는 이런 치사를 들을 줄은 꿈에도 몰랐던 모양이다. 그는 나를 호되게 혼내 주려고 일부러 시카고에까지 달려왔는데, 이와 같은 감사의 말을 듣고 약간 실망했을 것이다.

나는 다시 이렇게 말했다.

"우리 회사 사원들은 수천 장이나 되는 거래처의 계산서를 취급하고 있습니다. 그런데 선생께선 빈틈없이 꼼꼼하실 뿐 아니라 계산서를 챙기고 주의 깊게 보실 테니까 아무래도 잘못은 저희 쪽에 있다고 생각합니다. 그 15달러의 문제는 취소하겠습니다."

나는 그의 기분을 잘 알 수 있으며, 아마 내가 그의 입장이었더라도 역시 그와 똑같은 짓을 했을 거라고 말했다. 그리고 그가 우리 회사와 거래를 끊겠다고 말했기 때문에, 나는 다른 회사를 추천해 주기로 했다. 그리고 같이 점심을 하러 가자고 했다. 그는 마지못해 따라오는 눈치였다.

그런데 식사를 마치고 다시 사무실로 돌아왔는데 그의 태도는 돌변해 지금까지보다 더 많은 상품을 주문했다. 결국 기분이 좋아져서 돌아간 그는, 자신의 서랍에서 문제의 그 청구서를 발견하고는 사과의 편지와 함께 15달러를 보내 왔다. 그리고 얼마 후 그는 아들을 낳았는데 아들의 이름을 데트머라고 했고, 우리는 좋은 고객으로, 좋은 친구로 허물없이 지냈다.

쩨 오래 전의 일이다. 네덜란드에서 이민해 온 가난한 소년이 방과 후 1주일에 50센트를 받고 빵집 창문을 닦는 아르바이트를 했다. 그리고 매일같이 바구니를 들고 거리로 나가서 석탄 차가 흘리고 간 석탄부스러기를 주워 모았다. 그 소년의 이름은 에드워드 보크였다. 그는 집이 가난해서 학교라고는 불과 6년도 못 다녔지만, 뒤에 유명한 잡지 편집자가 되었다.

그러면 그가 성공한 비결은 무엇인가? 한마디로 요약하면, 그는 이 장에서 말한 원리를 응용했다.

그는 열세 살 때 학교를 그만두고, 주급 6달러 25센트로 웨스턴 유니언 전보회사의 급사로 들어갔다. 그는 향학열에 불타고 있었기 때문에 독학을 시작했다. 그는 교통비를 절약하고 점심을 굶고서 저축한 돈으로 「미국전기전집」을 사 가지고, 그것으로 전대미문의 멋진 일을 해냈던 것이다. 즉 그는 유명인의 전기를 읽고, 그들에게 편지를 보내어 소년시절의 이야기를 들려 달라고 부탁했던 것이다.

그는 당시 대통령 선거에 입후보 중이던 제임스 가필드 장군에게 편지를 보내어, 그가 소년시절 운하에서 사공 노릇을 했다는 것이 사실이냐고 물었다. 그러자 그에게서 회답이 왔다. 그는 그랜트 장군에게도 편지를 보내어, 한 전쟁에 대해서 들려 달라고 부탁했다. 그러자 장군은 지도까지 곁들여 설명한 회답을 보내 주었을 뿐 아니라, 이 열네 살짜리 소년을 만찬에 초대하여 여러 가지 이야기를 들려주기까지 했다. 그는 또 에머슨에게 편지를 보내어, 에머슨으로 하여금 기꺼이 자신에 대한 얘기를 하게 했다.

이 나이 어린 전보회사의 급사는 이윽고 많은 유명인사들과 편지왕래를 하게 되었다. 그들 중에는 에머슨을 비롯해서 필립스 브룩스(유명한 설교자), 홈스(시인·생리학자), 롱펠로(유명한 시인), 링컨부인, 올콧(여류작가), 셔먼 장군, 제퍼슨(정치가) 등이 포함되어 있었다.

그는 이 유명인사들과 편지왕래를 했을 뿐 아니라, 휴가가 되면 그 사람들을 직접 방문하여 따뜻한 환영을 받았다. 그는 이 경험에서 귀중한 자신을 얻었다. 그가 만난 유명인사들은 소년의 꿈과 희망을 크게 부풀게 하여, 드디어는 그의 일생을 일변시켜 놓은 것이다.

여기에서 거듭 말하거니와, 이것은 바로 이 장에서 설명한 원리를 응용한데 불과했던 것이다.

아이삭 메커슨은 방문기자로서는 제1인자다. 그의 설에 따르면, 좋은 첫인상을 주는 일에 실패하는 것은 대부분의 경우 상대방의 말을 주의 깊게 듣지 않기 때문이라고 한다.

"세상에는 자기가 하고 싶은 말만 생각하고, 상대방의 말에는 귀를 막고 있는 사람들이 많다. 그러나 훌륭한 사람들은 말을 잘하기보다 듣기를 좋아 한다. 그런데 이 듣기 잘하는 재능은 다른 재능보다 훨씬 터득하기가 어려운 모양이다.”

한번은 리더스 다이제스트지에 이런 말이 실려 있는 것을 본 적이 있다.

“세상에는 자기 이야기를 다른 사람에게 하고 싶은 나머지 의사를 부르는 환자가 많다.”

남북전쟁이 한창일 무렵, 링컨 대통령은 고향인 스프링필드에 있는 옛 친구에게 편지를 보내어 워싱턴으로 좀 와 달라고 부탁했다. 중요한 문제를 상의하고 싶다는 것이었다. 그리고 친구가 도착하자 링컨은 노예해방선언을 하는 것이 과연 선책이냐 아니냐 하는 문제로 몇 시간에 걸쳐 토론했다.

일단 자신의 의견에 대해서 말한 링컨은 투서나 신문기사를 읽어 주며 다양한 의견을 풀어 놓았는데 어떤 내용은 노예해방을 반대했고, 또 어떤 것들은 찬성하고 있었다.

이렇게 하여 여러 시간 동안의 장광설이 끝났는데 링컨은 친구의 의견은 한 마디도 물어 보지 않고, 악수만 하고서 돌아섰다고 한다. 처음부터 끝까지 링컨 혼자서 떠들어댄 것이지만, 그래도 기분이 완전히 가라앉았던 모양이다. 뒤에 그 친구도, 링컨이 말하고 싶었던 것을 다 말하고 나더니 마음이 편해진 것 같았다고 말하고 있다.

링컨에게는 상대방의 의견을 물어 볼 필요는 없었던 것이다. 단지 마음의 무거운 짐을 덜어 줄 사람, 즉 자기와 똑같은 입장이 되어 자기의 의견을 진지하게 들어 줄 사람이 필요했던 것이다.

마음에 고민이 있을 때는 누구나 그렇다. 화가 난 손님, 불평을 지니고 있는 고용인, 실의에 빠져 있는 친구 등은 모두 자기 말을 잘 들어 줄 사람을 원하고 있는 것이다.

당신이 만일 다른 사람으로부터 미움과 조소와 경멸을 받고 싶다면, 다음 조항들을 실천하기만 하면 된다.

① 절대로 상대방의 이야기를 오래 듣지 말 것.
② 처음부터 끝까지 당신 말만 떠들어 댈 것.
③ 상대방이 말할 때 의견이 있으면 곧 상대방의 말을 끊고 나설 것.
④ 상대방의 두서없는 이야기를 듣고 있지 말고, 말참견을 마구 할 것.

당신은 틀림없이 이 조항들을 엄수하고 있는 사람을 알고 있을 것이다. 불행한 일이지만 나도 알고 있다. 더구나 유명인사들 중에도 이런 사람들이 더러 있다. 이런 부류의 사람들은 정말 한심해서 상대할 가치조차 없다. 오로지 자신의 생각만을 말하고 자기만 잘났다고 뽐내는 자들이다.

자기 말만을 떠들어대는 사람은 자기 일밖에는 생각지 못한다. 콜롬비아대학 총장인 니콜라스 버틀러 박사는 이렇게 말하고 있다.

"자기 일밖에 생각하지 않는 사람은 교양이 없는 인간이다. 아무리 높은 교육을 받았을지라도 교양을 지니지 못한 인간이다."

대화를 잘하는 사람이 되려면, 우선 상대방의 말을 잘 들을 줄 알아야 한다.

찰스 리 여사는 이렇게 말하고 있다.

"상대방에게 흥미를 갖도록 하려면, 우선 내가 흥미를 가져 주어야 한다."

그러니까 상대방이 기꺼이 대답할 수 있는 질문을 할 일이다. 상대방 자신에 관한 일이나 좋아하는 것을 이야기하도록 이끌어 갈 일이다.

당신이 이야기를 나누고 있는 상대방은 당신에 대하여 갖는 관심보다 자기 자신에 대하여 몇백 배나 더 관심을 가지고 있다는 사실을 알라. 중국에서 백만 명이 굶어 죽는 기근보다는 자기 자신의 치통이 더 중대한 사건으로 여겨지는 것이다. 아프리카에서 40회의 지진이 일어난 것보다도 자기 목에 난 종기에 더 큰 관심을 가지게 마련인 것이다.

다른 사람과 이야기를 할 때에는 이 사실을 잘 명심해 두기 바란다.

남에게 호감을 얻는 네 번째 방법:

상대방의 이야기를 잘 듣는다.

제5장

관심을 끌 화제를 찾아라

오이스터베이에 있는 루스벨트의 집을 방문한 사람은 누구나 그의 해박한 지식에 놀라지 않을 수 없었다.

"루스벨트는 상대방이 카우보이든 의용기병대원이든, 정치가이든 외교관이든 상관없이 그 사람에게 적합한 화제를 풍부하게 가지고 있었다."

이것은 마리엘 블라드포드가 평한 말인데 도대체 그는 어떻게 해서 그렇게 풍부한 지식을 가지고 있었을까? 알고 보면 간단한 일이다.

루스벨트는 누가 찾아오기로 되어 있다는 사실을 알면, 그 사람이 특히 좋아할 듯한 문제에 관해서, 전날 밤 늦게까지 연구해 두었던 것이다. 루스벨트도 다른 지도자들과 마찬가지로, 상대방이 가장 깊은 관심을 갖고 있는 것을 화제로 삼는 것이 상대방의 마음을 사로잡는 가장 효과적인 방법이라는 것을 알고 있었던 것이다.

예일 대학 문학부 교수였던 윌리엄 펠브스는 어렸을 무렵에 이미 이 사실을 알고 있었다. 그는 '인간성에 대하여'라는 논문에서 이렇게 서술하고 있다.

나는 여덟 살 때의 어느 주말에, 스트리트포드에 있는 린제이 아주머니 댁에 놀러 간 일이 있다. 그런데 저녁에 중년 신사 한 분이 찾아왔다. 그는 한동안 아주머니와 상냥하게 이야기를 하더니, 이윽고 나를 상대로 열심히 이야기를 시작했다. 그 무렵에 나는 보트에 정신을 쏟고 있었는데, 그의 이야기에 홀딱 빠져 버렸다. 그 손님이 돌아가고 나서 나는 아주머니에게 입에 침이 마르도록 그의 칭찬을 했다.

"참 훌륭한 분이네요! 아마 그만큼 보트를 좋아하는 사람은 없을걸요!"

그러자 아주머니는 그 손님은 뉴욕에 사는 변호사로 보트에 대해서는 아무것도 모르며 따라서 보트에 대한 얘기 같은 것은 그에게는 조금도 재미가 없었을 것이라고 말씀하시는 것이었다.

"그러면 왜 그분은 보트 얘기만 하셨죠?"

"그야 그분은 신사니까, 네가 보트에 열중하고 있다는 걸 알아차리고, 네가 좋아하는 얘기를 하신 거야. 너를 기분 좋게 대해 주기 위해서 말이야."

펠프스 교수는 이 아주머니의 이야기를 평생 잊을 수 없다고 서술하고 있다.

현재 보이스카우트에서 활약하고 있는 에드워드 차리프 씨로부터 온 편지를 소개하겠다.

어느 날 나는 다른 사람의 호의를 빌지 않고는 해결할 방법이 없는 문제에 봉착했습니다. 유럽에서 개최되는 소년단 국제대회가 임박해 오고 있어서 그 대회에 소년 한 사람을 대표로 파견하려 했는데, 그 비용을 어떤 큰 회사 사장에게서 기부를 받아 내려고 했던 것입니다.

그런데 나는 그 사람을 만나러 가기 직전에 좋은 정보를 들었습니다. 그 사장이 100만 달러짜리 수표를 발행하여 그것을 지불한 다음, 회수한 수표를 액자에 넣어 자랑거리로 간직하고 있다는 것이었습니다.

나는 사장실에 들어가서 우선 그 수표를 구경시켜 달라고 부탁했습니다. 백만 달러짜리 수표! 그런 거액의 수표를 내 눈으로 본 얘기를 소년단 아이들에게 해주고 싶다고 말했습니다. 사장은 기뻐하며 그 수표를 보여 주었습니다. 나는 감탄하면서 그 수표를 발행하게 된 내력을 자세히 들려 달라고 부탁했습니다.

독자들도 이미 깨달았을 줄로 짐작하지만, 차리프 씨는 처음부터 소년단 이야기나 유럽의 국제대회, 그리고 그의 용건 같은 것은 한

마디도 꺼내지 않았다. 오직 상대방이 관심을 크게 가지고 있는 수표에 대해서만 얘기했던 것이다. 그리고 그 결과는 다음과 같이 되었다.

그러던 중에 사장은 "그런데 찾아오신 용건이 무엇이었지요?" 하고 묻는 것이었습니다. 그래서 나는 찾아간 용건을 말했습니다.

그러자 사장은 놀랍게도 내 부탁을 첫마디에 들어 주었을 뿐 아니라, 전혀 예상하지 못했던 일까지 제안해 주는 것이었습니다. 나는 대표로 소년 한 사람만 유럽으로 보내겠다고 말했는데, 그는 다섯 소년들과 나까지 보내 주겠다는 것이었습니다. 그는 1천 달러의 신용장을 내게 주면서 유럽에서 7주 동안 묵고 오라고 말했습니다. 그리고 또 그는 유럽 지점장에게 소개장을 써 주어 우리들의 편의를 도모해 주도록 명령했습니다. 그리고 사장 자신은 파리에서 우리와 만나, 파리 안내까지 해주었습니다.

그 이후로 그는 우리 소년단의 뒤를 계속 돌보아 주고 있으며, 집이 가난한 단원들에게 일자리를 마련해 준 일도 여러 차례 있습니다. 그렇지만 만일 내가 그의 관심이 무엇인지를 몰라 처음에 그의 흥미를 끌지 않았더라면, 아무래도 그처럼 쉽게 접근하지는 못했을 것입니다.

이 방법이 과연 사업에도 응용될 수 있을까? 뉴욕 일류의 제과회사인 듀바노이 상회의 듀바노이 씨의 경우를 예로 들어 보겠다.

듀바노이 씨는 여러 해 동안 뉴욕의 어느 호텔에 빵을 납품하려고 무던히도 애를 써 왔다. 4년 동안 매주 지배인을 찾아갔다. 지배인이 출석하는 회합에도 참석하고, 그 호텔에 손님으로 묵기도 했지만 아무 소용이 없었다.

듀바노이 씨는 그때의 노력을 이렇게 말하고 있다.

그래서 나는 대인관계를 연구하여 전략을 바꿨습니다. 이 사나이가 무엇에 관심을 가지고 있는가, 즉 어떤 일에 열을 올리고 있는가를 조사하기 시작했습니다. 그 결과 나는 그가 미국호텔협회 회원이란 사실을 알게 되었습니다. 그것도 단지 일반회원이 아니라, 그 협회의 회장이었고 국제호텔협회 회장까지 겸하고 있었습니다. 협회의 모임이 열리는 곳이면 어디든지 비행기를 타고 산 넘고 바다를 건너서 출석하는 정도의 열의를 보이고 있었습니다.

그래서 다음 날 나는 그를 찾아가 협회 이야기를 꺼냈습니다. 그러자 그의 반응은 대단했습니다. 그는 눈을 동그랗게 뜨고 30분가량 협회의 이야기를 하는 것이었습니다. 협회를 발전시키는 것이 그로서는 최상의 즐거움이요, 정열의 원천인 것 같았습니다.

그와 이야기를 하고 있는 동안, 나는 빵에 대해서는 말도 꺼내지 않았습니다. 그런데 며칠 뒤 그 호텔의 용도계에서 빵의 견본과 가격표를 가져오라는 전화가 걸려 왔습니다.

호텔에 도착하자 용도계가, "무슨 수를 썼기에 우리 영감께서 그렇게 마음에 들어 하시는지 모르겠습니다."라고 말하는 것이었습니다.

도대체 생각을 좀 해보십시오. 거래를 트기 위해서 나는 4년 동안이나 그의 꽁무니를 따라다닌 것입니다. 만일 그 사나이가 무엇에

관심을 가지고 있고 어떤 화제를 좋아하는가를 알아내는 수고를
하지 않았더라면, 나는 아직도 그의 꽁무니만 따라다니고 있었을
것입니다.

진심으로 칭찬하라

뉴욕 8번가에 있는 우체국에서, 나는 등기우편을 부치려고 줄을 서서 차례를 기다리고 있었다. 그런데 등기계 직원의 표정이 과히 밝지 않았다. 어제도 오늘도 우편물을 계량하고, 우표와 거스름돈을 내 주고, 영수증을 만들어 주는 등 날마다 되풀이 되는 판에 박힌 일에 싫증이 나는 모양이었다. 그래서 나는 생각했다.

"어디 한 번 이 사나이가 내게 호의를 갖도록 해보자. 그러려면 내 일이 아니라 그의 일에 대하여 어떤 상냥한 말을 해주어야 한다. 그에 대하여 내가 진심으로 감탄할 만한 것은 과연 무엇인가?"

그러나 이것은 몹시 어려운 문제다. 특히 상대방이 초면인 사람이라면 더욱 그렇다. 그런데 이 경우에는 우연히 그것이 잘 해결되었다. 나는 그에게서 정말 멋진 것을 곧 발견했던 것이다.

그가 내 봉투의 중량을 재고 있을 때, 나는 진심으로 이렇게 말했다.

"당신은 남자인데도 정말 부드럽고 찰랑거리는 머리를 가졌군요. 내 머리는 엉망인데 정말 부럽습니다."

놀라운 표정으로 나를 쳐다보는 그의 얼굴에는 미소가 번졌다.

"웬걸요, 요즘에는 아주 엉망이 되었습니다."

그는 겸손하게 이렇게 말했는데 전에는 어떠했는지 모르지만, 좌우간 나는 정말 멋지다고 마음속으로부터 감탄했다. 그런데 그의 기뻐하는 모습은 대단했다. 우리들은 다시 몇 마디 유쾌하게 이야기를 했는데, 마지막에 그는 이렇게 실토를 했다.

"실은 여러 사람들이 칭찬을 해줍니다."

필시 그 날 그는 즐거운 마음으로 점심을 먹으러 갔을 것이다. 그리고 집으로 돌아가서 아내에게도 그 이야기를 했을 것이다. 또 거울 앞에 다시 한 번 자신의 모습을 보았을 것이다.

그리고 나는 이 이야기를 한 공개석상에서 했다. 그랬더니 누군가가 "그러면 당신은 그에게서 무엇을 기대하고 있었습니까?" 하고 질문했다.

내가 무엇을 기대하고 있었느냐고! 그게 무슨 잠꼬대 같은 소리야! 다른 사람을 기쁘게 해주거나 칭찬해 주면, 꼭 그 보수로서 무엇을 받아 내야만 하는 소견 좁은 인간들은 틀림없이 실패하고 말 것이다.

하기야 실은 나도 보수를 바라고 있었는지도 모른다. 그러나 내가 바라고 있던 것은 돈으로 살 수 없는 것이었다. 그리고 나는 확실히 그 보수를 얻었다. 그에게 좋은 일을 해주고, 그러면서도 그에게 아무런 부담도 주지 않았다는 유쾌한 기분이 바로 그것이다. 이와 같은 기분은 영원히 즐거운 추억으로 남게 마련인 것이다.

인간의 행위에 관하여 중요한 법칙이 하나 있다. 이 법칙에 따르면 대부분의 분쟁은 피할 수 있다. 이 법칙을 지키기만 하면 친구는 한없이 늘어나고, 언제나 행복을 맛볼 수 있다. 그러나 이 법칙을 깨뜨리면, 순식간에 끝없는 분쟁 속으로 말려들게 된다. 그 법칙이란 바로 '언제나 상대방에게 중요감을 갖게 하는 것'이다.

앞에서도 언급한 바와 같이 존 듀이 교수는 "중요한 인물이 되고 싶다는 소원은 인간의 가장 끈질긴 욕구다."라고 말했다. 그리고 윌리엄 제임스 교수는 "인간성의 바탕을 이루고 있는 것은 다른 사람에게 인정받고 싶은 소망이다."라고 단언했다. 이 욕구가 인간과 동물을 구분 짓는 것임은 앞에서도 말한 바 있거니와, 인류의 문명도 인간의 이 욕구에 의해서 발전되어 온 것이다.

인간관계의 법칙에 대해서는 철학자들이 수천 년에 걸쳐 연구를 계속해 왔다. 그 연구들 중에는 중요한 교훈이 하나 있는데 그것은 결코 새로운 것이 아니라 오래 전부터 우리가 이미 알고 있는 것이다.

지금으로부터 3천년 전 페르시아에서 조로아스터는 이 교훈을 배화교도들에게 전했다. 2천4백 년 전 중국에서는 공자가 그것을 주장했고, 노자(老子)는 그것을 제자들에게 가르쳤다. 예수보다 5백 년 빨리, 석가는 성스러운 갠지스 강 기슭에서 그것을 설교했고, 다시 그보다도 천년 전에, 힌두교의 성전에 그것이 기록되어 있다.

그리고 예수는 1천9백 년 전에 유태의 바위산에서 이 교훈을 전했다.

예수는 그 교훈을 이렇게 표현했다.

"남이 나에게 해주기를 바라는 것처럼 남에게 행하라."

인간은 누구나 주위 사람들로부터 인정받기를 바라고 있다. 자신의 진가를 인정받고 싶은 것이다. 작은 대로 자기의 세계에서는 자기가 중요한 존재라고 느끼고 싶은 것이다. 속이 빤히 들여다보이는 입에 발린 칭찬은 듣고 싶지 않지만, 마음으로부터의 진정한 칭찬에는 허기가 져 있는 것이다. 주변에 있는 사람들로부터, 찰스 슈워브의 말처럼, '진심어린 인정과 아낌없는 칭찬'을 받기를, 우리들은 누구나 바라고 있는 것이다.

그러므로 우리들은 남이 나에게 해주기를 바라는 바를 내가 남에게 해주어야 할 것이다. 그러면 그것을 언제, 어디에서 어떻게 할 것인가? 언제나, 어디에서나 해볼 일이다.

어느 날 나는 라디오시티(록펠러센터에 있는 세계적인 환락중심지)의 안내원에게 헨리 수벤의 사무실 번호를 물었다. 단정한 제복을 입은 그 안내원은 자랑스러운 듯이 가르쳐 주었다.

"헨리 수벤……, 18층……, 1816호실입니다."

그는 똑똑하게, 그리고 사이를 두고 대답했다. 대답을 들은 나는 급히 엘리베이터 쪽으로 가다가, 발길을 돌려 그 안내원에게 말했다.

"지금 말한 그 방법은 참으로 괜찮군요. 명료하고 정확해서 아주 좋습니다. 다른 사람은 흉내도 못 낼 정도입니다."

　그러자 그는 기쁜 표정을 지으며 자신이 왜 그렇게 띄엄띄엄 사이를 두고 말했는지 이유를 설명했다. 내가 한 간단한 말이 그의 가슴을 부풀어 오르게 했던 것이다. 그의 대답을 들은 나는 18층까지 올라가면서, 인류의 행복의 총 중량을 조금이라도 늘려 주었다는 개운한 기분을 느끼고 있었다.

　이 칭찬의 철학은 외교관이나 자선회장이 아니면 응용할 길이 없는 그런 것이 아니다. 그것은 누구나 일상생활에 응용하면 마술적인 큰 효과를 거둘 수 있다. 예를 들면 식당에서 종업원이 주문한 것을 잘못 가져왔을 때, "이거 수고를 끼쳐서 미안하지만, 나는 커피보다 홍차가 좋겠어요." 하고 정중하게 말하면, 급사는 기분 좋게 바꿔 온다. 상대방에게 경의를 표했기 때문이다. 이와 같이 정중하고 경의를 나타내는 말씨는, 우리들의 단조로운 일상생활의 톱니바퀴에 윤활유를 치는 작용을 함과 동시에, 본인의 인격을 증명해 준다.

　홀 케인은 「기독교도」, 「만 도(島)의 재판관」, 「만 도(島)의 사나이」 등의 소설을 쓴 유명한 작가로 본래는 대장장이의 아들이었다. 학교는 8년 정도밖에 다니지 않았지만, 그는 세계에서도 손꼽히는 갑부 작가가 되었다.

　홀 케인은 14행시와 민요를 좋아하여, 영국의 시인 로세티에게 빠져 있었다. 그 결과 그는 로세티의 예술적 공적을 찬양한 논문을 쓰고, 그 사본을 로세티에게 보냈다.

　'내 능력을 이처럼 높이 평가해 주는 청년이라면, 틀림없이 훌륭

한 인물일 거야.'

로세티는 이렇게 생각했던 모양이다. 그러기에 이 볼품없는 대장장이의 아들을 런던으로 불러내어 자신의 비서로 삼았던 것이다. 이 일은 홀 케인의 인생을 바꾸어 놓는 계기가 되었고, 이로서 그는 당시 유명한 작가들과 가까이 지내게 되는 기회를 얻을 수 있었다. 그리고 그들의 충고와 격려에 힘입어, 홀 케인은 새로운 인생항로로 출범하여, 드디어는 이름을 떨치게 된 것이다.

만 도(島)에 있는 그의 저택 '글리버 캐슬'은 세계 각지로부터 몰려드는 관광객들의 성지가 되었다. 그가 남긴 재산은 250만 달러나 된다고 하는데 만일 그가 유명한 시인에 대한 예찬의 논문을 쓰지 않았더라면, 그는 틀림없이 가난한 일생을 보냈을 것이다.

마음으로부터 우러나온 진정한 칭찬에는 이처럼 헤아릴 수 없이 큰 위력이 있다. 로세티는 자기 자신을 중요한 존재라고 생각하고 있었다. 그것은 당연한 일이다. 인간이란 거의 예외 없이 그렇게 생각하고 있다. 온 세계 누구라도 그렇게 생각하고 있는 것이다.

미국인 중에는 일본인에 대하여 우월감을 가지고 있는 사람이 있다. 그러나 일본인 중에도 미국인에게 우월감을 갖고 있는 사람이 있다. 나는 백인이 자국의 여인과 춤을 추는 모습을 보고 분개하는 일본인을 본 적도 있다.

힌두교도에 대하여 우월감을 갖거나 말거나 그것은 외국인들의 자유이지만, 좌우간 힌두교도들은 외국인보다 훨씬 우수하다고 생각하고 있다. 그래서 그들은 자신들 앞에 있는 음식물에 이교도인

외국인의 그림자가 조금이라도 스치면 음식이 더럽혀졌다고 생각해서 절대로 먹지 않는다.

또 에스키모인들은 백인에 대하여 어떻게 생각하고 있는지 아는가? 에스키모인들 사이에서 게으르고 쓸모없게 여겨지는 사람들은 그들은 '백인 같은 놈'이라고 욕을 한다. 이보다 더한 멸시의 말은 없다고 한다.

어느 나라 국민이든 모두 다른 국민보다 우수하다고 생각하고 있다. 이것이 애국심을 낳고 전쟁을 일으키기도 한다. 사람은 누구나 다른 사람보다 어느 면에서는 본인이 우수하다고 생각하고 있다. 그렇기 때문에 상대방의 마음을 확실히 움켜잡는 방법은, 상대방이 그 나름대로 세상에서 중요한 인물임을 솔직히 인정하고, 그 사실을 상대방에게 잘 깨닫게 하는 일이다.

에머슨이 "누구든 나보다 어느 면에서는 우수해서 배워야 할 점을 지니고 있다."고 한 말을 기억하기 바란다.

칭찬의 원칙을 응용하여 성공을 거둔 세 사람의 이야기를 다음에 소개하려 한다. 이 세 사람은 모두 내 강연회의 수강생들이다.

우선 코네티컷에 사는 변호사의 이야기를 하겠는데, 친척에 대한 체면 문제로 이름을 밝히지 말아 달라는 본인의 부탁이 있어, 편의상 R씨라고 해 두겠다.

내 강연회에 참가하고서 얼마 지나지 않아서 R씨는 아내와 함께 롱아일랜드에 있는 연로한 숙모의 집을 방문하게 되었다. R씨는 칭찬의 원칙을 실험하고 그 결과를 강연회에서 보고하기로 되어 있었기 때문에, 우선 이 연로한 숙모에게 시험해 보기로 했다. 그래서 그는 마음으로부터 감탄할 수 있는 것을 발견하려고 집안을 두루 살펴보았다.

"이 집은 1890년경에 지은 게 아닙니까?"

그가 묻자, 숙모는 대답했다.

"그렇지. 바로 1890년에 지은 거라네."

"제가 태어난 집도 꼭 이런 집이었습니다. 그런데 이 집은 정말 훌륭하군요. 쓸모가 있고, 널찍하고, 요즘에는 이런 집들을 짓지 않더군요."

그러자 숙모는 기쁜 표정으로 맞장구를 쳤다.

"정말 그래. 요즘의 젊은이들은 집의 미관 같은 것에는 전혀 관심이 없더군. 좁아터진 아파트에 냉장고를 꼭 놓아야만 하고, 여가를 위해 자동차를 사는 것만이 관심사지. 아마 모든 젊은이들의 모든 희망사항일걸."

옛 추억을 그리워하는 듯한 감정이 그녀의 목소리에 담겨 있었다.

"이 집은 나에게는 하나의 꿈과 같은 존재일세. 이 집에는 사랑이 담겨 있어. 이 집이 세워졌을 때 남편과 나의 오랜 동안의 꿈이 실현되었던 거지. 이 집의 설계도 건축가에게 부탁하지 않고 우리들 손으로 했다네."

그리고서 그녀는 R씨를 집안 곳곳으로 안내했다. 그녀가 여행 기념으로 사다가 소중하게 간직하고 있는 아름다운 수집품들을 보고, R씨는 진심으로 감탄했다. 스코틀랜드에서 직접 사 온 숄, 오래된 영국산 찻잔, 프랑스산 침대와 의자, 이탈리아의 회화, 프랑스

귀족의 별장에 장식되었었다는 비단 벽걸이 등이 소중히 간직되어 있었다.

집안 안내가 끝나자, 숙모는 R씨를 차고로 데리고 갔다. 거기에는 새 차나 다름없는 패카드 승용차가 있었다. 숙모는 그것을 가리키며 조용히 말했다.

"이 자동차는 남편이 떠나기 바로 전에 산 거라네. 그래서 나는 이 차를 한 번도 타지 않고 이렇게 보관하고 있지. 그런데 오늘 보니 자네는 물건의 가치에 대해 잘 알고 있는 것 같으니 이 차를 자네에게 주겠네."

"숙모님, 그건 곤란합니다. 물론 호의는 감사합니다만 제가 이 차를 받을 수는 없습니다. 첫째 저는 그럴 만한 자격이 없을 뿐만 아니라 자동차라면 저도 최근에 산 것이 있습니다. 그리고 숙모님 가까운 친척 분들 중에 분명 이 차를 갖고 싶어 하는 분이 있을 것입니다. 저보다는 더 가까운 분들에게 주는 게 옳은 것 같습니다."

R씨가 이렇게 사양하자 숙모는 외쳤다.

"가까운 친척! 확실히 있지. 그들 중에는 이 차가 탐이 나서 내가 어서 죽어 주기만을 바라는 사람들도 있을 걸세. 하지만 그런 사람 들에게는 이 차를 주고 싶지가 않네."

"그렇다면 중고 자동차상에게 파시면 좋겠군요."

"팔라고! 내가 이 차를 팔 것 같나? 어디에 사는 누군지도 모르는 사람이 타고 돌아다니는 꼴을 내가 보고 견딜 것 같아? 이 차는 남편이 나를 위해서 사 준 것일세. 팔 생각은 꿈에도 없어. 그래서 자네에게 주고 싶은 거라네. 당신은 물건의 가치를 아는 사람이니까 말일세."

R씨는 어떻게든 그녀의 기분을 상하게 하지 않고서 거절하려고
애써 보았지만, 도저히 그럴 상황이 아니었다. 그 넓은 저택에서
홀로 외로이 추억을 의지하고 살아 온 이 노부인은 조그만 칭찬의
말에도 굶주리고 있었던 것이다.

그녀에게도 젊고 아름다운 시절이 있었다. 사랑의 집을 세우고,
유럽 각지로 여행하면서 아름다운 물건들을 사다가 방을 장식하기
도 했다. 그러나 지금은 늙고 고독한 몸이 되어, 사소한 위로나 칭찬
의 말에도 깊이 감동을 받는 것이다. 그런데도 누구하나 위로나
칭찬을 그녀에게 주지 않았던 것이다.

다음은 도널드 맥마혼의 이야기다. 뉴욕에 있는 루이스 앤드 발렌
타인 조경회사의 정원사로 있는 맥마혼 씨의 경험은 이러하다.

강연회에서 '사람을 움직이는 방법'의 이야기를 듣고 얼마 안 되었
을 무렵, 나는 어느 유명한 법률가의 저택에서 정원을 꾸미고 있었
다. 그때 주인이 정원으로 나와서 철쭉과 석남화를 심을 곳을 물었
다.

그때 나는 그에게 이렇게 말을 걸었다.

"선생님, 참 즐거우시겠습니다. 저렇게 훌륭한 개를 많이 기르고
계시니 말입니다. 매디슨 스퀘어 가든의 개 품평회에서 댁의 개들이
많은 상을 탔다면서요?"

이 사소한 찬사에 대한 반응은 정말 놀라운 것이었다.

"그거야 정말 즐거운 일이지. 어디 우리 개들을 한번 보겠는가?"

주인은 기쁜 듯이 이렇게 말하더니, 한 시간 동안이나 그의 자랑스러운 개들과, 상패들을 차례차례로 보여 주고, 혈통서까지 가지고 와서 개의 우열을 좌우하는 혈통에 대해서 설명해 주는 것이었다. 그러더니 이렇게 물었다.

"자네 아들이 있나?"

그래서 나는 그렇다고 대답했다.

"그럼 그 아이가 강아지를 좋아하나?"

"네, 무척 좋아합니다."

그러자 그는 뜻밖의 제안을 했다.

"좋아, 내가 강아지 하나를 그놈에게 선사하지."

그리고 강아지 기르는 법을 설명하기 시작하더니, 말로만 일러 주면 잊을지도 모른다고 하면서 종이에다 써 주기까지 했다. 이윽고 그는 혈통서와 사육법을 타이프로 친 것과, 사려면 100달러나 주어야 할 강아지를 나에게 선사했다.

이 모든 것은 그의 취미와 그 성과에 대하여 내가 보낸 솔직한 찬사의 산물이었다.

코닥 사진기로 유명한 조지 이스트먼은 활동사진 제작에 반드시 필요한 투명필름을 발명하여 거부가 된 전설적인 인물이다. 그런데 그 역시 우리들과 마찬가지로 사소한 찬사에 크게 감동했다고 한다. 그 이야기를 여기에 소개하겠다.

꽤 오래 전의 일이지만, 이스트먼은 로체스터에 '이스트먼 음악학교'와 그의 어머니를 기념하기 위한 극장 '킬본홀'을 건축하고 있었다. 이에 뉴욕의 고급의자 제작회사의 제임스 아담슨 사장은 이 두 건물에 설치할 좌석의 주문을 따 내려고 생각하고 있었다. 그래서 아담슨은 건축가에게 연락을 취해서 로체스터에서 이스트먼과 만나기로 약속을 잡았다. 그런데 중간에 만남을 주선한 그 건축가는 아담슨에게 다음과 같은 주의를 주었다.

"당신은 이 계약을 꼭 체결하고 싶으시죠? 그런데 당신이 만일 이스트먼의 시간을 5분 이상 소비한 다면, 이 일에서 성공할 승산은 없습니다. 이스트먼은 몹시 까다롭고 바쁜 분이어서, 용건을 간단히 끝내야만 합니다."

이스트먼의 사무실로 들어서자 그는 책상 위에 수북이 쌓인 서류를 들여다보고 있었다. 이윽고 얼마 후 그는 안경을 벗어 들더니 말했다.

"어서 오십시오. 그런데 두 분의 용건은 무어지요?"

건축가의 소개로 인사가 끝나자, 아담슨은 이스트먼에게 이렇게 말했다.

"아까부터 저는 이 방의 훌륭한 장치에 탄복하고 있었습니다. 이처럼 훌륭한 방에서 일을 하면 무척 즐거울 것 같습니다. 저는 실내 장치가 전문입니다만, 지금까지 이렇게 훌륭한 방은 본 일이 없습니다."

그러자 이스트먼이 이렇게 대답했다.

"말씀을 듣고 보니, 이 방을 처음 꾸몄던 당시의 일이 생각나는군요. 정말 좋은 방이지요. 이 방을 처음 꾸몄을 당시는 나도 이 방을 상당히 좋아했는데, 요즘에는 일에 쫓기다 보니 그런 것에 신경을 쓸 여유가 없었습니다. 아주 잊고 살았다고 봐야지요.”

아담슨은 벽의 판자를 손으로 쓰다듬으며 말했다.

“이것은 영국산 떡갈나무로군요. 이탈리아산 떡갈나무와는 결이 다릅니다.”

그러자 이스트먼이 대답했다.

“그렇습니다. 영국에서 수입해 온 것입니다. 목재에 대해서 잘 아는 친구가 나를 위해서 골라 준 것입니다.”

그리고 이스트먼은 방의 균형과 색체, 조각한 장식 등 여러 가지에 대해 아담슨에게 설명했다.

두 사람은 공들여 꾸민 방안의 구조를 보면서 돌아다니다가 창가에서 걸음을 멈추었다. 이스트먼이 사회사업으로 세운 여러 시설에 대하여 부드러운 어조로 겸손하게 말하기 시작했기 때문이다. ‘로체스터 대학’, ‘종합병원’, ‘동종요법병원’, ‘사랑의 집’, ‘어린이병원’ 등의 이름이 열거되었다. 아담슨은 그가 인류의 고통을 덜어 주기 위해 쏟는 노력에 대해 마음 깊은 찬사를 표했다.

아담슨은 이스트먼이 장사를 처음 시작했을 무렵의 고초에 대해 물어 보았다. 그러자 이스트먼은 가난했던 소년시절을 회고하면서, 홀로 된 어머니가 싸구려 하숙집을 시작한 일, 자신은 일급 50센트로 어느 보험회사에 근무하던 일들에 대해 실감나게 이야기했다. 빈곤에 대한 공포로 밤낮으로 시달리던 그는 어떻게 하든지 가난에서 벗어나 어머니를 해방시켜 드려야 한다고 결심했다고 한다.

아담슨은 질문을 계속하여, 그가 사진 건판의 실험을 하던 무렵의 이야기까지 듣게 되었다. 사무실에서 하루 종일 꼬박 일을 계속하던 일, 약품이 작용하는 짧은 시간을 이용하여 수면을 취하면서 밤새워 실험하던 일 등 이스트먼의 이야기는 그칠 줄을 몰랐다.

아담슨이 처음 이스트먼의 방에 들어간 것은 10시 15분이었고, 5분 이상 시간을 끌면 끝장이라는 주의를 받았는데 벌써 한 시간이 지나고 또 한 시간이 흘러가고 있었다. 그래도 그의 이야기는 그칠 줄 모르는 것이다.

마지막에 이스트먼은 아담슨에게 이렇게 말했다.

"지난번에 일본에 갔을 때 의자 하나를 사다가 집 현관에 놓았습니다. 그런데 햇볕에 칠이 벗겨져서, 요전에 페인트를 사다가 내가 직접 칠했습니다. 어떻습니까, 내 페인트칠한 솜씨를 한번 봐 주시지 않겠습니까? 그러면 집으로 가실까요? 점심이나 같이 하신 다음 보여 드리겠습니다."

점심식사 후 이스트먼은 아담슨에게 그 의자를 보여 주었다. 한 개에 1달러 50센트짜리 정도의 의자로 억만장자에게는 어울리지 않는 싸구려였지만 그는 손수 페인트칠을 한 것을 자랑스러워했다.

그럼 여기서 본론으로 들어가자 9만 달러에 달하는 좌석의 주문은 과연 누구에게로 돌아갔을까? 그것은 말할 것도 없다. 그리고 그때 이후로 이스트먼과 아담슨은 평생의 친구가 되었다.

우리들은 이 멋진 효과를 지닌 칭찬의 법칙을 우선 각 가정에서 실험해 보는 것이 좋을 것이다. 가정만큼 칭찬의 법칙을 필요로 하는 곳은 없고, 가정만큼 그것이 소홀히 여겨지는 곳도 없다. 누구에게든 한 가지 이상의 장점은 반드시 있다. 그런데도 당신은 사랑하는 가족에게 칭찬의 말을 한 지가 얼마나 되었는가?

몇 해 전에 나는 뉴브런즈윅 주의 미라미치 강의 상류까지 낚시질을 간 일이 있다. 캐나다의 삼림 깊숙이 인가가 없는 곳에 캠프를 쳤다. 읽을 것이라곤 시골의 지방신문만 한 장 있을 뿐이어서, 나는 그것을 구석구석 광고란까지 빼놓지 않고 정독을 했다. 그런데 그 신문에 도로시 딕스 여사가 쓴 기사가 실려 있었다. 퍽 좋은 기사였기 때문에, 나는 그것을 오려 내어 지금까지 보관하고 있다.

그 기사에 의하면, 그녀는 결혼하는 신부에게 주는 교훈은 귀가 아프도록 들어 왔지만, 오히려 신랑에게 다음과 같은 교훈을 주어야 한다는 것이다.

칭찬하는 말을 잘할 수 있을 때까지는 결코 결혼해서는 안 된다. 독신으로 있는 동안에는 여성을 칭찬하거나 칭찬하지 않거나 자유지만, 일단 결혼을 하고 나면 아내를 칭찬하는 것이 필수조건이 된다. 이것은 자신의 안전을 위해서도 불가결한 조건이다. 솔직히 말하는 것은 금물이다. 결혼생활은 외교하는 장소이다.

만족스러운 나날을 보내고 싶거든 절대로 아내의 살림하는 방법을 비난하거나 짓궂게 자기 어머니가 하던 방법과 비교하거나 해서는 안 된다. 이와는 반대로 항상 아내가 살림하는 방법을 칭찬하고, 재색을 겸비한 이상적인 여성과 결혼한 행복을 공공연히 기뻐해야 한다. 설사 비프스테이크가 쇠가죽처럼 질기고 토스트가 숯처럼 탔더라도, 절대로 불평을 해서는 안 된다. "오늘은 전만큼 잘되지 않았군." 하는 정도로 가볍게 말해 두어야 한다. 그러면 아내는 남편의 기대에 어긋나지 않도록 하려고 끊임없이 노력할 것이다.

이 방법은 갑자기 시작해서는 안 된다. 그러면 아내가 이상하게 생각한다.

우선 오늘 밤이나 내일 밤쯤 아내에게 꽃이나 케이크를 선물로 사 가지고 들어가는 것이 좋을 것이다.

'응, 그것 참 좋은 방법인데.'

이런 생각만 해서는 안 된다. 진짜로 실천할 일이다! 더구나 거기에다 미소 띤 얼굴로 상냥한 말 한두 마디라도 던져 보라. 이것을 실행하는 남편이나 아내가 늘어나면, 세상의 이혼율도 6분의 1쯤은 줄게 될 것이다.

당신이 만일 여성에게 사랑받는 방법을 알고 싶다면, 내가 그 비결을 가르쳐 주겠다. 이것은 상당히 효과가 있는 방법이지만, 실은 내가 생각해 낸 것이 아니라, 도로시 딕스 여사에게서 배운 것이다.

딕스 여사는 자그마치 23명의 여성을 속였으며, 그녀들의 예금통장까지 손에 넣은 결혼사기범과 인터뷰했는데 그는 여성들에게 사랑받는 방법에 대해서 이렇게 대답했다고 한다.

"어려울 건 아무것도 없습니다. 상대방 이야기만 하고 있으면 됩니다."

이 방법은 남성에 대해서도 동일한 효과를 준다.

"상대방 남자의 일만 얘기하라. 그러면 상대방은 몇 시간이고 싫증내지 않고 당신 말에 귀를 기울이고 있을 것이다."

이것은 수완이 좋기로 이름난 영국의 대정치가 디즈렐리의 말이다.

여기까지 읽었으면 일단 책을 덮고, 이 칭찬의 철학을 당신의 가까운 사람들에게 응용할 것을 권한다. 당신은 그 효과에 놀라지 않을 수 없을 것이다.

남에게 호감을 얻는 여섯 번째 방법:

진심으로 칭찬한다.

제3부

사람을 설득하는 12가지 방법

제1장

논쟁을 피하라

제1차 대전 직후의 일이다. 나는 런던에서 귀중한 교훈을 얻었다.

나는 그 당시 로스 스미스경의 매니저로 있었다. 이 스미스경은 대전 중에 팔레스타인 공중전에서 혁혁한 공을 세운 호주의 공군용사로, 종전 직후 30일 동안에 세계의 반도 넘는 곳을 여행해서 모두를 깜짝 놀라게 한 인물이다. 이것은 당시로서는 꿈도 꿀 수 없는 일로서 일대 센세이션을 불러일으켰다. 호주 정부는 그에게 5만 달러의 상금을 주었고, 영국의 여왕은 그에게 나이트 작이라는 칭호를 내려, 그는 하루아침에 대영제국의 화제의 주인공이 되었다. 말하자면 미국의 린드버그(1927년 최초로 대서양 단독 비행에 성공한 인물)에 필적하는 일이었다.

그래서 그를 축하하는 연회가 열렸고 나 역시 그곳에 참석했는데 모두가 식탁에 둘러앉았을 무렵, 내 옆자리에 앉은 사나이가, "인간은 시작만 하고 하나님이 완성하신다."는 인용구에 대해 재미있는 이야기를 했다.

그 사나이는 이것이 성경에 있는 구절이라고 했는데 그것은 틀린 말이었다. 나는 출전을 잘 알고 있었다. 그래서 나는 나의 중요감과 우월감을 만족시키기 위해서, 그의 잘못을 지적해서 미움을 샀다.

"뭐요? 셰익스피어가 한 말이라구? 천만의 말씀! 바보 같은 소리 말아요! 성경의 말씀이요! 그것만은 틀림이 없소!"

그는 고집을 부리며 이렇게 단언하는 것이었다. 이 사나이는 내 오른편에 앉아 있었는데, 왼편에는 나의 오랜 친구인 프랭크 가몬드가 앉아 있었다. 가몬드는 셰익스피어에 대해 다년간 연구한 사람이었기 때문에, 나는 가몬드에게 의견을 물었는데 그는 식탁 밑으로 내 발을 슬쩍 차면서 이렇게 말했다.

"데일, 자네가 틀렸네. 이분이 옳아 확실히 성경 말씀이야."

그날 밤 연회에서 돌아오는 길에, 나는 가몬드에게 물었다.

"프랭크, 그건 셰익스피어에 있는 말이야. 자네도 잘 알고 있을 텐데."

"물론 그렇지. 「햄릿」 제5막 2장에서 나오는 말이지. 하지만 데일, 우리들은 경사스러운 연회에 초대되어 간 손님이야. 그 사나이의 잘못을 꼭 증명해야 할 필요가 어디 있지? 그것이 증명되면 상대방이 좋아하겠나? 상대방의 체면도 생각해 줘야지. 더구나 상대방은 자네에게 의견을 묻지도 않았네. 자네 의견 같은 건 듣고 싶지도 않았던 거야. 그런데도 논쟁을 할 필요가 있었겠는가? 어떤 경우에는 모 나는 짓은 하지 않는 게 좋은 걸세."

'어떤 경우에는 모 나는 짓은 하지 않는 게 좋다.'고 말해 준 사나이는 이미 세상을 떠나고 없지만, 그 교훈만은 아직도 내 가슴 속에 깊이 새겨진 채로 남아 있다.

나는 천성적으로 토론을 좋아했기 때문에, 그 교훈은 나에게 특히 더 필요했다. 나는 젊었을 때는 세상 모든 일에 대하여 형과 토론했다. 대학에서는 논리학과 변론을 연구하여 토론회에 참가했는데 지독하게 이론적으로 따지고 들어, 상대방이 증거를 코앞에 들이대기 전까지는 후퇴하는 일이 없었다. 그리고 이윽고 나는 뉴욕에서 토론과 변론술을 가르치게 되었다. 지금 생각하면 등골이 오싹해지는데 나는 그 방면의 책을 낼 계획도 세운 일이 있었다.

그러나 그 뒤로 나는 다양한 경험을 통해 논쟁에서 이기는 최선의 방법은 세상에 단 하나밖에 없다는 결론을 얻었다. 그 방법이란 바로 논쟁을 피하는 일이다. 독사나 지진을 피하듯이 논쟁은 일단 피할 일이다.

논쟁이란 거의 예외가 없이, 쌍방에게 자신의 주장이 옳다는 것을 더욱 확인시키고 끝나게 마련이다. 논쟁에서 이긴다는 것은 불가능하다. 만일 논쟁에 지면 진 것이고, 설사 이길지라도 역시 지고 있는 것이다. 왜 그러냐고? 설사 상대방을 코가 납작하도록 공박해 준다고 할지라도 그 결과는 어떻겠는가? 공격한 당신은 한때 기분이 좋겠지만, 공격을 당한 상대방은 열등감에 사로잡히고 자존심에 상처를 입어, 몹시 분개할 것이다.

"인간이란 억지로 설득시키면 납득하지 않는다."

벤 생명보험회사에서는 직원들에게 다음과 같은 방침을 세워 교육시킨다고 한다.

"논쟁하지 말라!"

참다운 능력은 논쟁을 잘함에 있지 않다. '논쟁'의 '논'자도 필요 없다. 사람의 마음이란 논쟁으로는 바뀌지 않는 법이다. 그 좋은 예가 있다.

몇 해 전 내 강연회에 패들릭 오헤어라는 논쟁을 좋아하는 아일랜드인이 참가한 일이 있다. 그는 학식은 별로 없었지만, 토론하기를 몹시 좋아했다. 그는 전에는 자가용 운전사였는데, 지금은 트럭의 세일즈맨이 되었지만 일이 생각처럼 잘 풀리지 않아 내 강연회에 참석했던 것이다.

나는 그와의 짧은 대화를 통해 그가 언제나 손님과 논쟁을 벌여 기분을 상하게 한다는 사실을 알 수 있었다. 팔고자 하는 트럭에 대하여 손님이 조금이라도 트집을 잡으면 그의 말을 반박했고, 언제나 그는 논쟁에서 승자가 되었다.

그는 "내가 이기기는 했지만 차를 한 대도 팔지 못했습니다."

자, 내가 어떻게 했겠는가? 내가 이 패들릭 씨에게 처음 한 일은 대화법을 가르치는 것이 아니라, 입을 다물고 토론을 못하게 훈련시키는 일이었다. 그는 내 뜻을 받아 들였고, 지금은 뉴욕의 화이트 자동차회사의 일류 세일즈맨으로 활약하고 있다. 그가 쓰고 있는 방법을 소개해 보겠다.

가령 지금 내가 어떤 고객을 찾아갔는데 상대방이, "화이트회사의 트럭이요? 그건 글러 먹었어! 거저 준대도 소용없어요. 산다면 후즈이트 회사의 차를 사겠소."라고 말했다고, 합시다. 그러면 나는 이렇게 말합니다.

"옳은 말씀입니다. 후즈이트 회사의 트럭이라면 훌륭해서 사셔도 좋을 물건입니다. 회사도 훌륭하고 판매계 사람들도 모두 선량하니까요."

그러면 상대방은 할 말이 없어집니다. 논쟁의 여지가 없는 겁니다. 상대방이 후즈이트 트럭이 제일 좋다고 말했는데, 내가 역시 그렇다고 수긍했기 때문에, 상대방은 더 할 말이 없게 됩니다. 내가 수긍했는데도 언제까지나 "후즈이트가 제일이야, 최고야." 하고 떠들어댈 수는 없는 노릇이니까요.

그런 다음에는 내가 화제를 바꾸어 화이트회사 트럭의 장점을 설명하기 시작합니다. 물론 전과 같으면 나는 곧 정면대결로 들어가 후즈이트의 결점을 들추어냈습니다. 내가 그러면 그럴수록 상대방은 후즈이트를 편들고, 그러는 동안에 상대방은 점점 더 그쪽 상품이 좋게 여겨지게 마련입니다. 지금 와서 생각하니 그래 가지고도 상품이 팔린다면 이상한 일이지요. 나는 여러 해 동안을 토론과 말다툼으로 손해만을 되풀이 했던 것입니다. 그러나 지금은 그런 일에는 입을 꽉 다물고 있는 덕분에 날로 번창하고 있습니다.

벤자민 프랭클린은 이런 말을 자주했다.

"논쟁을 하고 반박을 하면 상대방을 이기는 수도 있다. 그러나 그것은 헛된 승리다. 상대방의 호감은 절대로 얻지 못하니까.”

여기서 잘 생각해 보기 바란다. 이론투쟁에서 통쾌한 승리를 거두
는 것이 좋은가? 아니면 상대방의 호감을 얻는 것이 중요한가? 이
두 가지는 절대로 양립될 수는 없는 것이다.

『보스톤 트랜스크립트』 신문에 언젠가 다음과 같은 풍자적인 시
가 실린 일이 있다. 꽤 의미심장하기에 인용하기로 한다.

여기에 윌리엄 제이 영원히 잠들다.
평생 올바른 길만을 걷다가 잠들다.
올바르지 못한 길을 간 자와 같이 잠들다.

아무리 올바르고도 올바른 논쟁을 할지라도 상대방의 마음은 바
꾸지 못한다. 이 점에 있어서는 옳지 못한 논쟁을 한 것과 조금도
다를 것이 없다.

우드로우 윌슨 내각의 재무장관이었던 윌리엄 매카두는 다년간의
정치생활에서 ‘무지한 인간을 언쟁에서 이길 수는 없다’는 사실을
깨달았다고 말하고 있다. 매카두 씨는 ‘무지한 인간’이라고 소극적으
로 표현하고 있지만 내 경험으로는 지능지수의 여하를 불문하고
어떤 인간이라도 논쟁으로 그의 생각을 바꾸게 하는 것은 절대로
불가능한 일이다.

여기에서 그 실례를 하나 들어 두겠다.

소득세 고문으로 있는 프레드릭 퍼슨즈라는 사나이가 세무 감사
원과 한 시간에 걸쳐 논쟁을 했다. 9천 달러짜리 한 항목이 문제가

되었기 때문이다. 퍼슨즈는 이 9천 달러는 사실상 떼인 돈이기 때문에, 과세의 대상에서 제외되어야 한다고 했다.

"떼인 돈! 그런 말이 어디 있소! 당연히 세금의 대상이오."

감사원은 아무래도 그것을 용납해 주지 않았다.

퍼슨즈는 그때의 이야기를 내 강연회에서 공개했다.

그 감사원은 냉정하고 거만하고 완고하여, 아무리 내가 그 이유와 사실을 열거해도 전혀 받아들이려고 하지 않았습니다. 논쟁을 하면 할수록 그의 고집은 더욱 굳어졌습니다. 그래서 나는 논쟁을 그치고, 화제를 바꾸어 그를 칭찬해 주기로 했습니다.

"정말 감사원님은 엄청난 일을 해내고 계신 것 같습니다. 이 문제야 사실 사소한 것이지만, 이보다 엄청나게 더 중요하고 어려운 문제들을 처리하실 테니 말입니다. 나도 장사를 하면서 세법 공부를 하고는 있습니다만, 그거야 단지 책에서 얻은 지식에 불과합니다. 그래서 나도 감사원이 되었으면 하는 생각이 가끔 듭니다. 그래야 산지식을 얻을 수 있으니까 말입니다."

나는 이렇게 말했습니다. 그리고 그것은 내 진심이기도 했습니다. 그러자 감사관은 의자에 등을 기대고 편히 앉더니, 의기양양하게 자신의 직업에 대하여 장광설을 늘어놓기 시작하는 것이었습니다. 그는 자기가 적발한 교묘한 탈세사건을 얘기했는데 그러는 중에 어조가 차츰 누그러들더군요. 그러더니 나중에는 자기의 자녀들에 대한 얘기까지 들려주었습니다.

이야기를 마치고 돌아갈 때, 그는 그 문제의 항목은 좀 생각해 보고, 2, 3일 안으로 회답해 주겠노라고 말했습니다. 그리고 사흘 뒤에, 그는 내 사무실로 찾아와 세금은 신고한 대로 결정되었다고 알려 주었습니다.

이 감사원은 모든 인간들이 가장 보편적으로 지니고 있는 약점을 드러내 보여 주었던 것이다. 즉 그는 중요감의 충족을 원하고 있었던 것이다. 퍼슨즈와 논쟁을 하고 있는 동안에 자신의 권위를 휘두름으로써 중요감을 충족시켰고, 그것이 인정되고 논쟁이 끝나자 순식간에 이해성 있고 친절한 인간으로 변했던 것이다.

나폴레옹의 집사 콘스턴트는 황후인 조세핀과 자주 당구를 쳤다. 그가 쓴 「나폴레옹의 사생활 회고록」에 다음과 같은 고백이 실려 있다.

"나의 당구 실력은 상당했지만 황후에게는 언제나 승리를 양보하도록 했다. 이것이 황후에게는 몹시 기뻤던 모양이다."

이 고백에는 귀중한 교훈이 담겨 있다. 우리들도 고객이나 애인, 또는 남편이나 아내와 말다툼을 하게 되었을 때, 승리를 상대방에게 양보하는 것이 좋지 않을까!

석가모니는 이렇게 말했다.

"미움은 미움을 가지고는 소멸되지 않는다. 사랑을 가지고서야 소멸된다."

링컨은 동료들과 언쟁을 잘하는 한 청년장교에게 이렇게 타일렀다.

　"자기발전에 노력하고 있는 사람은 논쟁 같은 것을 할 틈이 없다. 더구나 논쟁의 결과가 불쾌감에 빠지거나 자제심을 잃게 된다는 것을 생각하면, 언쟁은 더욱 못할 것이다. 나에게 반쯤의 정당성밖에 없을 경우에는 상대방에게 크게 양보하고, 전적으로 정당하다고 생각될 경우에도 얼마만큼은 양보하는 것이 좋다. 좁은 골목길에서 개를 만났을 때에는, 권리를 주장하다가 물리기보다는 개에게 길을 양보해 주는 편이 현명하다. 설사 개를 죽였다고 할지라도 개에게 물린 상처는 남게 마련이다."

상대방을 설득하는 첫 번째 방법:

되도록 언쟁을 피한다.

상대방의 잘못을 지적하지 말라

　루스벨트가 대통령이 되었을 때, 자신이 생각하는 것 중에 75%정도가 옳은 것이라면 본인으로서는 더 이상 바랄 것이 없다고 말한 일이 있다.

　20세기의 위인이 이와 같다면, 대체 우리들은 어떠할 것인가? 자기 자신의 생각 중 55%까지 옳다고 자부할 수 있는 사람은 얼마나 되겠는가? 만일 55%에 달할 자신이 없다면, 남의 잘못을 지적할 자격이 없는 것이다.

　눈짓, 말씨, 몸짓 등으로도 상대방의 잘못을 지적할 수는 있다. 그러나 이것은 분명히 상대를 꾸짖는 것과 다를 바가 없다. 도대체 상대방의 잘못을 무엇 때문에 지적하느냐 말이다. 상대방의 동의를 얻기 위해서인가? 천만에 말씀이다! 상대방은 자신의 지능과 판단,

긍지와 자존심을 짓밟히고 있는 것이다. 당연히 그는 반격해 온다. 생각을 바꾸려고 생각할 리가 없다. 설사 플라톤이나 칸트의 논리로 설명해 들려주어도 상대방의 의견은 변하지 않는다. 손상된 것은 논리가 아니라 감정이기 때문이다.

'그럼, 자네한테 그 까닭을 설명하지'

이런 식의 전제는 금물이다. 이것은 "나는 너보다 현명하다. 그러므로 너를 타일러 네 생각을 바꿔 보겠다."라고 말하는 것과 다름이 없다. 이것은 바로 도전이다. 상대방에게 반항심을 일으키게 하고, 전투준비를 시키는 것과 같은 짓이다. 다른 사람의 생각을 바꾼다는 것은 가장 좋은 조건 하에서도 몹시 어려운 일이다. 무엇 때문에 굳이 조건을 악화시키느냐 말이다. 이것은 스스로 자신의 손발을 묶는 것과 똑같은 일이다.

다른 사람을 설득하려면 상대방이 눈치 채지 않도록 해야 한다. 누구에게도 그런 눈치를 보이지 않도록 교묘하게 해야 하는 것이다.

"가르치지 않는 척하고 상대방을 가르치고, 상대방이 모르는 것은 잊어버린 것이라고 말해 주라."

이것이 비결이다.

체스터필드 경(1694~1773년. 영국의 정치가·외교관)이 그의 아들에게 준 처세훈 중에 다음과 같은 구절이 있다.

"되도록 남보다 영리해져라. 그러나 그것을 남에게 알려서는 안 된다."

나는 20년 전에는 믿고 있던 것을 지금에 와서는 거의 전부를 믿을 수 없게 되어 버렸다. 아직까지 믿고 있는 것은 곱하기의 구구단 정도라고 해도 과언이 아니다. 그러나 아인슈타인의 책을 읽고서 그 구구셈마저 의심스러워지기 시작했다. 앞으로 20년 정도만 지나면, 나는 이 책에서 내 자신이 말한 것도 믿지 않게 될지도 모른다. 현재의 나는 전과는 달리 만사에 확신을 가질 수 없게 되었다.

소크라테스는 제자들에게 되풀이해서 다음과 같이 말하고 있다.

"나는 단 한 가지밖에 모른다. 그것은 나는 아무것도 모른다는 사실이다."

나는 아무래도 소크라테스보다 현명할 수는 없다. 그래서 다른 사람의 잘못을 지적하는 따위의 짓은 절대로 하지 않기로 결심했다. 이 방침 덕분에 나는 많은 이득을 보아 왔다.

상대방에게 잘못이 있다고 생각되었을 때에는, 아니 생각되었을 뿐만 아니라 실제로 그것이 분명한 잘못일 경우에도 이런 식으로 서두를 꺼내는 것이 좋을 것이다.

"실은 나는 그렇게 생각하지는 않고 있었습니다만, 아마 내가 잘못 생각한 모양입니다. 나는 잘못 생각하기를 잘하니까요. 잘못이 있으면 고치도록 하겠습니다. 어디 다시 한 번 잘 살펴보도록 합시다."

'잘못이 있으면 고치도록 하겠습니다. 어디 다시 한 번 잘 살펴보도록 합시다.'라는 말 속에는 마술적인 효력이 깃들어 있다. 이 말에 반대하는 인간은 어느 사회에도 없을 것이다.

상대방의 잘못이 뚜렷할 경우, 그것을 노골적으로 지적하면 어떤 사태가 발생하는가? 그 좋은 예를 하나 들어 보자.

뉴욕의 젊은 변호사 S씨가 얼마 전에 미국 최고재판소에서 변론을 하고 있었다. 그 사건에는 거액의 돈과 중요한 법률문제가 개재되어 있었다.

변론 중에 재판관이 S씨에게, "해사법(海事法)에 의한 기한의 규정은 6년이지요."라고 말했다. 그리고 S씨는 말없이 재판관의 얼굴을 바라보고 있다가, 이윽고 무뚝뚝하게 내뱉었다.

"해사법에는 기한의 규정은 없습니다."

그 당시의 분위기를 S씨는 나의 강연회에서 다음과 같이 말했다.

"순간 법정 안은 물을 끼얹은 듯이 조용해지고, 차가운 공기가 주위에 가득 찼습니다. 내 말이 옳았고, 재판관이 틀린 것입니다. 나는 그것을 지적했을 뿐입니다. 그러나 판사는 그래서 나에게 호의를 가졌을까요? 천만에. 나는 지금도 내가 옳았다고 믿고 있습니다. 그리고 그때의 변론도 좀처럼 보기 어려울 정도로 잘했다고 믿고 있습니다. 그러나 결과적으로는 상대를 납득시키지 못했던 것입니다. 잘못을 지적하여 판사에게 창피를 주었다는 큰 실책을 저질렀기 때문이었습니다."

논리적으로 움직이는 인간은 그렇게 흔치 않다. 대부분의 사람들은 편견을 가지고 있으며, 선입감·질투심·시기심·공포심·원망·자부심 등에 침식되어 있다. 그리고 자기 자신의 생각이나 신념, 종교, 하다못해 머리를 손질하는 방법까지도 여간해서는 바꾸려고 하지 않는 법이다.

만일 다른 사람의 잘못을 지적하고 싶거든 다음 글을 읽은 다음에 하기 바란다. 이것은 제임스 하베 로빈슨 교수의 명저 「정신의 발달 과정」 중의 한 구절이다.

우리들은 별로 저항을 느끼지 않고서 자기 자신의 사고방식을 바꾸는 경우가 흔히 있다. 그러면서도 다른 사람이 잘못을 지적하면 화를 내고 고집을 세운다. 우리들은 정말 아주 보잘것없는 동기에 의해서 여러 가지 신념을 갖게 된다. 그러나 누가 그 신념을 바꾸게 하려고 하면, 우리들은 한사코 이에 반대한다. 이 경우 우리들이 중요시하고 있는 것은 분명히 신념 그 자체가 아니라, 위기에 직면해 있는 자존심인 것이다.

'나의'라는 보잘것없는 낱말이 실은 이 세상에서 가장 중요한 말인 것이다. 이 낱말을 바르게 사용하는 일이 사려분별의 시초다. '나의' 식사, '나의' 개, '나의' 집, '나의' 아버지, '나의' 조국, '나의'하나님, 이 말 뒤에 어떤 낱말이 붙든, '나의'라는 낱말에는 강한 뜻이 깃들어 있다.

우리들은 자기의 소유물이라면 그것이 시계든 자동차이든, 혹은 천문·지리·역사·의학 기타 어떠한 지식이든, 그것에 대해 헐뜯으면 몹시 화를 낸다. 우리들은 진실이라고 생각해 오던 것을 언제까지나 그대로 믿고 싶은 것이다. 그러므로 그 신념을 뒤흔들 만한 것이 나타나면 분개한다. 그리고 어떻게 하든 구실을 찾아내어, 원래의 신념에 매달리려고 하는 것이다. 결국 우리들의 논쟁은 대개의 경우, 자기 자신의 신념을 고집하기 위한 논거를 찾아내려는 노력일 뿐인 것이다.

한번은 실내장식업자에게 내 방의 벽걸이를 만들게 한 일이 있다. 그런데 일이 끝나고 청구서를 받아 본 나는 숨이 막힐 것만 같았다.

며칠 후 어느 부인이 와서 벽걸이를 보고는 그 가격을 묻더니 깜짝 놀라 외쳤다.

"정말 터무니없는 값이군요. 그 돈을 모두 지불하다니 정말이지 놀라울 따름이네요. 그 사람 아주 단단히 한몫 잡았겠네요."

사실 그녀의 말이 맞았다. 그대로였다. 그러나 자기 자신의 어리석음을 폭로하는 말에 귀를 기울이는 인간은 별로 없는 법이다. 나 역시 변명을 하노라고 열을 올렸다. 좋은 물건이 결국은 비싸다. 고급 예술품이 보통 물건보다 비싼 것은 당연하다는 등의 여러 가지 말로 변명을 하였다.

그리고 이튿날 다른 부인이 찾아와서 그 벽걸이를 보더니, 이번에는 칭찬을 하는 것이었다. 자기도 돈만 있으면 그것을 꼭 사고 싶다고 하면서 연락처까지 물었다. 그런데 이에 대한 나의 반응은 그 전날과 무척이나 달랐다.

"실은 나도 이런 것을 살 돈은 없습니다. 어쩐지 사기당한 기분입니다. 가격을 잘 모르고 주문했거든요. 가격을 알고는 주문하지 않았더라면 하고 후회하고 있습니다.

우리는 스스로의 잘못을 인정할 때가 있다. 자신도 그렇다고 느끼고 있을 때 상대방이 부드러운 어조로 간접적으로 돌려 말하면 솔직히 자인하며, 도리어 자기 자신의 솔직함이나 관대함에 뿌듯함을 느끼기도 한다. 그러나 상대방이 강압적으로 그것을 밀고 나오면 그렇게 되지 않는다.

남북전쟁 당시 전국에 이름을 떨친 편집자인 홀러스 그릴리는 링컨 대통령의 정책에 대해 강력한 반론을 폈다. 그는 논박·조소·비난 등의 기사로 링컨의 의견을 바꾸게 하려고 여러 해 동안 노력했다. 링컨이 부우드의 흉탄에 쓰러지던 날까지도, 그는 링컨에 대한 불손하기 짝이 없는 인신공격을 그치지 않았던 것이다.

그래서 그 효과는? 물론 없다. 조소나 비난으로 의견을 바꾸게 한다는 것은 불가능한 일이다.

사람을 다루는 방법과 자신의 인격을 수양하는 방법을 알고 싶거든, 벤자민 프랭클린의 자서전을 읽으라. 한 번 읽기 시작하면 끝까지 읽지 않고는 견딜 수 없을 것이다. 이 책은 미국문학의 고전이기도 하다.

이 자서전에서 프랭클린은 어떻게 하여 논쟁을 좋아하던 자신의 나쁜 버릇을 극복하고, 유능하고 온화하고 사교적인 면에서, 미국에서도 뛰어난 인물이 되었는가를 말하고 있다.

프랭클린이 아직 혈기왕성하던 청년시절에, 그는 퀘이커교 신자인 한 친구로부터 아무도 없는 곳에서 몹시 심한 설교를 들었다.

"벤, 자네는 틀렸어. 자네는 의견이 자네와 다른 상대에게는 마치 뺨을 치는 듯한 느낌을 줄 정도로 말한단 말이야. 그것이 싫어서 자네 의견을 들으려는 사람이 없어진 걸세. 차라리 자네가 없는 편이 자네 친구들에게는 즐거운 거지. 자네는 자네가 제일 유식하다고 생각하고 있는데 그렇기 때문에 자네에게는 말을 걸려고 하지 않는 거야. 사실 누구나 자네와 얘기를 하면 불쾌해지기 때문에, 앞으로는 상대하지 않겠다고 생각하고 있네. 그래서 자네의 지식은 언제까지나 지금 이상으로는 발전될 가망성이 없는 걸세. 현재의 그 보잘것없는 지식 이상으로는 말일세."

이처럼 심한 비난을 솔직히 받아들인 것이 프랭클린의 위대한 점이다. 이 친구의 말대로 자신이 지금 파멸의 낭떠러지를 향해 걷고 있다는 사실을 깨달은 것은, 그가 위대하고 현명했기 때문이다. 그래서 그는 방향전환을 했다. 지금까지의 거만하고 완고하던 태도를 당장에 내동댕이쳐 버렸던 것이다.

프랭클린은 다음과 같이 말하고 있다.

"나는 남의 의견에 정면으로 반대하거나, 또는 내 의견을 단정적으로 주장하지 않기로 결심했다. 결정적인 의견을 의미하는 말, 예를 들면 '틀림없이'라든가, '의심의 여지도 없이'라든가 하는 말은 일체 사용하지 않고, 그 대신 '나는 이렇게 생각하는데……'라든가, '내가 보기에는 이렇게 생각하는데……'라는 식으로 말하기로 했다. 설사 상대방이 확실히 틀린 주장을 하고 있어도 곧 이에 반대하여 그 잘못을 지적하지 않고, '과연 그럴 경우도 있겠습니다만, 그러나 이 경우는 좀 사정이 다르다고 생각되는데……' 하는 식으로 서두를 꺼내기로 했다. 이렇게 지금까지의 방법을 바꾸어 봤더니 많은 이익을 얻을 수 있었다. 다른 사람과의 대화가 지금까지보다 훨씬 즐겁게 진행되었다. 이와 같이 소극적으로 의견을 말하자, 상대는 곧 납득하고, 반대하는 사람도 적어졌다. 그리고 내 자신의 잘못을 시인하는 것이 별로 어렵지 않게 되고, 또 상대방의 잘못도 쉽게 인정하게 할 수 있었다.

이 방법을 처음 사용하기 시작했을 때는, 내 자신의 성질을 억제하기가 몹시 힘들었지만, 차차로 쉽게 억제할 수 있게 되었고, 드디어는 하나의 습관으로 굳어졌다. 아마 이 20년 동안에 내가 독단적인 말을 하는 것을 들은 사람은 한 명도 없을 것이다. 새로운 제도의 설정이나 낡은 제도의 개혁을 내가 제안하면 곧 모두가 찬성해 준 것도, 그리고 시의회 의원이 되어 시의회를 움직일 수 있었던 것도, 모두 이 방법 덕택이리라. 원래 나는 말재주가 없어 결코 웅변가라고는 할 수 없다. 어휘의 선택에 시간이 걸리고, 선택한 어휘도 적절하지 못한 경우가 많았다. 그런데도 나는 대부분의 경우, 나의 주장을 관철시킬 수가 있었던 것이다.”

이 프랭클린의 방법이 사업에도 도움이 될 수 있는지 생각해 보기로 하자.

이것은 뉴욕 시 리버티가에서 제유관계(製油關係)의 특수장치를 판매하고 있는 F.J. 마하니 씨의 이야기다.

그는 롱아일랜드의 중요한 거래처로부터 주문을 받았다. 상대방에게 청사진을 제시하고 그것으로 좋다는 합의를 보아, 그 장치의 제작에 착수했다. 그런데 뜻밖의 장애가 생겼다. 주문한 사람이 이 장치에 대한 이야기를 친구에게 했더니 그 장치에 큰 결함이 있다고 말했던 것이다. 엉터리 물건을 주문했다고 말한 그의 친구는, 그 장치가 너무 폭이 넓다느니 짧다느니 하면서 그 장치를 헐뜯어 말했다. 그 바람에 주문주는 자기가 속았다고 생각하고, 마하니 씨에게 전화를 걸어 제작 중의 주문품을 인수할 수 없다고 말했던 것이다.

그때의 경위를 마하니 씨는 다음과 같이 말하고 있다.

나는 그 제품을 세밀히 재검토하여 틀림이 없다는 사실을 확신하고 있었다. 주문주와 그 친구의 주장이 전혀 이치에 닿지 않는 것이었지만, 지금 그것을 지적해 버린다면 만사는 끝장이라고 생각했다. 그래서 나는 그를 만나기 위해 롱아일랜드로 갔다.

내가 그의 사무실에 들어서자마자 몹시 화가 난 그는 나를 마구 몰아세웠다. 그는 흥분한 나머지 당장에 내 멱살이라도 잡으러 덤벼들 것 같은 기세였다. 한동안 화풀이를 한 다음, 그는 이렇게 말했다.

"대체 어떻게 할 생각이오?"

나는 몹시 부드럽게 그의 요구대로 하겠다고 대답했다.

"선생께선 돈을 지불하시는 입장이니 당연히 희망하시는 물건을 구입하실 권리가 있습니다. 그러나 어느 쪽이 책임을 지지 않으면 안 됩니다. 만일 선생께서 옳다고 생각하신다면 다른 설계도를 주십시오. 지금까지 2천 달러의 비용이 들었습니다만, 선생을 위해서라면 기꺼이 그것은 제가 부담하겠습니다. 그러나 선생의 요구대로 했을 경우, 그것으로 야기되는 문제에 대한 책임은 선생께서 지셔야 합니다. 그리고 제 설계대로, 저는 지금도 그것이 옳다고 확신하고 있습니다만, 계속 제작하게 해주신다면, 물론 그 책임은 제가 지겠습니다.”

내 이야기가 끝날 무렵에는 그의 흥분도 많이 가라앉아 있었다. 그는 드디어 이렇게 말했다.

“좋소. 당신 생각대로 해보시오. 그러나 만약 당신에게 잘못이 있을 때는 모든 책임을 당신이 져야 하오.”

과연 나에게는 잘못이 없었다. 그래서 그는 계속해서 똑같은 장치 두 개를 더 주문해 주었다. 그렇지만 내가 그때 받은 모욕은 대단한 것이었다. 나를 엉터리 사기꾼이라고까지 말했다. 말다툼을 하지 않고 참는 것은 몹시 괴로웠다. 그러나 참는 것만큼의 소득은 있었다. 만일 그때 내가 상대방과 언쟁을 했다면 어떻게 되었을까? 소송을 하게 되고, 좋지 않은 감정으로 마음이 괴롭고, 많은 손해를 본 다음, 중요한 고객을 잃었을 것이다.

나는 상대방의 잘못을 지적하는 일에서는 결코 이득이 생기지 않는다고 확신한다.

또 한 가지 예를 들어 보자. 이런 이야기는 세상에 얼마든지 있을 것이다.

뉴욕의 가드너 테일러 목재회사의 세일즈맨 R.U. 크롤레는 여러 해 동안 거래처의 완고한 목재검사원들을 상대로 시비할 때마다 상대방을 꼼짝 못하게 했다. 그러나 그 결과는 좋지가 않았다. 크롤레의 말에 의하면 목재검사원은 야구심판과 같아서, 일단 판정을 내리면 절대로 그것을 번복하지 않는다고 한다.

그는 시비에서는 이겼지만, 그 때문에 회사는 수천 달러의 손해를 당했다. 그래서 그는 나의 강연회에 참석한 뒤 다음부터는 일체의 시비를 걸지 않기로 결심했다.

그래서 그는 어떤 결과를 얻었을까? 강연회에서 밝힌 그의 체험담을 들어 보자.

어느 날 아침, 내 사무실의 전화벨이 요란하게 울렸다. 지난번에 발송한 한 재목의 품질이 나빠서 인수할 수 없다고, 어느 거래처의 공장에서 트집을 잡고 나왔던 것이다. 짐을 내리다가 중단하고 있으니 빨리 인수하러 오라는 것이었다. 거의 4분의 1정도 내렸을 때, 검사계가 이 목재에는 불합격품이 반 이상이나 섞여 있다고 보고했기 때문에, 이러한 사태가 벌어졌다는 것이었다.

나는 곧 그 공장으로 갔는데, 그 도중에 가장 적절한 조치를 생각해 보았다. 평소 같으면 이러한 경우에 나는 으레 다년간의 목재에 관한 지식을 살려 등급판정 기준에 대해서 검사원의 잘못을 지적했을 것이다. 그러나 이번에는 강연회에서 배운 원칙을 응용해 보기로 했다.

내가 그 공장에 도착하자, 구입계와 검사계 직원들이 화난 표정으로 당장에라도 덤벼들 것 같은 기세였다. 나는 그들과 함께 현장으로 가서, 좌우간 재목을 전부 하차하여 보여 달라고 부탁했다. 그리고 지금까지 하던 대로 합격품과 불합격품을 선별해 달라고 검사계에게 부탁했다.

검사계가 선별하고 있는 것을 한동안 바라보고 있는 동안에, 나는 그의 방법이 너무 엄격하여 판별기준을 그르치고 있다는 사실을 알았다. 문제의 재목은 백송이었다. 그런데 그의 지식은 떡갈나무에 한정된 것이었고, 백송의 검사계로서는 낙제생이라는 사실도 알게 되었다. 백송은 나의 전문분야다. 그러나 나는 그의 검사하는 방법에 대해서 굳이 이의를 제기하지 않았다.

한동안 잠자코 보고 있다가, 이윽고 조금씩 불합격의 이유를 묻기 시작했다. 그러나 그의 잘못을 지적하는 태도는 조금도 취하지 않았고, 앞으로 어떤 물품을 보내야 만족해 주겠는가를 알고 싶다고 말했다.

상대방이 하는 대로 맡겨 두고, 협조적이고 친절한 태도로 묻고 있는 동안에, 상대방의 기분은 누그러져 험악한 분위기도 부드러워졌다. 내가 가끔 하는 신중한 질문이 상대방에게 반성의 계기가 된 것이다. 그리고 자기가 불합격품이라고 내놓은 재목은 자기네가 주문한 대로의 품질이며, 오히려 주문한 등급 이상의 기준을 적용하고 있는지도 모른다고 생각하기 시작한 것 같았다. 나로서는 바로 그 점을 말하고 싶었지만, 전혀 그런 눈치를 보이지 않았다.

시간이 흐를수록 그의 태도는 눈에 띄게 바뀌어 갔다. 드디어 그는 나에게 실은 자기는 백송에 대해서는 별로 경험이 없다고 말하고, 하차하는 재목 하나하나에 대해서 질문하기 시작했다. 나는 그 재목들은 전부가 지정된 등급에는 합격한 물건이라고 설명하고 싶었지만, 그것을 꾹 참고서 마음에 안 드는 것은 전부 기꺼이 인수해 가겠다고 말했다. 드디어 그는 불합격품을 낼 때마다 가책을 느끼는 모양이었다. 그리고 잘못은 자기네 쪽에 있다는 사실을 인정하고, 당초에 더 좋은 등급의 물품을 주문했어야 했다고 말했다.

결국 그는 내가 돌아온 다음 다시 검사를 하여 전부 구입하기로 하는 한편, 대금 전액을 수표로 보내왔다.

약간의 배려와 상대의 잘못을 지적하지 않는 마음가짐으로 말미 암아 여기에서만도 150달러의 이익을 올렸을 뿐만 아니라, 금전과 는 바꿀 수 없는 호감까지도 얻을 수 있었던 것이다.

이 장에서 설명한 사항은 결코 새로운 것이 아니다. 1900년 전에 이미 예수는 "너의 적과 빨리 화해하라."고 가르치고 있다.

결국 상대방이 누구이든 언쟁을 해서는 안 된다. 상대방의 잘못을 지적하여 화나게 하는 일은 피하고 사교적인 수완을 조금만 써 보라 는 말이다.

서기 2200년 전, 이집트 왕 아크토는 그의 왕자에게, "사람을 납득 시키려면 외교적이어야 한다."고 가르쳤다.

상대방을 설득하는 두 번째 방법:

상대 의견에 경의를 표하고 절대로 잘못을 지적하지 않는다.

제3장

자신의 잘못을 시인하라

나는 지도상으로는 뉴욕시의 거의 한복판에 살고 있다. 그런데 나의 집 가까이에 원시림이 있으니 재미있는 얘기다. 이 숲 속에는 봄철이 되면 딸기나무들이 천지에 흰 꽃들을 피우고, 다람쥐가 집을 짓고 새끼를 낳는다.

이 자연 그대로의 숲은 '퍼리스트 공원'이라 불리고 있다. 이 숲의 모습은 아마도 콜럼버스가 미대륙을 발견했을 때와 비교해도 별로 달라진 데가 없을 것이다.

나는 '렉스'라고 부르는 보스턴 불도그의 작은 개를 데리고, 이 공원에 자주 산책을 간다. 렉스는 사람을 잘 따르는 온순한 개이기 때문에 물거나 하는 일은 절대로 없다. 더구나 이 공원에서는 여간해서 사람을 만나는 일도 없기 때문에 나는 목줄도 입마개도 하지 않고 렉스를 데리고 다닌다.

그런데 어느 날 공원에서 기마경찰과 마주쳐다. 이 경관은 자신의 권위를 떨쳐 보여 주고 싶어서 몸이 근질근질했던 모양이다.

"입마개도 씌우지 않고 개를 놓아두면 어쩔 셈이요. 법률위반이란 걸 모르오?"

경관이 큰소리로 꾸짖었다. 그래서 나는 부드럽게 대답했다.

"네, 알고 있습니다. 하지만 저 개는 사람을 물거나 하는 개가 아니기 때문에 괜찮다고 생각되어서……."

"생각된다! 생각되는 것 가지고 되오? 당신이 생각된다고 해서 그것으로 법률이 바뀌는 것은 아니란 말이요. 당신의 개가 어린아이나 다람쥐를 물지도 모르는 일 아니오? 오늘은 눈감아 주지만, 다음에 또 이런 일이 있으면 재판소로 끌고 가겠소."

나는 앞으로는 조심하겠다고 약속했다. 그리고 나는 약속을 지켰다. 그러나 며칠이 지나자, 개가 입마개를 싫어하고 나도 억지로 씌워 주고 싶지는 않았기 때문에, 들켜도 하는 수 없다는 각오로 공원으로 갔다.

며칠 동안은 무사히 넘어갔다. 그러나 어느 날 드디어 올 것이 오고야 말았다. 나와 렉스가 비탈길을 달려 올라가자, 바로 거기에 준엄한 법의 수호자가 밤색 말을 타고 나타났다. 나는 당황했지만, 아무것도 모르는 렉스는 곧장 경관이 있는 쪽으로 달려갔다.

일은 점점 귀찮게 되어 갔다. 나는 그것을 깨닫고 순경의 말을 기다리지 않고 선수를 쳤다.

"드디어 현행범이 되고 말았군요. 내가 나빴습니다. 변명의 여지

가 없습니다. 지난주에 당신으로부터 다시 이런 일이 있으면 재판형
이라는 주의를 받은 일이 있으니까요."

"그렇지요. 하지만 이렇게 주변에 사람이 없을 때는, 더구나 개가
이렇게 작으니 뛰어놀게 놔 주고 싶어지는 것이 인정이겠지요."

경관의 말소리는 부드러웠다.

"그건 사실입니다. 하지만 법률은 법률이니까요."

"하지만 이렇게 조그만 개가 설마 누구를 물 수 있겠습니까?"

경관은 오히려 이렇게 반대의견을 폈다.

"하지만 다람쥐를 물지도 모르지요."

"그건 지나친 생각이지요. 자, 그러면 이렇게 하면 어떻겠습니까?
고개 저쪽에 가서 놔 주시는 겁니다. 그러면 제 눈에도 띄지 않을
테니까요. 그러면 만사 해결입니다."

경관도 인간이다. 그도 역시 자신의 중요감을 만족시키고 싶었던
것이다. 내가 나의 죄를 인정하자, 그가 자부심을 만족시킬 수 있는
유일한 방법은 나를 용서해서 아량 있는 태도를 보여 주는 일이었던
것이다. 그런데 만일 내가 변명을 하려고 했다면 어떻게 되었겠는
가? 경관과 논쟁을 벌이면 어떻게 되는지는 독자들도 잘 알고 있을
것이다.

경찰과 논쟁을 벌이는 대신, 나는 상대방은 절대적으로 정당하고
내가 전적으로 잘못했다고 시인했다. 즉석에서 솔직하게, 진심으로
시인했던 것이다. 그러자 서로 양보하기 시작하여, 나는 상대방의
입장에서, 그리고 상대방은 내 처지에서 말을 주고받는 동안에, 사건

은 원만하게 해결되었던 것이다. 앞서는 법률의 권위로 나를 위협하던 바로 그 경관이 1주일 후에 보여 준 부드러운 태도에는 누구나 놀라지 않을 수 없을 것이다.

자기의 잘못을 스스로 깨달았다면 상대방에게 공격을 당하기 전에 스스로 자신을 공격하는 편이 훨씬 유쾌하다. 다른 사람의 비난보다 스스로 자신을 비판하는 편이 한결 마음 편한 법이다.

자기에게 잘못이 있음을 알았거든, 상대방이 할 말을 이쪽에서 앞질러 하는 것이 좋다. 그러면 상대방은 할 말이 없어진다. 그래서 십중팔구는 상대방은 관대하게 이쪽 잘못을 용서하는 태도를 취하게 마련이다. 나와 렉스를 용서해 준 기마경관처럼…….

상업미술가인 페르디난드 워렌 씨가 이 방법을 사용하여 까다로운 상대방의 호의를 산 일이 있다.

"광고나 출판용 그림은 면밀하고 정확한 것이 무엇보다도 중요합니다."

워렌 씨는 이렇게 전제하고, 다음과 같은 이야기를 들려주었다.

미술편집자 중에는 주문한 일을 마구 독촉하는 사람들이 있다. 이런 경우에는 자칫하면 사소한 실수가 생기기 쉽다.

내가 알고 있는 미술감독 중에 언제나 사소한 실수를 발견해서는 신나게 비판하는 사나이가 있다. 나는 이 사나이의 비평의 내용이 아니라, 그 비평의 방법이 비위에 거슬렸다.

최근에 나는 급히 한 일을 그에게 보낸 일이 있다. 이윽고 그에게서 사무실로 곧 와 달라는 전화가 걸려 왔다. 잘못된 것이 있다는 것이었다. 내가 사무실로 달려가니, 과연 그는 만반의 태세를 갖추고 기다리고 있다가, 내가 나타나자 마구 혹평을 퍼부었다. 내가 연구하고 있던 자기비판의 방법을 응용해 볼 좋은 기회가 온 셈이었다.

그래서 나는 이렇게 말했다.

"선생의 말씀이 사실이라면, 잘못은 전적으로 저한테 있는 것이며, 죄송하기 짝이 없습니다. 오랜 동안 신세를 져 왔기 때문에 그 정도의 일은 제가 알아서 했어야 하는 건데, 이거 정말 부끄럽기 짝이 없습니다."

그러자 그는 곧 나를 옹호해 주기 시작했다.

"그야 그렇지만, 별로 큰 잘못은 아니라구. 단지 조금……."

나는 곧 말을 가로챘다.

"어떤 잘못이라도 잘못은 중대합니다. 정말 안 될 일입니다."

그가 무슨 말을 하려고 했지만, 나는 그대로 두지 않았다. 나는 기분이 좋았다. 자기비판을 하는 것은 생전 처음이었지만, 막상 해 보니 정말 재미가 있었다.

"저는 일을 좀 더 신중히 했어야 했던 것입니다. 이제까지 선생께선 저에게 많은 일거리를 주셨기 때문에, 저로서는 당연히 최선을 다 했어야 했습니다. 이번 일은 처음부터 다시 하겠습니다."

그러자 그는 정중히 말했다.

"아니오, 그렇게까지 수고를 끼치려는 건 아니오."

그러더니 내 그림을 칭찬하고, 아주 조금만 손질해 주면 된다고 말하는 것이었다. 내가 저지른 잘못으로 손해가 생긴 것도 아니고, 결국은 아주 사소한 지엽적인 문제에 불과하니, 그렇게까지 마음 상해할 필요는 없다는 것이었다.

내가 솔직하게 자기비판을 시작하자, 상대방의 의기가 꺾였던 것이다. 결국 그가 나를 점심에 초대하여, 이 사건은 그것으로 끝났다. 그리고 헤어질 때 그는 수표와 다른 일거리를 나에게 주었다.

어떤 바보라도 자기 잘못에 대한 변명쯤은 할 수 있다. 그리고 사실 바보들은 이런 짓을 잘한다. 자기의 과실을 솔직히 시인하는 일은 그 인간의 가치를 끌어올려, 본인으로서도 어떤 고결한 느낌이 들어 기쁘게 한다.

그 예로 남북전쟁의 남군 총사령관 로버트 리이 장군의 전기에 기록되어 있는 미담 하나를 소개하겠다.

게티즈버그의 전투에서 부하인 피케트 장군이 행한 돌격이 실패한 책임을 리이 장군이 혼자 걸머진 애기가 그것이다.

피케트 장군의 돌격작전은 서구의 전투사상에서 그 유례를 볼 수 없을 만큼 찬란한 것이었다. 피케트 장군은 활달한 군인으로 적갈색 머리를 길게 길러 어깨까지 늘어뜨리고 있었다. 그는 이탈리아 전선에서의 나폴레옹처럼 매일같이 싸움터에서 열렬한 연애편지를 썼다.

운명의 날 오후, 그가 모자를 비스듬히 쓰고 말을 달려 적진으로 당당히 진격하자, 그를 신뢰하는 부하들은 환호성을 질렀다. 그들은 깃발을 휘날리고 총검을 번득이면서, 그의 뒤를 따랐다. 실로 용감하고 장엄한 광경이었다.

그러나 그들이 세미터리 리치에 도착했을 때, 갑자기 돌담 뒤에 잠복하고 있던 북군이 나타나 맹렬히 공격을 퍼부었다. 세미터리 리치의 언덕은 순식간에 불바다가 되어 아수라장으로 변했다. 불과 몇 분 동안에, 피케트 돌격대의 지휘관 중 살아남은 사람은 단지 하나뿐이었고, 5천 명의 병력 중 5분의 4가 없어졌다.

그러나 유일하게 살아남은 아미스데트 대장이 남은 병사들을 이끌고 최후의 돌격을 감행했다. 돌담 위로 기어 올라가 검 끝에 모자를 꿰어 흔들면서 큰 소리로 "무찔러라! 무찔러라!" 하고 외쳤다. 돌담을 넘어서 적중으로 뛰어든 남군은 일대혼전을 벌인 끝에, 드디어 남군의 깃발을 세미터리 리치에 꽂았다. 그러나 그것도 순간이었다. 그 순간이 남부 세력의 덧없는 정점이었던 것이다.

피케트 장군의 돌격작전, 그것은 빛나고 장렬한 작전이었지만, 실은 그것이 남군 패배의 제1보였던 것이다.

리이 장군은 실패했다. 북군에게 승리할 희망은 드디어 사라져 버리고 말았던 것이다. 완전히 실망한 리이 장군은 남부연맹의 대통령 제퍼슨 데이비드에게 사표를 제출하고, 더 젊고 유능한 인물을 임명하도록 건의했다.

만일 리이 장군이 피케트 돌격작전의 실패의 책임을 다른 사람에게 전가시키려고만 했다면 얼마든지 변명의 여지는 있었다. 휘하의 사령관들 중에는 그의 명령에 반대한 사람도 있었다. 돌격대를 지원

할 기병대도 시간에 늦게 도착했다. 그 밖에도 여러 가지 이유를 들 수 있었을 것이다.

그러나 리이 장군은 책임을 남에게 전가하기에는 지나치게 고결한 인물이었다. 패배한 피케트 돌격대의 병사들을 맞이하려고 전선으로 달려간 리이 장군은 오로지 자신을 꾸짖을 뿐이었다.

"이것은 모두 나의 잘못이다. 모든 책임은 나 한 사람에게 있다."

그는 병사들을 향하여 이렇게 사과했다. 자신의 잘못을 이렇게 시인할 수 있는 용기와 인격을 지닌 장군은 동서고금을 통하여 그리 많지는 않을 것이다.

엘버트 하버트는 실로 독창적인 작가이지만, 그만큼 국민의 감정을 자극한 작가는 드물 것이다. 그의 신랄한 문장은 몇 차례나 세인들의 맹렬한 반발을 샀다. 그러나 그는 보기 드물게 사람을 잘 다루는 명수여서, 적을 친구로 만드는 일을 잘했다. 예를 들면 독자로부터 심한 항의가 들어오면, 그는 다음과 같은 편지를 썼다.

실은 나 자신도 지금은 그 문제에 대해서 의문을 느끼고 있습니다. 어제의 내 의견이 반드시 오늘의 내 의견이라고는 할 수 없습니다. 귀하가 보내 주신 의견을 읽고, 실로 내 생각을 깨달은 느낌이 들었습니다. 저의 집 근처를 지나실 기회가 있으시면, 부디 한 번 들려주시기 바랍니다. 서로 의견이 일치됨을 축하하고 싶습니다.

상대방이 이런 식으로 나오면, 대부분의 사람들은 할 말이 없게 마련이다.

자기가 옳을 때에는 상대방을 점잖고 교묘하게 설득하는 것이 좋다. 그리고 자기가 잘못했을 때(잘 생각해 보면 자기가 잘못했을 때가 의외로 많게 마련이다)에는 빨리 자기의 잘못을 솔직하게 시인하는 것이 좋다. 이 방법에는 의외로 큰 효과가 있다. 그리고 구차한 변명을 하기보다는 이렇게 하는 것이 한결 마음도 즐거워진다.

옛날 속담에도 '지는 것이 이기는 것이다'라는 말이 있다.

상대방을 설득하는 세 번째 방법:

자기의 잘못은 선뜻 기분 좋게 시인한다.

부드럽게 말하라

화가 났을 때 상대방을 마음껏 꾸짖어 주면 확실히 속은 시원해진다. 그러나 꾸중을 들은 편도 속이 시원할까? 불쾌하게 당한 사람이 기분 좋게 이쪽 마음대로 움직여 줄 까닭이 없다.

우드로우 윌슨 대통령은 다음과 같이 말했다.

"만약 상대방이 주먹을 쥐고 덤벼 오면, 이쪽에서도 지지 않고 주먹을 쥐고 덤벼든다. 그러나 상대방이 '서로 잘 상의해 봅시다. 그리고 만일 의견에 차이가 있으면, 그 이유와 문제점을 검토해 봅시다.'라고 조용히 말하면, 의외로 의견의 차이가 별로 크지 않다는 사실을 알게 되고, 서로 인내와 솔직함과 선의를 가지면 해결된다는 것을 알 수 있다."

윌슨 대통령의 이 말을 누구보다도 잘 이해하고 있던 사람은 존 록펠러 2세였다.

1915년 록펠러는 콜로라도 주의 민중들로부터 많은 미움을 받고 있었다. 미국의 산업사상 드물 정도의 파업사태가 2년간에 걸쳐 콜로라도 주를 뒤흔들었고, 록펠러가 주재하는 회사에서 임금인상을 요구하고 있던 종업원들이 극도로 격분하고 있었던 것이다. 회사의 건물들은 파괴되고, 드디어 군대가 출동하여 유혈사태가 벌어졌다.

이와 같이 극도로 격화된 대립상태 속에서, 록펠러는 어떻게든지 상대방들을 설득해야겠다고 생각했다. 그리고 그것을 달성했다. 그가 어떻게 그것을 달성했는지, 그 경위를 소개하기로 한다.

록펠러는 수주에 걸친 화해공작을 편 후, 파업한 종업원 측의 대표들을 모아 놓고 이야기했다. 그때의 연설은 정말 조금도 나무랄 데가 없는 훌륭한 것으로 의외의 큰 성과를 거두었다. 록펠러는 자신을 둘러싸고 소용돌이치던 증오의 큰 파도를 진정시키고, 많은 협조자를 얻었던 것이다.

록펠러는 그 연설에서 우정에 넘친 태도로 사정을 조용조용히 밝혀 나갔다. 그러자 노동자들은 그처럼 강력히 주장해 오던 임금인상에 대해서 한 마디의 말도 없이 각자의 일자리로 돌아갔던 것이다.

그때 록펠러가 한 연설의 처음 부분을 인용해 보겠다. 그것이 얼마나 우정에 넘쳐 있는지 잘 생각해 보기 바란다.

조금 전까지만 해도 자신의 목을 매달아도 시원치 않다고 생각하고 있던 무리들을 상대로, 록펠러는 몹시 우호적인 어조로 부드럽게 말하기 시작했던 것이다. 설사 어떤 자선단체를 향하여 말한다 할지라도, 이렇게까지 온건한 태도는 보이지 않았으리라고 생각될 정도였다.

"나는 이 자리에 나온 것을 대단히 자랑스럽게 생각합니다, 여러 분의 가정을 방문하여 가족 되는 분들과 만났기 때문에, 우리들은 지금 서로 모르는 남이 아니라 친구로서 만나고 있는 것입니다, 우리 들 서로의 우정, 우리들 공통의 이해, 내가 오늘 이 자리에 나올 수 있던 것은 오로지 여러분의 호의의 덕분이라고 생각하고 있습니다."

이러한 말들이 그의 연설을 장식하고 있었다. 그럼 그의 말을 자세히 들어보자. 록펠러는 다음과 같이 말했다.

오늘은 나의 생애에서 특히 기념해야 될 날입니다. 이 큰 회사의 종업원 대표들과 간부사원 여러분을 뵐 수 있는 기회를 얻은 것은 나에게 있어서 일찍이 없던 행운이라고 생각하고 있습니다. 그래서 나는 이 자리에 나온 것을 몹시 자랑스럽게 생각하고 있습니다. 이 회합은 영원히 내 기억에 남을 것으로 확신합니다. 만일 이 회합 을 2주일 전에 가졌더라면 나는 필시 극소수의 분들을 제외한 대부 분의 분들과는 낯선 사이에 불과했으리라고 생각합니다. 나는 지난 주에 남광구(南鑛區)의 직장을 빠짐없이 돌아, 거의 모든 대표자들과 개별적으로 이야기를 나누었고, 또 여러분의 가정을 방문하여 가족 되는 분들과 만났기 때문에, 우리들은 지금 서로 모르는 남이 아니라 친구로서 만나고 있는 것입니다. 나는 이와 같은 우리들의 우정에 대해, 우리들 공통의 이해관계에 대해 여러분과 이야기를 나누고 싶은 것입니다.

이 회합은 회사의 간부사원과 종업원 대표자 여러분이 마련한 것으로 알고 있습니다. 간부사원도 아니고 종업원 대표도 아닌 내가 오늘 이 자리에 나올 수 있었던 것은 오로지 여러분의 호의 덕분이라고 생각하고 있습니다. 나는 간부사원도 종업원 대표도 아니지만, 주주와 중역의 대표자라는 의미에서 여러분과 밀접한 관계가 있다고 생각합니다.

이야말로 적을 자기편으로 만드는 방법의 좋은 예라고 할 수 있을 것이다. 만약 록펠러가 다른 방법을 취하여, 논전을 벌여 사실을 방패삼아 잘못은 노동자들에게 있다고 주장하거나, 혹은 그들의 잘못을 이론적으로 증명하려고 했다면, 도대체 어떻게 되었을까? 그야말로 불에 기름을 붓는 결과가 되었을 것이다.

상대방의 마음이 반항과 증오로 가득 차 있을 때는, 아무리 조리 있는 이론이라도 설득할 수가 없는 법이다. 자식을 꾸짖는 부모, 권력을 휘두르는 고용주나 남편, 잔소리가 심한 아내, 이런 사람들은 '인간은 자신의 마음을 바꾸고 싶어 하지 않는다'는 사실을 깨달아야 할 것이다. 다른 사람을 억지로 자신의 의견에 따르게 할 수는 없다. 그러나 상냥하고 허물없는 태도로 이야기를 나누면, 상대방의 마음을 바꾸게 할 수도 있다.

이상과 같은 뜻의 말을 링컨은 이미 100년 전에 하고 있다.

"1갤런의 쓴 즙보다는 한 방울의 꿀이 많은 파리를 잡을 수 있다.'

는 속담은 어느 세상에서나 적용된다. 인간에 대해서도 이와 똑같은 말을 할 수 있다. 만일 상대방을 자기 의견에 찬성시키고 싶다면, 우선 여러분이 그의 편임을 알려야 한다. 이야말로 사람의 마음을 사로잡는 한 방울의 꿀이며, 상대의 이성에 호소하는 최선의 방법인 것이다."

경영자들 중에는 파업자들과 우호적으로 되는 것이 큰 이득을 가져온다는 사실을 깨닫고 있는 사람들도 있다. 그 한 예를 들어 보겠다.

화이트모터 회사의 종업원 2천5백 명이 임금인상과 유니온숍 제도의 채택을 요구하고 파업에 들어갔다. 사장인 로버트 블랙은 노동자들에게 조금도 나쁜 감정을 보이지 않고, 오히려 반대로 그들이 '평화적인 태도로 파업에 들어간 것'을 클리블랜드 신문에 기고해 찬사를 보냈다. 그리고 농성을 벌이고 있는 노동자들이 심심해하는 것을 보고 그는 야구도구를 사다 주며 빈터를 이용하여 야구를 하도록 권유했다. 그리고 볼링을 좋아하는 사람들을 위해서는 볼링장을 세내어 주었다.

경영자측이 취한 이 우호적인 태도에는 충분한 보답이 있었다. 즉 우정이 우정을 낳는 것이다. 노동자들은 청소도구를 가져다 공장 주위를 청소하기 시작했다. 한편으로는 임금인상과 유니온숍 제도의 실시를 위해 투쟁하면서, 한편으로는 공장 주위를 청소하고 있는 것이다. 이 얼마나 아름다운 풍경인가! 격렬한 투쟁으로 얼룩진 미국 노동사상 일찍이 볼 수 없었던 정경이었다. 이 파업은 1주일이

지나지 않아 타결되었고, 쌍방에게 아무런 나쁜 감정도 남기지 않았
다.

다니엘 웨브스터는 뛰어나게 당당한 풍채와 웅변을 지니고 있어,
자기주장을 관철하는 일에 있어서는 그와 견줄 만한 변호사가 없었
다. 그런데 그는 격론을 교환하는 경우에도 몹시 온건한 태도로
임했다. 결코 고압적인 언사는 쓰지 않았다. 자기 의견을 상대방이
받아들이도록 강요하지 않고, 부드럽고 조용한 태도를 보였다. 그것
이 그가 성공한 큰 비결이었던 것이다.

우리들 중에는 노동쟁의의 해결이나 변호를 의뢰받는 사람은 별
로 없겠지만, 집세나 땅값을 싸게 하고 싶은 사람은 얼마든지 있을
것이다. 이런 사람에게 이 온건하게 얘기하는 방법이 얼마나 도움이
되는가를 살펴보기로 하자.

O.L. 스트로브라는 엔지니어는 방세를 깎고 싶은 생각이 있었다.
그러나 집주인은 소문난 구두쇠였다. 그가 나의 강연회에서 공개한
이야기를 여기에 소개하겠다.

나는 계약기한이 끝나는 대로 아파트에서 나가겠다고 집주인에게
편지로 통고했다. 그러나 실은 나가고 싶지 않았다. 방세를 싸게만
해준다면 그대로 있을 생각이었던 것이다. 그러나 정세는 아주 비관
적이었다. 사람들은 다른 입주자들도 전부 실패했고, 그 집주인만큼
다루기 힘든 사람은 없다고 입을 모아 말하는 것이었다. 그러나
나는 마음속으로 이렇게 생각했다.

'나는 강연회에서 사람을 다루는 방법을 배웠다. 집주인에게 응용해서 그 효과를 시험해 보자.'

내 통고를 받고 집주인이 곧 비서를 데리고 찾아왔다. 나는 밝은 웃음으로 집주인을 맞이하고 진정어린 호의를 보였다. 방세가 비싸다는 말은 조금도 비치지 않았다. 우선 이 아파트가 몹시 마음에 든다고 말했다. 그리고 아파트의 관리에 대하여 경의를 표하고, 적어도 1년 정도는 이곳에 더 있고 싶지만, 유감스럽게도 형편이 허락하지 않는다고 말했다.

주인은 지금까지 세든 사람들로부터 이런 칭찬을 한 번도 받아보지 못한 모양이었다. 그는 어리둥절 하는 눈치였다. 이윽고 집주인은 자신의 고충을 말하기 시작했다. 언제나 불평불만만 늘어놓는 세든 사람들 중에는 불평의 편지를 14통이나 보낸 사람도 있으며, 그런 편지 중에는 분명히 모욕적인 편지도 몇 통인가 있었다고 한다. 그리고 위층에 세든 남자의 코고는 소리를 막아 주지 않으면 계약을 파기하겠다고 위협해 온 사람도 있었다고 한다.

"당신처럼 말이 통하는 사람이 있다는 것은 정말 고마운 일입니다."

주인은 이렇게 말하고, 내가 말을 꺼내기도 전에 방세를 좀 내려주겠다고 제의했다. 나는 더 인하하고 싶었기 때문에, 내가 지불할 수 있는 금액을 말하자, 주인은 두말없이 그것을 승낙했다.

더구나 그는 방안의 장식을 좀 새로 바꾸고 싶은데, 내가 원하는 것이 없느냐는 말까지 하고 돌아갔다.

만일 내가 다른 입주자들과 같은 방법으로 방세의 인하운동을 했더라면, 나도 그들과 마찬가지로 실패했을 것이다. 우호적이며 동정적인, 그리고 감사에 찬 태도가 이 성공을 거두게 했던 것이다.

한 가지 예를 더 들어 보자. 이것은 사교계에서 유명한 부인, 롱아일랜드의 가든시티에 살고 있는 드로시 데이 부인의 이야기다.

며칠 전에 나는 몇 사람을 초대하여 오찬회를 가졌습니다. 나에게는 모두 대단히 귀한 손님들뿐이었기 때문에, 만사에 소홀함이 없도록 몹시 신경을 썼습니다. 나는 이와 같은 파티를 가질 때는, 언제나 에밀이라는 솜씨 좋은 급사장에게 모든 일을 맡기고 있었습니다만, 그날 오찬회는 실패로 끝나고 말았습니다. 에밀이 직접 오지 않고 급사 한 명만을 보내 왔는데 그 급사가 아주 엉터리여서 전혀 쓸모가 없었습니다. 주빈의 차례를 뒤로 돌리는가 하면, 큰 접시에 작은 셀러리 한 개만 담아 내 놓는 것이었습니다. 고기는 질기고 감자는 기름투성이고, 정말 엉망이었습니다.

나는 화가 치밀어 견딜 수가 없었습니다. 그것을 꾹 참고 손님들 앞에서 미소를 보여야 하는 괴로움! '다음에 에밀을 만나면 혼내 주어야지.' 하고 나는 결심했습니다.

이 일이 있었던 것은 수요일이었는데 그 다음날 밤에 '인간간계'에 관한 강연을 듣고 있는 동안에, 나는 에밀을 일방적으로 꾸짖는 것은 현명하지 못하다는 사실을 깨달았습니다. 그것은 그를 화나게 만들어 앞으로는 절대 내 일을 도와주지 않게 될 것은 뻔한 일이었습니다. 그래서 나는 에밀의 입장이 되어 생각해 보기로 했습니다.

'요리의 재료를 사들인 것도, 그것을 요리한 것도 모두 그가 아니다. 그의 부하 중에는 머리가 돌지 않는 사람도 있을 것이다.'

생각해 보니 내가 너무 성급했던 것 같았습니다. 그래서 나는 그를 꾸짖는 대신, 온건한 태도로 순순히 이야기해 보기로 했습니다. 그러기 위해서는 우선 그에게 감사해야 한다고 생각했습니다.

이 방법은 놀라운 성과를 거두었습니다. 이튿날 에밀을 만나자, 그는 나를 경계하여 화난 표정을 짓고 방어태세를 취했습니다. 그래서 나는 다음과 같이 말했습니다.

"에밀, 자네는 우리 집 파티에는 없어서는 안 될 사람이야. 자네는 뉴욕에서도 첫째가는 급사장이거든, 물론 재료구입이나 요리는 자네의 책임이 아니지, 그러니 수요일처럼 되어 버린 것도 어쩔 수 없는 일이지."

그러자 그의 험악하던 얼굴이 당장에 웃음으로 바뀌었습니다.

"그렇습니다. 부인! 요리사가 나빴습니다. 제 탓이 아니었습니다."

"실은 또 파티를 열고 싶은데, 에밀이 도와주지 않으면 안 되겠어. 이번에도 그 요리사에게 시킬까?"

"물론 괜찮습니다. 부인! 이번에는 그런 실수는 생기지 않을 것입니다."

그는 자신감 있게 대답했습니다.

다음 주에 나는 다시 오찬회를 가졌습니다만, 이번 식단은 에밀과 상의해서 만들었습니다. 전번 일은 일체 불문에 붙이고, 그의 의견을 충분히 받아들였습니다.

시간이 되어 우리들이 회장에 들어가니, 테이블은 아름다운 장미로 장식되어 있고, 에밀은 잠시도 자리를 떠나지 않고 손님들의 시중을 들었습니다. 나는 여왕을 모신다고 해도 이런 서비스는 바랄 수 없을 것이라고 생각했을 정도였습니다. 요리는 맛있고, 서비스는 만점, 급사도 전과는 달리 4명이나 있었습니다. 나중에는 에밀이 직접 요리를 날라다 주기까지 했습니다.

파티가 끝나자 이날의 주빈이 내 귀에 속삭였습니다.

"혹시 저 급사장한테 마술이라도 건 게 아닙니까? 오늘처럼 나무랄 데 없는 서비스를 받아 보기는 생전 처음입니다."

그렇습니다. 나는 부드러운 태도와 진정어린 칭찬으로 마술을 걸었던 것입니다.

나는 어렸을 때, 미주리 주의 시골에서 초등학교를 다녔다. 그 무렵에 나는 태양과 북풍이 힘자랑을 하는 우화를 읽은 일이 있다.

북풍이 이렇게 뽐냈다.

"내가 너보다 힘이 세다. 저기 외투를 입은 노인이 있지. 나는 너보다 더 빨리 저 노인의 외투를 벗겨 보이겠다."

태양은 한동안 구름 속에 숨어 있었다. 북풍은 힘차게 불었다. 그러나 북풍이 힘차게 불면 불수록 노인은 점점 더 단단히 외투로 몸을 감쌌다.

북풍은 기진맥진했다. 그러자 태양이 구름 사이로 얼굴을 내밀고, 노인에게 다정한 웃음을 보냈다. 이윽고 노인은 이마의 땀을 닦으며 외투를 벗었다. 그러자 태양은 북풍을 타일렀다.

"온화하고 친밀한 방법이 어떤 경우에든 과격한 우격다짐보다 훨씬 효과가 있는 법이야."

이 우화를 내가 시골구석에서 읽었을 무렵에, 내가 모르는 멀리 떨어진 보스턴에서 이미 이 우화가 옳다는 사실이 B라는 의사에 의해서 실증되고 있었다. 그로부터 30년 후, 이 B씨가 나의 강연회에 참가하여 당시의 이야기를 해주었다.

당시 보스턴의 신문에는 엉터리 의사들의 광고가 많이 게재되고 있었다. 낙태수술을 전문으로 하는 의사, 환자에게서 돈만을 뽑아내는 의사라는 작자들이 광고를 이용해서 환자들의 공포심을 부채질하고, 기만적인 치료를 하고 있었던 것이다. 수많은 희생자들이 속출했지만, 처벌된 의사는 거의 없었다. 대부분의 의사는 약간의 벌금으로 끝나거나 정치적 압력으로 사건을 무마시키고 있었다.

이러한 지나친 처사에 보스턴 시민들은 분개했다. 목사는 연단을 치면서 신문을 비난하고, 수상한 광고 게재의 중지를 하나님께 기도하였다. 각종 민간단체, 실업가·부인회·교회·청년단 등이 일제히 궐기하여 비난했으나 효과는 전혀 없었다. 이런 종류의 신문광고의 금지를 둘러싸고 주 의회에서도 치열한 논쟁이 벌어졌으나, 결국 매수와 정치적 압력으로 흐지부지 끝나고 말았다.

B씨는 당시 보스턴 시 기독교 연합회 회장이었다. 그의 위원회도 전력을 다하여 싸웠으나 역시 소득이 없어, 이 의료범죄에 대한 투쟁

은 이제 절망적이었다.

어느 날 밤, B씨는 그때까지 보스턴 시에서는 아무도 생각하지 못했던 방법이 머리에 떠올랐다. 즉 친절과 동정과 감사에 의한 방법으로써, 신문 발행인이 자발적으로 그런 광고의 게재를 중지하고 싶어지도록 하는 방법이었다.

그는 보스턴헤럴드 사장에게 편지를 보내어, 그 신문을 진정으로 찬양했다. '평소부터 그 신문의 오랜 애독자이다. 뉴스는 깨끗하여 선동적인 데가 없고, 사설도 매우 훌륭하다. 뉴잉글랜드에서는 물론, 전 미국에서도 일류에 속하는 가정신문'이라고 찬양했다. 그리고 덧붙여서 다음과 같이 썼다.

"나의 친구 중에 젊은 딸을 둔 사람이 있습니다. 이 친구의 말에 의하면, 어느 날 밤, 그의 딸이 귀 신문의 낙태 전문의사의 광고를 읽고, 그 속에 나오는 낱말의 뜻을 그에게 질문했다는 것입니다. 그는 당황하여 무어라고 대답해야 좋을지 몰라 쩔쩔맸다고 합니다. 귀신문은 보스턴의 상류가정에서 읽혀지고 있습니다. 그렇다면 이와 같은 사태가 여기저기의 다른 가정에서 일어나지 않는다고 단언할 수는 없습니다. 만일 귀하에게 젊은 따님이 있으시다면, 따님에게 그와 같은 광고를 읽히고 싶으시겠습니까? 귀지와 같은 일류신문에 아버지로서 딸에게 읽히고 싶지 않은 부분이 단 한 곳이라 있다는 것은 매우 유감스러운 일입니다. 귀지를 애독하고 있는 수많은 사람들이 필시 저와 똑같은 생각을 가지고 있을 것입니다."

이틀 후에 보스턴헤럴드 사장으로부터 B씨에게 회답이 왔다. B씨는 그 회신을 30여 년 동안이나 보관해 왔다.

"보내 주신 친절한 편지는 대단히 고맙게 받아 보았습니다. 나는 취임한 이래로 이 문제에 관하여 몹시 고민해 왔습니다만, 이제야 겨우 결심이 섰습니다. 그것은 오로지 귀하의 편지 덕분이라고 생각합니다. 오는 월요일 이후, 보스턴헤럴드의 지상으로부터 수상한 광고는 일체 삭제하도록 최선의 노력을 다하겠습니다. 그리고 부득이 게재하는 의료광고에 대해서는 절대로 불미스러운 점이 없도록 주의를 기울여 편집하도록 하겠습니다."

태양은 북풍보다 빨리 외투를 벗게 할 수가 있다. 친절·우애·감사 등은 세상의 어떤 노여움보다도 쉽게 사람의 마음을 바꾸게 할 수 있는 것이다.

링컨의 명언 "1갤런의 쓴 즙보다는 한 방울의 꿀이 많은 파리를 잡을 수 있다."는 말을 깊이 마음에 새겨 간직해 두기 바란다.

상대방을 설득하는 네 번째 방법:

최대한 부드럽게 말한다.

제5장

'예스'라고 대답할 화제를 선택하라

다른 사람과 이야기할 때, 서로 의견이 다른 문제를 처음부터 화제로 다루어서는 안 된다. 우선 서로 의견이 일치되는 문제부터 시작하여, 그것을 끊임없이 강조하면서 대화를 진행시켜야 한다. 서로 같은 목적을 향해서 노력하고 있다는 점을 상대방에게 이해시키도록 하고, 견해차이는 다만 그 방법뿐이라고 강조해야 하는 것이다.

처음에는 상대방이 '예스'라고 대답할 문제만을 취급해서 되도록 '노'라는 말이 나오지 않도록 해야 한다.

오버스트리트 교수는 다음과 같이 말하고 있다.

"상대방이 일단 '노'라고 대답하게 되면, 그것을 철회시키기는 쉬운 일이 아니다. '노'라고 말한 이상 그것을 번복하는 것은 자존심이

용납하지 않는다. '노'라고 말해 놓고 후회하는 경우가 있기는 하지만, 설사 그렇더라도 말을 바꾸지는 않는다. 일단 말하기 시작한 이상, 끝까지 그것을 고집한다. 그러므로 처음부터 '예스'라고 대답하게 하는 방향으로 이야기를 끌고 나가는 것이 중요한 것이다."

화술이 능한 사람은 우선 상대방에게 몇 번이고 '예스'라고 말하게 한다. 그러면 상대방의 심리는 긍정적인 방향으로 움직이기 시작한다. 이것은 마치 당구의 공이 어떤 방향으로 굴러 가기 시작한 것과 같아서, 그 방향을 바꾸게 하려면 많은 힘이 든다. 반대방향으로 되돌아가게 하기 위해서는 그보다도 훨씬 더 큰 힘이 들게 마련이다.

이와 같은 심리적인 움직임은 분명한 형태로 나타난다. 인간이 진심으로 '노'라고 말할 때에는 단순히 그것을 입으로만 말하고 있는 것이 아니라, 동시에 여러 가지 것이 작용하고 있는 것이다. 분비선·신경·근육 등의 모든 조직이 일제히 거부반응을 굳힌다. 그리고 대개의 경우, 후퇴하거나 후퇴할 준비를 한다. 때로는 그것을 분명히 알 수 있을 정도의 큰 동작으로 나타나는 경우도 있다. 즉 신경과 근육의 모든 조직이 거부반응을 취하는 것이다. 그러나 '예스'라고 대답할 경우, 이러한 현상은 전혀 생기지 않는다. 신체의 조직이 자진해서 받아들이려는 태세를 취한다. 그러므로 처음부터 '예스'라는 대답을 많이 하게 하면 할수록, 상대방을 내가 생각하고 있는 방향으로 이끌어 가기가 용이해지는 것이다.

다른 사람에게 '예스'라는 대답을 하게 하는 이 기술은 매우 간단하다. 그런데도 이 간단한 기술이 별로 사용되고 있지 않다. 무조건

반대함으로써 자기 자신의 중요감을 충족시키는 사람을 흔히 볼수 있다. 급진적인 사람이 보수적인 사람과 말하기 시작하면 곧상대방을 화나게 만들고 만다. 도대체 그렇게 해서 무슨 이익이있단 말인가? 단순히 어떤 쾌감을 맛보기 위한 것이라면 그것으로도좋을지 모른다. 그러나 어떤 성과를 기대하고 있는 것이라면, 그러한 사람은 인간의 심리에 대해서 무지하다고 할 수 있다.

학생이건 고객이건, 그 밖의 자식이나 남편 또는 아내이건, 처음에 '노'라 대답하게 하면 그것을 '예스'로 바꾸는데 상당한 지혜와인내가 필요하게 된다.

뉴욕의 그리니치 은행의 출납계 직원인 제임스 에버슨은 이 '예스'라고 말하게 하는 테크닉을 사용하여, 자칫하면 놓칠 뻔한 손님을멋지게 붙잡는 데 성공했다.

에버슨 씨의 이야기를 여기에 소개한다.

그 사람은 예금 구좌를 신설하기 위해서 왔다. 나는 용지에 필요한 사항을 기입해 줄 것을 부탁했다. 그는 대부분의 질문에는 자진해서 대답했지만, 어떤 질문에 대해서는 무슨 말을 해도 대답하려하지 않았다.

만일 내가 인간관계에 대한 공부를 하기 전이라면, 틀림없이 이질문에 대답하지 않으면 구좌를 신설해 줄 수 없다고 잘라서 말했을것이다. 부끄러운 얘기지만, 사실 나는 그 전까지 그런 식으로 손님을 대해 왔다. 그런 말로 상대방을 꼼짝 못하게 하는 것은 확실히통쾌하다. 은행의 규칙을 방패삼아 내 자신의 우위를 상대방에게 뽐내 보였던 것이다. 그러나 이러한 태도는 일부러 찾아와 준 손님에게 절대로 호감을 주지 못한다.

나는 상식적인 태도를 취해 보려고 생각했다. 은행측의 희망이 아니라 손님의 희망에 관해서 말하자. 그리고 손님이 처음부터 '예스'라는 대답을 하게 만들자고 생각했던 것이다. 그래서 나는 손님의 기분을 상하게 하지 않도록, 마음이 내키지 않는 질문에는 굳이 대답할 필요까지는 없다고 말했다. 그리고 이렇게 덧붙여 말했다.

"그러나 예금하신 후 손님에게 만일의 일이 있을 때에는 어떻게 하시겠습니까? 법적으로 손님에게 가장 가까운 분이 받을 수 있도록 하시는 게 좋겠지요?"

그는 "예스."라고 대답했다.

"그런 경우, 저희들이 정확하고 신속하게 수속할 수 있도록 손님의 가족사항에 대해 알아 두는 편이 좋지 않겠습니까?"

그는 또 "예스."라고 대답했다.

은행을 위해서가 아니라 그 자신을 위한 질문이라는 사실을 알자, 그의 태도는 일변했다. 그는 자신에 관한 모든 것을 말했을 뿐 아니라, 나의 권유에 따라 그의 어머니를 수취인으로 하여 신탁구좌를 신설하고, 어머니에 관한 질문에도 기꺼이 대답해 주었다. 그가 처음에 마음먹었던 생각을 버리고 결국 내가 말하는 대로 따르게 한 것은, 처음부터 '예스'라는 대답 외에는 나올 수 없게 하는 방법을 취한 덕분이라고 생각한다.

다음은 웨스팅하우스사의 세일즈맨 조셉 아리슨의 이야기다.

내가 담당하고 있는 구역에, 우리 회사의 제품을 꼭 팔고 싶은 상대가 있었다. 나의 전임자는 10년 동안이나 그 사나이를 쫓아 다녔지만 헛수고였다. 나도 이 구역을 담당한 후 3년 동안이나 그를 따라 다녔지만 역시 헛수고였다. 그로부터 다시 10년 동안을 쫓아다 닌 결과, 겨우 몇 대의 모터를 파는 데 성공했다. 만약 이 모터의 성능이 좋으면 앞으로 틀림없이 수백 대의 주문을 받을 수 있을 것이라고 기대하고 있었다. 성능이야 틀림이 없는 것이었으니 말이 다. 그래서 3주일 후에 나는 큰 기대를 안고 찾아갔다.

그런데 기사장이, 나를 보자 느닷없이 잘라 말했다.

"아리슨 씨, 당신네 회사의 모터는 이제 사절이요."

나는 놀라지 않을 수 없었다.

"도대체 무슨 말씀입니까?"

"당신네 회사의 모터는 너무 열이 나서 만질 수가 없을 정도요."

다투어 보았자 쓸데없다는 것은 다년간의 경험으로 잘 알고 있다. 그래서 나는 그가 '예스'라는 대답을 하도록 만들어 보자고 생각했 다.

"스미스 씨, 그것은 당연한 말씀입니다. 그렇게 달아 버리는 모터 라면 더 사 달라는 것은 무리지요. 협회에서 정한 기준보다 더 달지 않는 제품을 선택하는 것이 당연합니다. 그렇지요?"

그는 그렇다고 대답했다. 최초의 '예스'를 얻은 셈이다.

"협회의 규격으로는 모터의 온도는 실내온도보다 화씨로 72도까 지 높아지는 것은 인정되어 있지요?"

그는 또 "예스."라고 대답했다.

"사실은 그렇지만 저 모터는 그보다 더 높아지는 거요."

나는 그 말에는 대꾸하지 않고, 공장 안의 온도는 몇 도 정도나 되느냐고 물어 보았다. 그는 75도 정도라고 대답했다.

"그렇다면 공장 안의 온도를 75도라 하고, 거기에 72도를 보태면 147도가 됩니다. 147도의 끓는 물에 손을 넣으면 화상을 입겠지요?"

그는 또 "예스."라고 말하지 않을 수 없었다.

"그렇다면 모터에는 손을 대지 않도록 주의하지 않으면 화상을 입겠군요."

"그렇군요. 당신 말이 옳아요."

그는 드디어 항복했다. 그리고 한동안 우리들은 잡담을 나누었는데, 이윽고 그는 3만5천 달러의 상품을 나에게 주문했다.

시비를 하면 손해를 본다. 상대방의 입장이 되어 사물을 생각하는 것은 시비하는 것보다 도리어 흥미가 있고, 더구나 비교도 되지 않을 정도의 이득이 있다. 돌이켜보면 나는 너무나 오랫동안 시비로 막대한 손해를 보아 왔던 것이다.

인류의 사상에 큰 변혁을 가져온 아테네의 철학자 소크라테스는 사람을 설득하는 데는 고금을 통해서 제1인자다.

소크라테스는 절대로 상대방의 잘못을 지적하지 않았다. 소위 '소크라테스식 문답법'으로 상대방에게서 '예스'라는 대답을 끄집어내는 것을 주안으로 삼고 있었다. 그는 우선 상대방이 '예스'라고 대답하지 않을 수 없는 질문을 한다. 다음 질문에서도 역시 '예스'라고 대답하게 하고, 차례차례로 '예스'라는 대답을 계속하게 만든다. 그래서 상대방이 깨달았을 때에는, 처음에는 부정하고 있던 문제에 대해서 어느새 '예스'라고 대답하고 있는 것이다.

당신도 상대방의 잘못을 지적하고 싶어지거든 소크라테스를 상기하고, 상대방에게 '예스'라고 대답하도록 해보라.
중국의 옛 격언에 "유(柔)는 능히 강(剛)을 제압한다."라는 것이 있다. 이것은 5천년의 역사를 가진 민족에게 어울리는 명언이라 하겠다.

상대방을 설득하는 다섯 번째 방법:

"예스."라고 대답할 화제를 선택한다.

상대방이 말하게 하라

상대방을 설득하려 할 때, 혼자서만 떠들어 대는 사람이 있다. 특히 세일즈맨에 이런 잘못을 저지르는 사람이 많다. 상대방에게 충분히 말을 시키라. 상대방의 일은 상대방이 제일 잘 알고 있다. 그러므로 본인에게 떠들도록 해야 하는 것이다.

상대방이 말할 때 반대의견을 말하고 싶더라도 꾹 참고 있어야 한다. 할 말이 남아 있는 한, 이쪽에서 어떤 말을 해도 소용이 없다. 마음을 너그럽게 먹고 끈기 있게, 그리고 성의를 가지고 상대방의 이야기를 들을 일이다. 그래서 상대방으로 하여금 마음 놓고 떠들 수 있도록 해줄 일이다.

이 방법을 장사에 응용하면 어떻게 될까? 이 방법을 채택한 한 사나이의 경험담을 들어 보겠다.

수년 전에 미국 굴지의 자동차회사에서 차내 장식용의 직물을 1년분 구입하려 했다. 세 곳의 기업에서 견본을 제출했다. 자동차회사의 중역들은 그 견본을 검토한 다음 각 브랜드에 통지하여, 최종적인 설명을 듣고 계약할 터이니 지정한 날짜에 와 달라고 했다.

그 중 한 회사의 사장인 R씨는 심한 후두염에 걸렸는데도 참석했다. 다음은 R씨의 얘기다.

내가 설명할 차례가 되었는데 말을 하려 해도 목소리가 나오지 않았다. 목쉰 소리조차 나오지 않는 형편이었다. 내가 안내되어 한 방에 들어가니, 거기에는 사장을 비롯해 각 부의 책임자들이 죽 앉아 있었다. 나는 자리에서 일어나 설명을 하려 했지만, 내 목구멍에서는 끽끽 하는 소리만 나올 뿐이었다. 그래서 나는 한 장의 종이에다, "목병이 나서 목소리가 나오지 않습니다."라고 써서 내밀었다.

그것을 본 사장이 이렇게 말했다.

"그러면 당신 대신 내가 말해 주지."

그리고 내 견본을 펼쳐 놓더니, 그 장점을 자랑하기 시작했다. 이어서 각 책임자들의 의견이 활발히 교환되었다. 물론 사장은 내 대변인 역할을 했으므로, 내 편이 되어 주었다. 나는 단지 미소를 짓거나, 고개를 끄덕이거나, 몸짓을 하면 되었다.

이 진기한 회의의 결과, 나는 50만 야드의 직물 주문을 받았다. 금액으로 160만 달러, 나로서는 생전 처음으로 큰 거래에 성공했던 것이다.

만일 그때 내가 목소리를 낼 수 있었다면, 틀림없이 그 주문은 내게 돌아오지 않았을 것이다. 나는 그때까지 장사 방법에 대하여 엉뚱한 잘못된 생각을 가지고 있었던 것이다. 자기가 떠드는 것보다 상대방에게 떠들게 하는 편이 이익이 크다는 사실을, 나는 그때까지 모르고 있었던 것이다.

필라델피아 전기회사의 조세프 웨브도 이와 똑같은 발견을 했다.

웨브 씨는 펜실베이니아 주에 있는 유복한 네덜란드인들이 모여 사는 농업지대를 시찰한 일이 있다.

깨끗이 손질이 되어 있는 농가 앞을 지나면서, 웨브 씨는 그 지구의 담당직원인 동행자에게 이렇게 물었다.

"이곳 농가에서는 왜 전기를 쓰고 있지 않은가?"

"구두쇠들만 모여 있어서 아무리 권해도 헛수고입니다. 더구나 그들은 전기회사에 대해서 반감까지 갖고 있습니다. 지금까지 여러 차례나 얘기해 보았지만 얘기가 통하질 않는 겁니다."

사실이 그럴지 모르지만, 좌우간 한번 부닥쳐 볼 일이라고 생각한 웨브 씨는 한 농가를 방문했다. 문이 조금 열리면서 드라켄브로드 노파가 얼굴을 내밀었다.

다음은 웨브 씨의 이야기다.

우리가 전기회사 사람들임을 알자, 그녀는 쾅 하고 문을 닫았다. 나는 몇 번이고 노크를 했다. 이윽고 문이 열리는가 했더니, 이번에는 몹시 화난 표정으로 전기회사의 욕을 퍼부어 대는 것이었다.

그래서 나는 이렇게 말했다.

"드라켄브로드 부인, 폐를 끼쳐서 죄송합니다. 우리는 전기 얘기를 하려고 온 것이 아니라 계란을 좀 사고 싶어서 찾아온 것입니다."

부인은 의아하다는 표정으로 문을 조금 더 열었다.

"댁의 닭들은 참 좋군요. 도미니크종이지요? 계란 한 줄만 살 수 있겠습니까?"

그러자 다시 문이 더 열렸다.

"어떻게 도미니크종이란 걸 아셨죠?"

호기심이 약간 동한 모양이었다.

"나도 양계를 하고 있습니다만, 이렇게 훌륭한 닭은 본 일이 없습니다."

"그러면 댁에도 계란이 있을 텐데요?"

그녀는 다시 석연치 않다는 말투였다.

"우리 집에서는 레그혼만을 기르고 있어서 흰 계란밖에 없답니다. 부인께서는 손수 요리를 만드시니까 아시겠지만, 과자를 만드는 데는 흰 것보다 누런 것이 훨씬 좋습니다. 집사람은 과자를 만드는 것이 큰 자랑거리랍니다."

이 말을 듣자 그녀는 마음이 놓이는지 문을 열고 뜰로 나왔다. 나는 그 동안에 주변을 둘러보고, 이 농가에는 낙농시설까지 갖추어져 있다는 사실을 알았다.

그래서 나는 그녀에게 이렇게 물어 보았다.

"부인, 부인께서 기르고 계신 양계 쪽이 주인께서 기르시는 젖소보다 훨씬 이익이 있을 것 같은데, 어떻습니까?"

이 말은 보기 좋게 주효했다. 그녀가 남에게 말하고 싶어 견딜 수 없던 문제였던 것이다. 고집이 센 그녀의 남편은 내가 지적한 것이 사실임에도 그것을 시인하지 않는다는 것이었다.

그녀는 우리들을 닭장으로 안내했다. 그곳을 돌아보는 동안에 그녀가 손수 만든 것으로 생각되는 여러 가지 설비가 눈에 띄어, 나는 진심으로 칭찬해 주었다. 그리고 사료는 어떤 것이 좋고, 온도는 몇 도 정도로 하는 것이 좋지 않으냐고 권고하는 한편, 그녀로부터도 양계에 대하여 여러 가지를 배웠다. 우리들은 서로 완전히 흉금을 터놓고 시간가는 줄 모르고 얘기했다.

이윽고 그녀는 닭장에 전등을 달아 좋은 성적을 올리는 농가가 근처에 있다는데, 정말로 그것이 유리한지 어떤지 정직한 의견을 들려 달라고 말하는 것이었다.

2주일 후에 드라켄브로드 부인의 닭들은 밝은 전등불 아래서 만족스러운 듯이 먹이를 쪼아 먹고 있었다. 나는 전기의 주문을 받았고, 그녀는 더 많은 달걀을 거두게 되어, 만사는 잘 해결되었던 것이다.

내가 만일 그녀에게 마음 놓고 떠들 수 있게 하지 않았더라면, 나는 실패했을 것이다.

억지로 팔려고 애쓸 것이 아니라 자진해서 사도록 유도하는 것이 중요하다.

최근 뉴욕헤럴드 경제란에 '경험 있는 유능한 인재를 구함'이라는 광고가 난 것을 보고, 찰스 큐베리스란 사나이가 응모했다. 며칠 후에 면접을 하러 오라는 통지가 왔다. 그는 면접하기 전에 월가로 나가 그 회사 설립자에 대해 자세히 조사했다. 그리고 면접할 때, 그는 사장에게 이렇게 말했다.

"이와 같이 훌륭한 업적이 있는 회사에서 일하는 것이 제 소원입니다. 들은 바에 의하면 사장님께서는 28년 전에 거의 맨주먹으로 이 회사를 시작하셨다는데, 그게 사실입니까?"

성공했다고 일컬어지는 사람들이란 으레 젊은 시절에 겪었던 가시밭길을 회상하고 싶어 하는 법이다. 이 사장도 예외일 수는 없었다.

그는 불과 450달러의 자금과 아이디어만으로 발족했던 당시의 고충을 장황하게 이야기하기 시작했다. 일요일이나 공휴일에도 쉬지 않고, 온갖 장애와 싸워서 드디어 오늘날의 지위를 쌓아 올려, 지금은 월가에서 일류인사들이 그에게 의견을 물으러 찾아온다는 것이었다. 그는 확실히 자랑할 만한 가치가 있는 성공을 거둔 사람으로서, 자신의 얘기를 들려주는 것이 한없이 즐거운 모양이었다.

경험담이 끝나자, 그는 큐베리스 씨의 경력에 대하여 간단한 질문을 한 다음, 부사장을 부르더니 다음과 같이 말했다.

"이 사람은 틀림없이 우리 회사를 위해서 필요하다고 생각하오."

큐베리스 씨는 상대방의 업적을 조사하는 수고를 했다. 그만큼 상대방에게 관심을 기울였던 것이다. 그리하여 상대방에게 말할 수 있는 기회를 주어 좋은 인상을 주었던 것이다.

아무리 다정한 친구 사이라도, 상대방의 자랑을 듣기보다는 자기의 자랑을 들려주고 싶은 법이다. 프랑스의 철학자 라 로슈푸코의 말 중에 이런 것이 있다.

"적을 만들려거든 친구에게 이겨라. 벗을 만들려거든 친구가 이기
게 하라."

그 이유는? 사람은 누구나 친구보다 뛰어날 때는 중요감을 가지
고, 그 반대의 경우에는 열등감을 가지고 시기와 질투를 하기 때문이
다.

그리고 독일 속담에 이런 말이 있다.

"남의 실패에 대한 기쁨보다 더한 기쁨은 없다."

확실히 당신의 친구 중에도 당신의 성공보다 실패를 기뻐하는
자가 있을 것이다. 그러니 당신의 성공은 되도록 겸손하게 말해야
한다. 이 방법은 틀림없이 주효할 것이다.

어빈 콥은 이 겸손의 비결을 알고 있었다. 증언대에 선 그에게
변호사가 다음과 같이 물었다.

"당신은 일류 작가라고 들었는데, 그게 사실입니까?"

그러자 그는 이렇게 대답했다.

"운이 좋았던 덕분이지요."

일반적으로 인간이란 그렇게 뽐낼 만큼 대단한 존재가 되지 못하
기 때문에 겸손한 태도를 취하는 것이 좋다. 앞으로 100년 지나면,
우리들은 다 죽어 사람들 기억에서 사라지게 마련이다. 인생은 짧
다. 필요치도 않은 자기 자랑을 다른 사람에게 하고 있을 겨를이
없다. 다른 사람에게 떠들게 하라.

생각해 보면, 우리들은 아무 자랑거리도 가지고 있지 못하다. 우

리들이 백치와 구별되는 것은 갑상선에 있는 약간의 옥소라는 물질 덕분이다. 그 정도의 옥소는 5센트만 주면 살 수 있다. 갑상선에서 그 옥소를 빼내면, 인간은 백치가 된다. 불과 5센트면 살 수 있는 옥소가 당신의 운명을 쥐고 있는 것이다. 도대체 뽐낼 자랑거리가 무엇이란 말인가!

생각이 떠오르게 하라

사람은 남에게서 나온 의견보다는, 자기 머리에 떠오른 의견을 훨씬 더 중요하게 생각하기 마련이다. 그러므로 다른 사람에게 자기 의견을 강요하는 것은 잘못된 것이라 하겠다. 그에게 암시를 주어 결론은 상대방이 내리게 하는 편이 훨씬 현명한 방법이다.

이런 예가 있다. 이것은 나의 강연회에 나온 아돌프 젤츠의 이야기다.

그는 세일즈맨들이 자동차 판매부진으로 완전히 의욕을 잃고 있었기 때문에, 그들을 격려할 필요를 느꼈다. 그래서 판매회의를 열고 그들의 요구를 기탄없이 말하라고 했다. 그는 그들의 요구사항을 흑판에 차례로 쓴 다음, 직원들에게 이렇게 말했다.

"여러분의 요구는 전부 받아들이도록 하겠습니다. 그 대신 나에게

도 여러분에게 요구가 있습니다. 여러분은 내 요구를 어떻게 만족시
켜 주려는지, 그것을 말해 주기 바랍니다.”

직원들은 즉석에서 대답했다. 충성을 맹세하는 자가 있는가 하면,
정직·적극성·낙천주의·팀워크 등을 약속하는 자, 하루에 8시간
의 노동을 제시하는 자, 개중에는 14시간의 노동도 사양치 않겠다는
자도 있었다. 회의는 용기와 감격을 새롭게 하고 막을 내렸고, 그
이후의 판매성적은 경이적으로 향상했다고 한다.

젤츠 씨는 다음과 같이 말하고 있다.

“세일즈맨들은 일종의 도의적인 계약을 나와 체결했던 것이다.
내가 그 계약에 따라 행동하는 한, 그들 역시 그대로 행동하려고
결심했던 것이다. 그들의 희망과 의견을 들어 준 것이 기사회생의
약이 되었던 것이다.”

다른 사람에게 강요당하고 있다든가, 명령에 의해 움직인다는 느
낌은 누구나 좋아하지 않는다. 그보다는 자주적으로 행동하고 있다
는 느낌을 훨씬 좋아한다. 자기의 희망이나 욕망, 의견 등을 다른
사람이 들어 주는 것은 기쁜 일이다.

유진 웨슨의 예를 들어 생각해 보자. 그는 이 진리를 깨달을 때까
지 수천 달러의 수수료를 잃었다고 한다. 웨슨 씨는 직물 제조업자
에게 의장을 공급하는 스튜디오에 밑그림을 팔고 있었다. 그는 뉴욕
에서 제일 잘 나가는 어느 디자이너를 3년 동안이나 매주 방문했다.

웨슨 씨는 이렇게 말하고 있다.

그는 언제나 만나 주기는 했지만, 결코 사지는 않았다. 내가 가지

고 간 스케치를 자세히 본 다음 으레 다음과 같이 말했다.

"안 되겠군요, 웨슨 씨. 오늘 것은 아무래도 마음에 들지 않습니다."

나는 150회나 실패를 거듭한 끝에, 방법을 바꿀 필요가 있다고 생각했다. 그래서 나는 사람을 움직이는 방법에 대한 강연회에 매주 한 번씩 나가기로 결심했다. 그래서 새로운 사고방식을 배우고 새로운 열의를 갖게 되었다.

나는 새로운 방법을 실험하기 위해 미완성인 그림 몇 장을 가지고 그의 사무실로 갔다.

"실은 미완성의 스케치를 몇 장 가지고 왔습니다. 이 그림을 어떻게 완성시키면 쓸 만한 것이 될 수 있을지 가르쳐 주셨으면 합니다."

이렇게 말하고 그에게 부탁하자, 그는 그 그림들을 아무 말 없이 들여다본 후에 말했다.

"웨슨 씨, 좀 생각해 볼 터이니 이삼 일 후에 다시 한 번 찾아 주십시오."

나는 사흘 후에 그 디자이너를 다시 찾아갔다. 여러 가지 의견을 들은 다음, 스케치를 도로 가지고 와서 그의 말대로 완성시켰다. 그 결과 디자이너는 그 제품을 모두 구입했다.

이 일은 지금으로부터 9개월 전의 일이며, 그 이후로 이 디자이너는 많은 스케치를 주문했다. 그의 아이디어에 따라 그것들이 그려진 것은 물론이다. 결국 내 주머니에는 1천6백 달러 이상의 수수료가 굴러 들어왔다.

나는 여러 해 동안 그에게 밑그림을 팔지 못한 것이 당연하다는
사실을 깨달았다. 그때까지 나는 내 의견을 강요하고 있었던 것이
다. 그런데 그에게 의견을 제시하게 하자 상황은 역전되었다. 상대
방은 자기가 디자인을 창작하고 있다고 생각하게 되었다. 그리고
사실이 그렇기도 하다. 그렇게 되니 이쪽에서 팔려고 애쓸 필요가
없어졌고 상대방이 자진해서 사 주게 된 것이다.

데오도르 루스벨트가 뉴욕 주 지사로 있을 때, 그는 대담한 일을
해보였다. 즉 정치 지도자들과 친하게 지내면서 그들이 가장 싫어하
고 있던 개혁을 감행했던 것이다. 루스벨트가 취한 방법을 소개해
보겠다.

그는 중요한 지위를 보충할 때는 지도자들을 불러 후보자를 추천
하게 했다. 루스벨트는 그 문제에 대해서 다음과 같이 설명하고
있다.

지도자들이 처음에 추천하는 인물은 대개 당에서나 돌봐 주어야
할 쓸모없는 인간이다. 나는 그러한 인물은 시민들이 용납하지 않으
니 곤란하다고 말한다.

그들이 두 번째로 추천하는 인물도 역시 당의 앞잡이로 별로 쓸모
가 없는 만년 사무원감이다. 나는 그들에게 좀더 시민들이 납득할
만한 적임자를 추천해 달라고 부탁한다.

세 번째는 그런 대로 합격에 가까운 인물을 추천한다.

나는 그들의 협력에 감사하고, 한 번만 더 다시 생각해 달라고

부탁한다. 그러면 네 번째는 드디어 내 의중에 두고 있는 인물과 합치된다. 그래서 나는 그들에게 감사하고, 그 사나이를 임명하게 되는 것이다. 즉 공로를 그들에게 돌리는 셈이다.

　마지막으로 나는 그들에게 '당신들이 기뻐할 것을 생각해서 이 사람을 채용하지만, 이번에는 나를 기쁘게 해줄 차례입니다.'라고 말한다.

　실제로 그들은 루스벨트를 기쁘게 해주었다. 그들은 '문관근무법안'이나 '독점세법안' 등의 개혁안을 지지했던 것이다. 요컨대 루스벨트의 수법은, 상대방과 상의해서 되도록 그 의견을 받아들이고, 그것이 자기 생각이라고 여기게 함과 동시에 협력을 얻어 내는 것이었다.

　롱아일랜드의 어느 자동차 판매업자가 스코틀랜드인 부부에게 이와 똑같은 방법을 사용하여 중고 자동차를 팔았다. 그는 그들 부부에게 여러 차례 자동차를 보였지만 그들은 그때마다 트집을 잡았다. 모양이 나쁘다, 기능이 좋지 않다. 값이 비싸다 등등 트집은 얼마든지 있다. 특히 가격문제에 있어서는 어떤 차를 막론하고 너무 비싸다고 했다.

　이 사나이는 내 강연회 수강자였는데, 드디어 이 문제를 강연회에서 공개하고, 우리들의 의견을 구했다. 우리들은 억지로 팔려고 하지 말고, 사고 싶어지도록 만드는 것이 중요하다고 그에게 충고했다. 즉 사는 사람을 이쪽 생각대로 하는 것이 아니라, 반대로 이쪽이 사는 사람의 생각대로 되어 주어, 이쪽이 사는 사람의 의견대로 움직이고 있다고 생각하게 하는 것이다.

그는 곧 이 방법을 응용해 보기로 했다. 며칠 후, 어떤 손님으로부터 중고차를 팔고 새 차를 사고 싶다는 부탁이 들어왔다. 그는 이 중고차가 그 스코틀랜드인 부부의 마음에 틀림없이 들 것이라고 생각했다. 그는 곧 전화로 스코틀랜드인에게, 의견을 듣고 싶은 일이 있으니 와 줄 수 없겠느냐고 말했다.

스코틀랜드인이 오자 그는 다음과 같이 말했다.

"자동차를 보는 선생의 안목은 장사꾼도 따르지 못합니다. 이 차를 내가 얼마 정도로 인수하면 좋을지 적당한 가격을 가르쳐 주시면 고맙겠습니다."

스코틀랜드인은 의기양양한 것 같았다. 그의 안목을 알아보고 그가 부탁을 했으니 능력을 인정받은 셈이었다. 그는 그 자동차로 한동안 드라이브를 하고 돌아오더니, 이렇게 말했다.

"300달러에 판다면 손해는 안 볼 거요."

"그렇다면, 만일 저쪽에서 300달러에 내놓는다면, 선생이 이 자동차를 사시겠습니까?"

물론 거래는 그 자리에서 성립되었다.

어느 X선장치 제조업자가 부룩클린의 큰 병원에 이와 똑같은 심리를 응용하여 자기 회사 제품을 파는 데 성공했다. 그 병원은 증축하고 있는 중으로 미국 제일의 X선과를 창설할 계획이었다. 자기 회사 제품의 성능을 열거하여 X선장치를 팔려고 몰려드는 세일즈맨들 때문에, 그 병원의 X선 담당자인 L박사는 정신을 못 차리고 있었다.

그런데 그들 중에 교묘한 업자가 하나 있었다. 그는 다른 업자와는 비교도 안 될 정도로 교묘하게 인간의 심리를 포착했다. 그는 다음과 같은 편지를 L박사에게 보냈던 것이다.

폐사에서는 최근 X선장치의 최신형을 완성했습니다. 마침 지금 막 제1차 제품이 사무실에 도착했습니다. 물론 이번 제품도 완전한 것이라고는 생각하고 있지 않습니다. 앞으로 더욱 개량에 노력하려고 생각하고 있습니다. 그러니 대단히 죄송한 말씀이지만 선생님께서 한번 검토해 주시어 개량방법에 관한 고견을 들려주신다면 더 이상 바랄 것이 없을 것입니다. 다망하실 것으로 생각되므로 일차 회신을 주시면 언제든지 모실 차를 보내 드리도록 준비를 하고 있겠습니다.

나의 강연회에서 L박사는 그 당시의 일에 대해 다음과 같이 말했다.

"이 편지는 전혀 의외였다. 그와 동시에 한편 기쁘기도 했다. 나는 그때까지 X선장치 제조업자로부터 의견을 부탁받은 일이 한 번도 없었다. 이 편지는 나에게 중요감을 준 것이다. 마침 그 주에는 매일 밤 약속이 있었으나, 나는 그 장치를 보기 위해서 약속을 취소하고 그쪽으로 향했다. 그 장치는 보면 볼수록 내 마음에 들었다. 나는 그것을 강매당한 것이 아니다. 병원을 위해서 그 장치를 사 들이기로 한 것은 내 마음이 자발적으로 작용했기 때문이다. 나는 그 장치의 우수한 점에 마음이 끌려서 곧 계약을 했다."

우드로우 윌슨이 대통령 재임 중에, 에드워드 하우스 대령은 국내 문제와 외교적인 문제에 대하여 큰 영향력을 가지고 있었다. 윌슨 대통령은 중대한 문제의 의논 상대로서 하우스 대령을 각료 이상으로 신임하고 있었다.

그러면 하우스 대령은 어떤 방법으로 그와 같은 대통령의 신뢰를 얻었을까? 다행이 하우스 대령 자신이 아더 스미스에게 그 비결을 밝혔고, 스미스는 『선데이이브닝 포스트』에 그것을 밝혔다.

"대통령을 알게 된 뒤로 깨달은 것이지만, 그를 어떤 생각으로 유도하는 데는 아주 우연스럽게 그것을 그의 마음에 심어 놓아. 그에게 관심을 갖도록 하는 것이 가장 좋은 방법이었다. 즉 대통령 자신이 그것을 생각해 낸 것으로 여기게 하는 것이다. 나는 우연한 기회에 그것을 알게 되었다. 어느 날 나는 백악관으로 대통령을 방문하고 어떤 문제에 대해서 의견을 나누었다. 그는 어쩐지 반대인 것 같았다. 그런데 며칠 뒤의 만찬회 석상에서 그가 발표한 의견이 전에 내가 얘기한 것과 똑같았다. 이 사실에 나도 놀라지 않을 수 없었다."

하우스 대령이 이때 "그것은 대통령의 의견이 아닙니다. 본래는

저의 의견입니다."라고 반박했을까? 대령은 절대로 그런 짓은 하지
않았다. 한 수 위였던 것이다. 대령은 명예보다는 실리를 택했다.
그는 그 의견을 어디까지나 대통령 자신의 것이라고 다른 사람들은
물론 대통령 자신도 그렇게 생각하도록 내버려 두었다. 대통령에게
명예를 돌렸던 것이다.

우리들의 교섭 상대는 누구나 이 이야기의 주인공인 윌슨 대통령
과 똑같은 인간이라는 사실을 감안하여, 하우스 대령이 사용한 방법
을 이용해야 할 것이다.

몇 해 전의 일이지만, 뉴브런즈윅에 사는 한 사나이가 이러한 수
법을 써서, 나를 단골손님으로 만들어 버린 일이 있다. 그때의 이야
기는 다음과 같다.

나는 낚시질과 뱃놀이를 겸해서 뉴브런즈윅에 갈 계획을 세우고,
교통공사에 문의편지를 냈다. 그런데 이쪽 주소 성명이 리스트에
실려 있었던 모양이다. 당장에 산장이나 안내소로부터 무수한 안내
장과 팸플릿이 쇄도했다. 도대체 어느 것이 좋은지 전혀 알 수 없었
다. 그런데 어느 산장에서 온 안내장에 제법 내 마음을 끈 것이
있었다. 그 안내장에는 일찍이 그 산장에서 묵은 일이 있는 뉴욕에
사는 사람들의 이름과 전화번호가 있었고, 그들에게 전화로 그 산장
의 형편을 문의해 주기 바란다고 적혀 있었다.

그리고 놀랍게도 그 명단 중에는 내가 잘 아는 사람의 이름이
있었다. 나는 곧 그 사람에게 전화를 걸어 물어 보았다. 그리고 그
산장에 예약을 신청했다. 다른 사람들은 나에게 강매하려 했지만,

그 산장의 주인은 나에게 가고 싶어 하는 마음이 일어나게 했던
것이다.

상대방의 입장이 되라

상대방은 설사 자기에게 잘못이 있을지라도, 좌우간 자기가 잘못이라고는 절대로 생각하지 않는 법이다. 그러므로 상대방을 비난해서는 소용이 없다. 비난은 어떤 바보라도 할 수 있다. 이해하도록 노력해야 한다. 현명한 사람은 상대방을 이해하려고 노력한다.

상대방의 생각과 행동에는 각각 그 나름대로의 상당한 이유가 있게 마련이다. 그 이유를 찾아내야 하는 것이다. 그러면 상대방의 행동, 나아가서는 상대방의 성격에 대한 열쇠까지 잡을 수가 있다.

진짜로 상대방의 입장이 되어 볼 일이다. '만일 내가 그의 입장이라면 과연 어떻게 느끼고 어떻게 반응할 것인가?' 하고 자문자답해 보라. 이렇게 하면 화를 내어 시간을 낭비하는 것이 얼마나 어리석은 짓인가를 알게 될 것이다. 그 원인에 대하여 흥미를 가지면, 그 결과에 대해서도 동정심을 갖게 된다. 뿐만 아니라 사람을 다루는 기교가 눈에 띄게 발전하게 된다.

케네스 구드는 그의 저서에서 이렇게 말하고 있다.

"스스로 반성하여 자기에 대한 강렬한 관심과 다른 사람에 대한 미온적인 관심을 비교해 본 다음, 그런 점에 있어서는 모든 인간이 똑같다는 사실을 생각한다면, 모든 직업에 필요한 원칙을 파악할 수가 있다. 즉 사람을 잘 다루는 비결은 상대방의 입장을 잘 이해하고 그에 동정하는 일이다."

우리 집 근처에 공원이 있다. 나는 항상 그곳에 나가 기분전환을 한다. 나는 그곳에 있는 떡갈나무에 대해 무한한 애정을 갖고 있는데, 계절마다 사람들의 부주의로 그 어린 나무들이 불타 죽어 가는 것을 보면 슬퍼서 견딜 수가 없다. 화재의 원인은 공원을 찾는 소년들이 숲 속에서 소시지나 계란요리를 하고 그 뒤처리를 잘 하지 않기 때문이다. 때로는 큰 화재로 번져 소방차가 출동하는 경우도 있다.

'모닥불을 금지함. 위반자는 처벌함'이라는 게시판이 공원 모퉁이에 서 있지만, 사람들 눈에 잘 띄는 장소가 아니기 때문에 효과가 적다. 또 기마경찰이 공원의 경계를 맡고 있지만, 삼엄하게 경계하지 않기 때문에 불은 끊임없이 일어난다. 한번은 내가 불이 난 것을 발견하고 순경에게로 달려가 곧 소방서에 연락을 해 달라고 말했다. 그런데 놀랍게도 그는 자기의 담당구역이 아니기 때문에 하는 수 없다고 냉담하게 대답하는 것이었다.

이 일 이후로 나는 공원을 산책할 때면 공원 보안관이 된 기분으로 행동했다. 그런데 유감스럽게도 숲 속에서 불이 타는 것을 발견하면 정의감에 불타, 그만 그릇된 방법을 취했다. 소년들이 있는 곳으로 달려가, 불을 피우면 처벌을 받으니까 어서 끄라고 냉정하고 근엄하게 명령했다. 그래도 그들이 말을 듣지 않으면, 경관을 시켜 체포하게 하겠다고 위협을 했다. 나는 소년들의 입장은 조금도 생각하지 않고, 오로지 내 감정만 풀리도록 행동했던 것이다.

그 결과는 어떠했겠는가? 물론 소년들은 내가 시키는 대로 했다. 그러나 내심으로는 화가 치밀어 투덜거리며 마지못해서 했던 것이다. 내가 가 버리고 나면, 그들은 곧 다시 불을 피우기 시작했을 것이다. 큰 화재가 되어 공원 전체가 타 버리면 시원하겠다고 생각했을지도 모른다.

그 당시에 비하면, 나도 지금은 다소는 인간관계를 이해하게 되어 그런대로 상대방의 입장에서 사물을 생각할 수 있게 되었다. 지금이라면 필시 이렇게 말할 것이다.

"애들아, 너희들 참 재미있어 보이는구나. 무슨 요리를 만들고 있지? 나도 어린 시절에는 너희들처럼 야외에서 요리 만들기를 좋아했단다. 지금도 좋아하지만 말이야. 그런데 너희들도 잘 알고 있겠지만 불을 피운다는 것은 위험한 일이거든. 너희들이야 불이 나게 하지는 않겠지만, 개중에는 부주의한 아이들도 있단 말이지. 너희들이 불을 피운 자리를 보고 그들도 여기에서 불을 피우고서 잘 끄지도 않고서 돌아가 버리면 어떻게 될까? 그러면 그 불이 낙엽에 들러붙어 화재를 일으키게 된단 말이야. 우리가 다같이 조심하지 않으면

이 공원은 머잖아 벌거숭이가 될 거야. 여기에서 불을 피우면 엄벌을 받도록 되어 있지만, 너희들이 즐거워하는 모습을 보니, 차마 심한 말을 할 수가 없구나. 너희들이 즐거워하는 것을 보면 나도 기분이 좋으니까 말이야. 그 대신 근처의 낙엽을 멀리 치우면 어떨까? 그리고 돌아가기 전에 잊지 말고 흙을 덮어서 불을 완전히 꺼 주었으면 좋겠다. 그리고 다음번에는 저 언덕 너머에 있는 모래밭에서 불을 피우면 될 거야. 거기라면 화재 염려가 없으니까. 자, 그러면 즐겁게들 놀다 가거라."

같은 말이라도 이런 방법으로 하면 효과가 다르다. 소년들도 협력하고 싶은 생각이 들것이다. 불평불만도 없고, 강제도 없고, 그들의 체면도 서는 것이다. 내가 상대방의 입장을 생각함으로써, 나나 소년들이나 다같이 기분 좋은 결과를 얻을 수 있는 것이다.

다른 사람에게 무엇을 부탁하려고 할 때는 우선 눈을 감고 상대방의 입장에서 사물을 잘 생각하도록 하라. '어떻게 하면 상대방이 그것을 해주고 싶게 될까.'를 생각할 일이다. 이 방법은 좀 귀찮기는 하다. 그러나 친구가 늘어 가고 좋은 결과를 쉽게 얻을 수 있을 것이다.

하버드 대학의 드넘 교수는 이렇게 말하고 있다.

"나는 일이 있어 사람을 찾아갈 때는, 미리 내가 할 말을 충분히 생각하고, 이에 대하여 상대방이 어떻게 대답할 것인지 확실한 예상이 설 때까지는, 두 시간이고 세 시간이고 상대방의 집 앞을 서성거

린다. 절대로 그대로 들어가지 않는다."

이 책을 읽고 상대방의 입장이 되어 사물을 관찰하는 습관만 얻는다면, 이 책은 당신의 생애를 위하여 획기적인 역할을 하게 될 것이다.

상대방을 설득하는 여덟 번째 방법:

상대방의 입장에서 생각한다.

동정심을 가져라

언쟁이나 오감을 피하고, 상대방에게 호감을 갖게 하여 당신의 이야기를 공손히 듣게 하는 마술적인 문구를 가르쳐 주겠다.

"그렇게 생각하시는 것은 당연한 일입니다. 아마 내가 당신이었더라도 역시 그렇게 생각할 것입니다."

이렇게 이야기를 시작하는 것이다. 아무리 마음씨가 나쁜 인간이라도, 이쪽에서 이렇게 말하면 점잖아지게 마련이다. 더구나 상대방의 입장에서 보면 그와 똑같은 생각을 갖게 되기 때문에, 진실하다고 느끼게 마련이다.

만일 당신이나 내가 암흑가의 왕자인 카포네와 똑같은 정신과 육체를 타고 났고, 똑같은 환경에서 자랐고, 똑같은 경험을 쌓았다면, 카포네와 조금도 다르지 않은 인간이 되어 그와 똑같은 범죄를 저질렀을 것이다. 당신이나 내가 뱀이 아닌 유일한 이유는 우리의 부모가 뱀이 아니었기 때문이다. 당신이나 내가 소에게 키스를 하지 않고 뱀을 신성시하지 않는 유일한 이유는 우리들이 힌두교 가정에 태어나지 않았기 때문인 것이다.

아무리 마음에 들지 않는 악한 상대라도, 그가 그렇게 된 데에는 충분한 이유가 있게 마련이다. 탓하기에 앞서 그를 불쌍히 생각하고 동정할 일이다.

존 거프는 술주정꾼을 보면 언제나, "하나님의 은총이 아니라면 나도 저렇게 될 거야." 하고 말했다고 한다. 우리도 이러한 마음가짐 으로 사람을 대할 필요가 있다.

우리가 접촉하고 있는 사람들 중 4분의 3 정도는 전부 이 동정에 굶주리고 있다. 그들에게 동정을 주어 보라. 틀림없이 그들은 당신 을 좋아하게 될 것이다.

나는 언젠가 「작은 아씨들」의 작가인 루이자 메이 올콧 여사의 이야기를 라디오로 방송한 일이 있다. 물론 나는 그녀가 매사추세츠 주의 콩코드에서 이 불후의 명작을 썼다는 사실을 알고 있었지만, 어찌된 셈인지 뉴햄프셔 주의 콩코드에서 살았다고 말했던 것이다. 그것도 한 번이 아니라 두 차례씩이나 그런 말을 했으니 어이없는 일이다.

당장에 날카로운 비난의 편지와 전보들이 빗발치듯 날아들었다. 대부분은 분개하고 있는 내용이고, 모욕적인 것도 더러 있었다. 그 중에서도 매사추세츠 주 콩코드에서 자라고, 필라델피아에 와서 살고 있는 한 완고한 부인의 편지는 특히 지독했다. 아마 내가 올콧 여사를 식인종이라고 말했더라도 그 이상 격분하지는 않았을 것이다.

나는 그 편지를 읽으면서, '신이여, 이 여자와 결혼하지 않은 것을 감사합니다.'라고 마음속으로 생각했을 정도다.

물론 내가 잘못을 범하기는 했지만 그녀는 예의에 어긋나는 짓을 저지른 것이었다. 이에 나는 답장을 보낼까 하는 생각도 했다. 그러나 그것은 어떤 멍청이라도 할 수 있는 일이었다. 바보나 그런 짓을 했을 것이다. 나는 바보가 되고 싶지는 않았다. 그래서 나는 그녀에 대한 적의를 호의로 바꿔 보려고 결심했다.

말하자면 이것은 일종의 놀이다. 나는 내 자신에게 이렇게 타일렀다.

"만일 내가 그녀였다면, 나도 역시 그녀와 똑같이 느꼈을 것이다."

이렇게 하여 나는 상대방의 입장을 이해하려고 노력했다. 그리고 그 뒤에 필라델피아에 갔을 때, 나는 그녀에게 전화를 걸어 다음과 같은 대화를 나누었다.

"여보세요, 일전에는 편지를 보내 주셔서 정말 감사했습니다. 실 례지만 전화로 감사를 드립니다."

"실례지만 누구십니까?"

"뵌 적은 없습니다만, 데일 카네기라는 사람입니다. 일전에 제가 올콧 여사에 대한 방송을 할 때, 매사추세츠와 뉴햄프셔를 혼동하여 터무니없는 실수를 저지른 것을 기억하시리라 생각하고 있습니다.

그때는 제가 정말 잘못했습니다. 그 사과 말씀을 드리려는 것입니다. 더구나 친절하게 편지까지 보내 주셔서 무어라 감사를 드려야 할지 모르겠습니다."

"아, 그때는 제가 실례를 했습니다. 선생님께 그런 무례한 편지를 드리다니, 사과는 제가 드려야겠습니다."

"아닙니다. 부인께서는 사과하실 것이 없습니다. 초등학생들조차 알고 있는 사실을 제가 잘못 말했으니까요. 부랴부랴 그 다음 일요일 방송에서 사과를 했습니다만 부인께는 직접 사과하려고 생각했던 것입니다."

"저는 매사추세츠 주의 콩코드 태생입니다. 원래 우리 집안은 매사추세츠에서도 이름 있는 오래된 가문이기 때문에 저는 제가 태어난 주를 몹시 자랑으로 생각하고 있습니다. 그래서 선생님 방송을 듣고서 그와 같은 편지를 썼던 것입니다. 정말 부끄럽기 짝이 없습니다."

"천만에요, 부끄러운 것은 저입니다. 제가 잘못 말했다고 해서 특별히 매사추세츠 주의 명예가 손상되는 것은 아니지만, 저로서는 몹시 마음이 아팠습니다. 정말 부인께서 잘 지적해 주셨습니다. 앞으로도 계속 지도해 주시기 바랍니다."

"그렇게 무례한 편지를 받으시고도 조금도 화를 내시지 않는 걸 보니, 선생님은 틀림없이 훌륭한 분입니다. 저야말로 선생님께 잘 부탁드리는 바입니다."

이렇게 하여 내가 그녀에게 사과하고, 그녀의 말에 동의하자, 그녀도 나에게 사과하고, 내 입장을 동정해 주었다. 나는 일시적인 노여움을 참아 낸 보람으로 상쾌한 기분이 되었다. 상대방을 공격하기보다는 상대방에게서 호감을 받는 편이 한결 유쾌하게 마련이다.

역대 대통령들은 날마다 까다로운 대인관계 문제에 당면하게 된다. 태프트 대통령도 예외일 수는 없었다. 그는 경험에 의하여 반감을 중화시키는 데는 동정이 절대적인 힘을 가지고 있다는 사실을 알았다. 그는 그의 저서 「봉사의 윤리학」 가운데서 흥미 있는 실례를 들어, 다른 사람의 반감을 어떻게 해서 중화시켰는가를 말하고 있다. 다음에 그 일부를 소개하겠다.

워싱턴에 사는 한 부인이 자기의 아들을 어느 지위에 앉히려고 6주일 동안 날마다 나를 찾아왔다. 그녀의 남편은 정계에서도 꽤 이름이 통하는 사나이다. 그녀는 상하원의 많은 의원들을 동원하여 맹렬한 운동을 계속했다. 그런데 그 지위는 전문적인 기술을 필요로 했기 때문에, 나는 그 부처의 책임자의 추천에 따라 다른 사람을 임명했다.

그러자 그 부인으로부터 원망의 편지가 왔다. 내가 마음만 먹는다면 그녀의 청을 문제없이 들어줄 수 있는데도, 그렇게 하지 않은 것은 은혜를 배반하는 짓이란 것이다. 그녀는 내가 특별히 관심을 기울이고 있던 법안을 통과시키기 위하여 노력할 때, 자기 지방 출신의 국회의원 전부를 설복시켜 그 법안을 지지하도록 했는데도 불구하고, 은혜를 원수로 갚았다는 것이다.

누구나 이런 편지를 받으면 감정을 억제하지 못하고 그 무례함을 지적해 주고 싶을 것이다. 그래서 곧 반박의 편지를 쓴다. 그런데 현자는 편지를 바로 보내지 않는다. 책상 서랍 속에 넣어 두었다가 며칠 지난 뒤에 꺼내어 본다. 이렇게 생각할 시간을 좀 두었다가 다시 읽어 보면, 대체로 보내고 싶은 생각이 없어지게 마련이다.

나는 이와 같은 현자의 방법을 취했다. 나는 될 수 있는 대로 공손하게 편지를 다시 썼다. 그녀의 실망은 충분히 이해하지만, 실제로 그 인사문제는 내 기분만으로 마음대로 할 수 있는 것이 아니라, 전문적인 기술을 가진 사람이어야 하기 때문에, 국장의 추천에 따르지 않을 수 없었으니 양해해 달라고 했다. 그리고 그녀의 아들은 현재의 직위에 머물러 있어도 충분히 앞으로 그녀의 기대에 보답할 수 있을 것이니 더욱 노력해 달라고 강조해 두었다.

이 편지로 그녀의 감정은 풀려, 그런 무례한 편지를 보내어 미안하다고 사과해 왔다.

그런데 내가 임명하기로 결정한 사나이의 발령이 좀 지연되자, 이번에는 그녀의 남편으로부터 편지가 왔다. 잘 보니 먼저 편지와 같은 필적이었다. 그 편지에는 그때 이후로 그의 아내는 실망한 나머지 신경쇠약이 되고 위암의 증세가 생겨서 현재 빈사상태에 있다고 씌어 있었다. 물론 내가 그녀의 아들을 그 자리에 임명하면 그녀의 병이 낫겠지만 그럴 수는 없었다. 나는 다시 편지를 써야 했다. 이번에는 그녀의 남편 앞으로 썼다. 의사의 진단이 오진이기를 빌고 있으며, 그녀의 병은 안타까운 일이지만 인사문제는 변경할 수 없다고 했다. 그때는 이미 사령장도 나간 뒤였던 것이다.

그리고 이틀 후에 백악관에서 음악회가 열렸다. 그런데 제일 먼저 우리 부부에게 인사를 한 것은 그들 부부였다. 그의 아내는 이틀 전까지 병석에 누워 빈사상태에 있다고 했는데 말이다.

아더 게이츠 박사는 그의 유명한 저서 「교육심리학」에서 이렇게 말하고 있다.

"인간은 일반적으로 동정을 바라고 있다. 그래서 어린아이들은 상처를 보여 주고 싶어 한다. 때로는 동정을 받고 싶은 나머지 스스로 제 몸에 상처를 내는 일조차 있다. 어른들도 마찬가지다. 상처를 보여 주고 싶어 하고, 불행과 병을 얘기하고 싶어 한다. 특히 수술을 받았을 때의 얘기는 자세히 하고 싶어 한다. 불행한 자신에 대하여 자기연민을 느끼고 싶어 하는 마음은, 정도의 차이는 있지만 누구에게나 있다."

상대방을 설득하는 아홉 번째 방법:

다른 사람의 생각이나 희망에 대해 동정한다.

제10장

마음에 호소하라

나는 미주리 주에서 자랐는데, 근처에 악명 높은 도둑 제시 제임스가 사는 농원이 있었다. 이 농원에는 제임스의 아들이 지금도 살고 있다.

나는 제임스의 며느리로부터 제임스가 열차나 은행을 습격했을 때의 상황과 강탈한 돈을 이웃의 가난한 농부들에게 나누어 준 이야기를 들었다. 제임스도 쌍권총의 클로레나 카포네와 마찬가지로 자기로서는 이상주의자라고 생각하고 있었던 모양이다. 인간은 누구나 자기 자신을 훌륭한 박애적인 인물이라고 생각하고 싶어 하는 것이다.

미국의 대은행가이고 미술품 수집가로서 유명한 J.P. 모건은 인간의 심리를 해부하여 "보통 인간의 행위에는 두 가지 이유가 있다.

그 하나는 아름답게 윤색된 이유, 다른 하나는 진실한 이유이다."라고 설명하고 있다.

인간은 누구나 이상주의적인 경향을 가지고 있어, 자신의 행위에 대하여는 아름답게 윤색된 이유를 붙이려고 한다. 그러므로 상대방의 생각을 바꾸는 데는, 이 아름다운 이유를 붙이고 싶어 하는 마음에 호소하는 것이 효과적이다.

이것을 장사에 응용하면 어떻게 될까? 펜실베이니아 주의 그레놀든에서 아파트를 경영하고 있는 하밀튼 파렐르 씨의 경험에 따라 검토해 보자.

파렐르의 아파트에 계약기간이 아직 4개월이나 남았는데도 이사해야겠다는 사람이 있었다. 방 임대료는 월 55달러였다. 다음은 파렐르 씨가 나의 강연회에서 공개한 이야기다.

이 한 가족은 우리 아파트에서 겨울을 지냈다. 겨울은 1년 중에서 경비가 제일 많이 드는 시기이다. 가을까지는 아마 새 입주자는 없을 것이다. 즉 내 입장에서 보면 220달러가 날아가 버리는 셈이 된다. 나는 화가 났다.

그전 같으면 나는 계약서를 들이대고 기어이 이사하겠으면 계약기간의 방세를 전부 지불하고 가라고 위협했을 것이다. 나는 그래서 안 될 것도 없으니 그렇게 할까, 하는 생각도 들었다.

그러나 그러한 소동을 일으키지 않고 해결하는 방법은 없을까 생각해 본 다음, 이렇게 말했다.

"말씀은 잘 알겠습니다만, 나는 아무래도 선생이 이사하시리라고는 생각되지 않습니다. 오랫동안 이 영업을 하다 보니 나에게는 사람을 알아보는 눈이 생겼습니다. 선생은 약속을 어길 그런 분이 아니라는 것을 알고 있습니다. 이것만은 내기를 해도 좋다고 생각합니다."

나는 계속해서 이렇게 말했다.

"그런데 부탁이 한 가지 있습니다. 이 문제는 그대로 두고, 이삼일 후에 다시 생각해 주실 수는 없을까요? 그때에도 역시 마음이 바뀌시지 않는다면, 그때는 선생 생각대로 하기로 합시다. 내 판단이 틀렸다고 단념할 수밖에 도리가 없으니까요. 좌우간 나는 선생이 약속을 어기실 그런 분이 아니라고 확신하고 있습니다만, 피차간 인간이니만큼 잘못 생각하는 일도 있을지 모르니까요."

며칠 뒤 그는 직접 집세를 가지고 왔다. 그는 부인과 충분히 상의한 끝에 이사를 그만두기로 했다고 한다. 그들은 '계약의 이행은 인간으로서 가장 중요한 일'이라고 결론 내렸다는 것이다.

노드클럽 경(1865~1922년. 영국의 신문업자)은 공개하고 싶지 않은 자기 사진이 어떤 신문에 게재되어 있는 것을 보고, 그 편집장에게 편지를 보냈다. 그러나 '내 마음에 들지 않으니 다시는 그 사진을 신문에 발표하지 말기 바랍니다.'라고는 쓰지 않았다. 그는 더 아름다운 심정에 호소했던 것이다. 그는 누구나 지니고 있는 어머니에 대한 존경과 애정에 호소하여, '그 사진은 신문에 발표하지 않도록 해주기 바랍니다. 어머니가 몹시 싫어하시는 사진이니까요.'라고 썼던 것이다.

록펠러 2세도 자기 아이들의 사진이 신문에 실리는 것을 막기 위하여 인간의 아름다운 마음에 호소했다. 그러나 그는 '아이들의 사진이 신문에 발표되는 것을 바라지 않는다.'고는 하지 않고, 아이들을 해치고 싶지 않은 만인 공통의 심정에 호소했다.

"당신들 중에도 아이들이 있는 분이 있어 충분히 짐작하실 것으로 생각합니다. 세상에 너무 떠들어 대는 것은 아이들에게 좋지 않다고 생각합니다."

사이러스 커티스는 유명한 『선데이이브닝 포스트』와 『레이디스 홈 저널』의 창시자로 그는 메인 주의 한 가난한 집안에서 태어나 백만장자가 된 입지전적인 인물이다. 처음에 그는 다른 잡지사와 같은 수준의 원고료를 지불할 능력이 없었다. 더구나 일류 작가에게 지불할 정도의 원고료는 전혀 없었다. 그래서 그는 인간의 아름다운 감정에 호소하고자 했다. 예를 들면 당시에 이름을 떨치던 작가인 올콧 여사에게 꼭 원고를 써 주기 바란다고 부탁하고 불과 100달러짜리 수표를 끊었는데, 그 수표를 그녀에게 직접 주는 것이 아니라 그녀가 열렬히 지지하고 있는 자선단체에 보내는 방법을 취했다. 물론 결과는 대 성공이었다.

독자들 중에는 "그런 수법은 노드클럽이나 록펠러, 감상적인 작가에게는 통할지 모르지만 까다로운 상대로부터 돈을 받아 내는 경우에도 과연 통할까?"라고 의심할 사람이 있을 것이다. 물론 당연한 말이다. 통하지 않는 경우도 있고, 통하지 않는 사람도 있을 것이다. 만일 당신이 이상의 좋은 방법을 알고 있고, 그 결과에 만족하고 있다면, 이런 방법을 굳이 쓸 필요는 없다. 그러나 그렇지가 않다면 이 방법을 한 번 시험해 보는 것이 좋을 것이다.

다음 이야기는 제임스 토머스라는 사나이가 내 강연회에서 발표한 체험담으로 상당히 재미있다.

어느 자동차회사의 고객 중 6명이 수리비를 지불하지 않고 있었다. 청구액 전부에 대해서 반대하는 사람은 없었지만, 각각 그 일부가 부당하다는 것이었다. 회사 측에서는 수리할 때마다 사인을 받아 두었기 때문에, 절대로 잘못이 없다고 믿고 있었으며, 또 손님에게도 그렇게 말했다. 그런데 이것이 잘못이었다. 즉 수금원은 다음과 같은 방법으로 미불금을 거두고 있었는데, 과연 그것이 좋은 방법이었을까?

① 각 거래처를 방문하고, 청구서를 내고 몇 달이 지났으니 이달에는 꼭 지불해 달라고 정면으로 대들었다.

② 청구서는 절대로 잘못된 점이 없다. 잘못은 고객에게 있다고 분명히 설명했다.

③ 자동차에 대해서는 회사가 고객보다 훨씬 잘 알고 있다. 그러므로 시비의 여지가 없다고 설명했다.

④ 그 결과 심한 언쟁이 벌어졌다.

이와 같은 방법에 과연 고객들이 돈을 지불할까? 한번 생각해 보라.

수금원은 드디어 법적 수단에 호소하려고 했는데, 때마침 지배인이 이 사실을 알았다. 지배인이 조사한 결과, 문제의 고객들은 평소에는 모두 지불이 좋은 손님이라는 사실을 알게 되었다. 어딘가에 잘못이 있는 것이다. 수금 방법에 어떤 근본적인 문제가 있는 것 같았다. 지배인은 토머스 씨를 불러 이 문제를 해결하도록 명령했다.

토머스가 취한 수단은 다음과 같았다.

① 미불되어 있는 수리비에 대해서는 한 마디도 하지 않고, 다만 지금까지 회사 측이 취한 서비스 상태를 조사하려고 방문했다고 말했다.

② 고객 측의 말을 다 듣지 않고서는 어떻게 생각해야 할지 모른다고 분명히 말하고, 회사 측에도 실수가 있을지 모른다고 말했다.

③ 내가 알고 싶은 것은 그의 자동차에 관한 것이며, 그의 자동차에 대해서는 누구보다도 그가 제일 잘 알고 있는 권위자라고 말했다.

④ 상대로 하여금 말하게 하고, 상대방의 기대대로 관심과 흥미를 가지고 그의 말에 귀를 기울였다.

⑤ 이윽고 상대방이 냉정을 되찾은 것을 확인하고, 그의 공정한 판단에 호소했다, 즉 그의 아름다운 심정에 이렇게 호소했던 것이다.

"저희들이 경솔한 탓으로 폐를 끼쳐 대단히 죄송합니다. 수금원의 그런 태도에는 몹시 기분이 상하셨을 것입니다. 그건 있을 수 없는 얘기입니다. 회사를 대신해서 깊이 사과드립니다. 말씀을 듣고 저는 선생의 공정하고 너그러운 인품을 존경하게 되었습니다. 실은 부탁

드릴 말씀이 있습니다. 이것은 선생이 아니면 할 수 없고, 선생께서 가장 잘 알고 계신 일입니다. 그것은 바로 이 청구서입니다. 이것을 선생이 직접 정정해 주시면 저도 안심이 되겠습니다. 선생께서 저희 회사 사장이 되신 입장에서 정정해 주십시오. 모든 것을 선생의 의향에 따라 처리하도록 하겠습니다."

이 방법은 훌륭한 성과를 거두었다. 6명의 고객 중 단 한 사람은 끝내 잘못이 있다고 고집하고 대금 일부를 지불하지 않았으나, 다른 5명은 모두 기분 좋게 전액을 지불해 주었다. 더구나 주목해야 할 것은 그 후 2년이 지나지 않아 이 6명의 고객으로부터 각각 새 자동차의 주문을 받았던 것이다.

토머스 씨는 이에 대해서 다음과 같이 말하고 있다.

"상대방의 신용상태를 알 수 없을 때에는, 그를 훌륭한 신사로 보고 거래를 진행하면 거의 틀림이 없다는 사실을 나는 경험을 통해서 깨달았다. 요컨대 인간은 누구나 정직하고 의무를 다하겠다는 생각을 가지고 있다. 그 예외는 비교적 적다. 아무리 속이기 잘하는 인간이라도 상대로부터 진정으로 신뢰받아, 정직하고 공정한 사람으로 대접받게 되면, 여간해서 부정한 일은 할 수 없는 법이다."

제11장

연출을 생각하라

수년 전에『필라델피아 이브닝 블루틴』신문에 대해 악의에 찬 소문이 떠돌고 있었다. 이 신문은 대부분이 광고뿐이고 기사가 몹시 적어서, 독자들은 흥미를 잃고 있으며 광고를 내도 효과가 별로 없다는 소문이었다. 신문사로서는 시급히 대책을 강구하여 소문을 근절시키지 않으면 안 되었다.

이에 신문사가 취한 방법은 다음과 같다.

이 신문사는 평소 하루치의 신문에서 기사만을 전부 뽑아내어, 그것을 분류하여 한 권의 책으로 출판했던 것이다. 그 책에는 「하루」라는 제목이 붙여졌다. 307페이지나 되어, 적어도 2달러의 정가는 매겨야 할 것을 불과 2센트로 발매했다.

그 결과 이 책은『블루틴』신문에 재미있는 기사가 많이 실려 있다는 사실을 사람들에게 주지시켰다. 이 얼마나 인상적인 연극인가! 단순히 숫자를 나열하거나 설명을 늘어놓아 가지고는 며칠이 걸려도 해내지 못 할 일을 단번에 해치웠던 것이다.

뉴욕 대학의 리처드 본든과 알빈 버스는 1만 5천 건의 상담을 분석하여, 「대화에서 이기는 법」이라는 저서를 내었고, 똑같은 원리를 '판매의 6원칙'이라는 제목으로 강연을 하였고, 나중에는 이 원리를 영화로 만들어 대회사의 세일즈맨들에게 관람시켰다. 그들은 연구의 결과를 단순히 설명할 뿐이 아니라 그 실례를 보였다. 청중 앞에서 실제로 언쟁을 시켜 보여 판매의 옳은 방법과 옳지 못한 방법을 가르쳤던 것이다.

현대는 연출의 시대다. 단순히 사실을 설명하는 것만으로는 부족하다. 사실에다 생동감과 흥미를 곁들여 연출하지 않으면 안 되는 것이다. 흥행적인 수법을 쓸 필요가 있다. 영화·라디오·텔레비전 등은 모두 이 수법을 쓰고 있다. 사람들의 주의를 끄는 데는 이 방법이 제일 효과적이다.

쇼윈도의 장식을 전문으로 하고 있는 사람이라면 이 연출의 효과를 잘 알고 있을 것이다. 예를 들면 새로운 쥐약을 만드는 회사에서 소매점 쇼윈도에 산 쥐 두 마리를 장식으로 사용한 일이 있는데 이러한 마케팅 방법을 사용한 주의 매출이 평소보다 5배나 신장되었다고 한다.

『아메리칸 위클리』 주간지의 제임스 보인턴은 방대한 시장조사의 보고를 제출해야 했다. 어느 콜드크림 제조회사가 제품의 정가를 인하하느냐 않느냐에 대한 자료가 급히 필요하다는 것이었다. 그는 조사의 결과를 정리하여 그것을 의뢰자에게 제출하러 갔다. 그런데 이 의뢰자는 이 업계의 큰 인물로 꽤 까다로운 사람이었다.

보인턴이 처음 보고서를 가지고 갔을 때는 실패였다. 그의 이야기를 소개하겠다.

첫 번째 갔을 때는 내 조사방법에 대해 정말 쓸데없는 설전을 하고 말았다. 나는 드디어 상대방의 코를 꺾어 기분을 풀 수는 있었지만, 유감스럽게도 시간만 낭비하고 효과는 거두지 못했다.

두 번째 갔을 때는 숫자나 도표와 같은 자료에 구애되지 않고, 조사한 사실을 극적으로 연출해 보였다. 내가 그의 방에 들어가니, 그는 전화를 걸고 있었다. 그 동안에 나는 가방 속에서 32개의 콜드크림 병을 꺼내어 그의 책상 위에 늘어놓았다. 그가 알고 있는 모든 제품, 즉 그의 경쟁 상대의 상품 전부인 것이다.

모든 병에는 각각 나의 조사결과를 기입한 표가 붙여져 있다. 그 표들이 각각 그 크림의 판매상태를 간명하고도 극적으로 말해 주었다. 그 효과는 놀라웠다. 지난번과 같은 설전이 일어날 여지는 전혀 없었다. 그의 질문은 아주 간단한 것들이었다. 그는 상당히 흥미를 느꼈던 모양이다. 10분으로 약속한 회담이 20분이 되고, 40분, 한 시간이 지나도록 우리들의 대화는 계속되었다.

나는 지난번과 똑같은 사실을 제공한 것이지만, 이번에는 연출효과를 노린 점이 달랐던 것이다. 흥행적인 수법에 이런 효과가 있다는 사실을 처음 알았다.

제12장

경쟁의식을 자극하라

찰스 슈워브가 담당하고 있는 공장 중에 실적이 오르지 않는 공장이 있었다. 슈워브는 공장장을 불러서 물었다.

"자네는 상당히 유능하다고 생각하고 있는데 의외로 실적이 오르지 않으니 웬일이지?"

"글쎄 저도 그것을 알 수 없습니다. 어르기도 하고 달래기도 하고 추켜세우기도 하여 온갖 수단을 쓰고 있습니다만, 공원들이 도무지 움직여 주지를 않습니다."

마침 그때 주간반과 야간반의 교대시간이 되었다. 슈워브는 분필 한 개를 손에 들고, 주간반의 공원을 붙잡고 물었다.

"자네들 주간반은 오늘 주물을 몇 번 부었지?"

"여섯 번입니다."

슈워브는 아무 말도 하지 않고, 마룻바닥에 큼지막하게 '6'자를 써 놓고 나가 버렸다.

이윽고 야간반 공원들이 들어오고 이 글자를 발견하고, 그 뜻을 주간반 공원에게 물었다.

"조금 전에 지배인이 다녀갔어. 그런데 오늘 주물을 몇 번 부었느냐고 묻기에 여섯 번이라고 대답했더니, 이렇게 '6'자를 써 놓고 간 거야."

슈워브는 이튿날 아침에 다시 왔다. 그랬더니 밤일반이 '6'자를 지우고 더 크게 '7'자를 써 놓았다. 주간반이 출근해 보니 마루에 '7'자가 크게 씌어 있었다. 야간반이 자기들보다 성적을 더 올린 것이다. 주간반 공원들은 경쟁의식에 불타 부지런히 일하여, 퇴근할 때는 '10'자를 써 놓았다.

이렇게 해서 이 공장의 능률은 하루가 달리 쑥쑥 올라갔다. 성적이 가장 불량했던 이 공장은 이윽고 다른 공장들을 다 누르고 생산율 제1위를 차지하게 되었다.

이에 대하여 슈워브는 이렇게 말하고 있다.

"일을 시키는 데는 경쟁심이 중요하다. 얄팍한 돈에 대한 경쟁이 아니라 다른 사람보다 뛰어나고 싶어 하는 경쟁심을 이용해야 한다."

이것은 우위를 차지하려는 욕구, 경쟁의식, 지지 않으려는 승벽, 사나이의 기백에 호소하는 방법이다.

이 경쟁의식에 자극되지 않았더라면 데오도르 루스벨트도 대통령이 되지 못했을 것이다. 미서전쟁(1898년에 일어난 미국과 스페인과의 전쟁)이 끝나고 그는 곧 뉴욕 주지사에 선출되었다. 그런데 반대파가 루스벨트는 법적으로 이 주의 거주민으로서의 자격이 없다고 주장했다. 루스벨트는 당황해서 사퇴하려 했다. 그러자 토머스 플래트 당수가 호통을 쳤다.

"자네가 그래 산 주안 힐 전선에서 싸운 용사인가? 이 겁쟁이야!"

루스벨트는 이 한마디에 반대파와 싸우기로 결심했고, 그 이후의 일은 역사가 말해 주고 있다. 루스벨트의 경쟁의식을 자극한 이 한마디가 그의 생애를 바꾸어 놓았을 뿐 아니라, 미국의 역사에도 중대한 영향을 끼쳤던 것이다.

알 스미스가 뉴욕 주지사로 있을 때, 그 유명한 싱싱교도소 소장을 맡을 사람이 없어 골치를 썩은 일이 있다. 당시는 형무소 내부가 몹시 부패하여 지독한 악평이 세상에 나돌 때였다. 스미스는 이 싱싱교도소를 지배할 수 있는 강력한 인물이 필요했다. 물색하고 물색한 끝에 물망에 오른 것이 뉴 햄프턴에 사는 루이스 로즈였다.

스미스는 로즈를 불러 이렇게 말했다.

"여보게, 자네 싱싱교도소를 맡아 보지 않겠나? 상당한 경험이 있는 사람이라야 하니까 말이야."

로즈는 당황했다. 싱싱교도소 소장이라면 좀 생각할 문제다. 정치 바람이 몹시 센 자리다. 소장은 쉴 새 없이 교체된다. 심지어는 3개월도 못간 예도 있다. 덮어 놓고 받아들이는 것은 위험하다고 로즈는 생각했다.

그가 망설이는 것을 바라보고 있던 스미스 지사는 몸을 뒤로 젖히고 웃으면서, 이렇게 말했다.

"여보게, 자네가 그처럼 주저하는 것도 당연한 일일세. 그 자리는 사실 힘든 자리니까 말이야. 여간 거물이 아니고서는 해낼 수 없는 자리지."

상대방의 경쟁심을 자극했던 것이다. 로즈는 '여간 거물이 아니고서는 해낼 수 없는' 일을 자기가 한 번 해보고 싶은 생각이 들었다.

로즈는 곧 부임하여 열과 성을 다했다. 그 결과 이제는 그의 이름을 모르는 사람이 없게 되었다. 그의 저서 「싱싱의 2만 년」은 수십만 부나 팔렸다. 그는 라디오 방송에도 나왔다. 그의 저서를 자료로 한 영화가 몇 편이나 제작되었다. 그리고 그의 '죄수 대우 개선론'은 형무소에 기적적인 개혁을 가져다주었다.

파이어스톤 고무회사의 창설자인 하베이 파이어스톤 씨는 이렇게 말하고 있다.

"봉급만 많이 준다고 사람이 모여들고 인재가 확보되는 것은 아니다. 시합의 정신을 넣어 줄 필요가 있다."

성공한 사람들은 누구나 시합을 좋아한다. 시합에는 자기표현의 기회가 있기 때문이다. 마음껏 실력을 발휘하여 상대방을 물리치는 기회, 이것이 모든 경주나 경기를 성립시킨다. 우위를 차지하겠다는 욕구. 중요감을 만족시키려는 욕망, 이것을 자극해야 하는 것이다.

상대방을 설득하는 열두 번째 방법:

경쟁의식을 자극한다.

사람을 바로잡는 9가지 방법

제1장

우선 칭찬하라

내 친구가 쿨리지 대통령(미국 30대 대통령)의 초대를 받아 주말을 백악관에서 지낸 일이 있다. 그가 대통령실로 들어가니, 그때 대통령은 한 여비서에게 이렇게 말하고 있었다.

"오늘 입은 옷은 참 잘 어울리는데. 정말 미인이란 말이야."

무뚝뚝하기로 이름난 쿨리지의 입에서 이런 찬사가 나왔으니 진기한 일이다. 전혀 뜻밖에 찬사를 받은 그 아가씨는 당황해서 얼굴이 새빨개졌다. 그러자 대통령은 이렇게 말했다.

"그렇게 굳어질 필요는 없다구. 마음을 좀 풀어 주기 위해서 한 말이니까. 그런데 앞으로는 서류의 구두점에도 좀 주의를 해주어야겠어."

그의 수법은 좀 노골적이었는지는 모르지만, 심리적인 효과를 노린 점에서는 만점이다. 사람이란 칭찬을 받고 난 뒤에는 불쾌한 말도 과히 비위에 거슬리지 않게 마련이다.

이발사는 면도를 하기 전에 비누거품을 칠한다. 1896년에 매킨리가 대통령 선거에 입후보했을 때, 이 이발사의 방법을 그대로 사용했다.

한 유명한 공화당원이 선거연설의 초고를 써서 전대에 없던 명연설이라고 자부하고, 의기양양하게 그것을 매킨리에게 읽어 주었다. 매킨리가 들어 보니 잘 된 부분도 있었지만 전체적으로 볼 때에는 훌륭한 것은 아니었다. 이를 연설에 사용하면 비난의 폭풍을 불러일으킬 것은 뻔한 일이었다.

매킨리로서는 이 사나이의 자존심을 손상시키고 싶지 않았고, 또 그의 열의를 존중해 주어야 했다. 그러면서도 이 연설문에 대해서는 '노' 하지 않으면 안 되는 상황이었는데 그는 이 어려운 일을 멋지게 해 넘겼던 것이다.

"야, 그거 참 잘 되었네. 정말 멋진 연설문이야. 아주 훌륭해. 이런 연설문을 쓸 수 있는 사람은, 아마 자네 말고는 없을 걸세. 적당한 경우에 사용하기만 한다면 틀림없이 100%의 효과가 있을 거야. 그런데 이번 선거의 경우에는 좀 어떨까 하는 생각이 드네. 그야 물론 자네 입장에서 본다면 이보다 더 훌륭할 수는 없겠지만, 우리 당 전체의 입장에서 보아야 하니까 말이야. 미안하지만 내 취지에 따라 다시 한 번만 써 주지 않겠나? 다 되거든 내게로 보내 주게."

이래서 상대방은 자존심을 조금도 상하지 않고, 매킨리가 일러 준대로 다시 써 왔다. 그래서 그는 유능한 응원 연사로서 크게 활약을 하게 되었다.

아브라함 링컨이 쓴 두 번째로 유명한 편지를 여기에 소개하겠다.(첫 번째로 유명한 것은 다섯 명의 아들을 전쟁터에서 잃은 빅스비 부인에게 보낸 애도의 편지다.)

링컨은 이 편지를 불과 5분 동안에 서둘러 쓴 것으로 생각되지만, 이 편지는 1926년 경매에서 무려 1만2천 달러에 팔렸다. 1만2천 달러라면, 링컨이 50년 동안 벌어서 저축한 액수보다도 많은 돈이다.

이 편지는 남북전쟁에서 북군의 패색이 가장 짙어 가던 1863년 4월 26일에 쓴 것이다. 북군은 작전의 착오로 인해 1년 6개월 동안이나 참패하고 있었다. 사상자의 수는 계속 늘어 가고 국민들은 실망에 빠져 있었다. 수천 명의 탈영병들이 생기고, 공화당의 상원의원까지도 링컨의 퇴진을 요구하고 나섰다. 링컨 자신이 "바야흐로 우리들의 운명은 파멸의 심연에 직면하고 있다. 하나님의 가호도 바랄 수 없고, 한 줄기 희망의 빛마저 찾을 수가 없다."라고 한탄하던 시기에 이 편지는 씌어진 것이다.

이 편지는 국가의 운명이 한 장군의 어깨에 걸려 있는 위급한 때에, 링컨은 어떻게 해서 그 완고한 장군의 생각을 돌려놓았는지를 잘 표현해 주고 있다.

이 편지는 그가 대통령 취임 이후에 쓴 편지 중에서 가장 통렬한 것이다. 그런데도 후커 장군의 중대한 과오를 책망하기 전에 그를 칭찬하고 있는 점은 주목할 만하다. 그의 과실은 중대한 것이었다.

그러나 링컨은 그런 표현은 하고 있지 않다. 가능한 한 신중하게, 그리고 외교적으로 쓰고 있다. 그는 "본인이 귀관의 태도에 대하여 꼭 만족하다고는 생각되지 않는 점이 약간 있다는 사실도 기억해 주시기 바랍니다."라고, 이 편지에서 말하고 있다. 이 얼마나 신중하고 외교적인 표현인가?

링컨이 후커 장군에게 보낸 편지는 다음과 같다.

본인은 귀관을 포토맥 전선의 지휘관으로 임명했습니다. 물론 본인은 확신을 가지고 그렇게 결정했습니다만, 귀관의 태도에 대해서는 꼭 만족하다고는 할 수 없는 점이 약간 있다는 사실도 기억해 주시기 바랍니다.

본인은 귀관이 용감하고 훌륭한 군인임을 확신하고 있습니다. 물론 본인은 그런 군인을 좋아합니다. 그리고 귀관은 정치와 군사를 혼동하지 않는 인물임을 확신하고 있습니다. 그것은 정당한 일입니다. 귀관은 절대적인 자신을 가지고 있습니다. 이것도 크게 존중할 만하다고 생각합니다.

귀관에게는 야심적인 의욕이 있습니다. 이것은 한도를 벗어나지만 않는다면 매우 훌륭한 일입니다. 그러나 귀관은 번사이드 장군 지휘 하에 있을 때, 공을 서둔 나머지 명령을 위반하고 임의로 행동하여, 국가와 명예 있는 장군에 대해 중대한 과오를 범했습니다. 들은 바에 의하면 정치와 군사에 있어서 독재자의 필요를 역설하고 있는 모양이지만, 물론 본인은 그 사실을 알고서도 귀관을 지휘관으로 임명했습니다. 그러나 그것은 결코 귀관의 의견에 동의한 결과는 아니었습니다.

독재권을 인정하려면, 그것에 의해서 성공이 보증되지 않아서는 안 됩니다. 본인이 귀관에게 희망하는 것은 우선 군사적으로 성공하는 일에 있습니다. 그것을 위해서라면 독재권을 사용해도 좋다고 생각합니다. 앞으로도 정부는 전력을 기울여 다른 지휘관과 마찬가지로 귀관을 원조할 것입니다. 그러나 본인은 귀관의 언동에 영향을 받아 군대 내에서 상관을 비난하는 풍조가 일어나, 마침내는 그것이 귀관에게로 방향을 돌릴 것을 우려하고 있으며, 가능한 한 귀관을 원조하여 그와 같은 사태의 발생을 방지하고 싶습니다. 군대 내에 그런 풍조가 일어난다면, 귀관이나 설사 나폴레옹일지라도 우수한 군대를 만들 수는 없을 것입니다. 경거망동을 삼가도록 부탁합니다. 경거망동을 삼가 최후의 승리를 거둘 수 있도록 전력을 기울여 주시기 바랍니다.

우리들은 쿨리지도 아니고, 매킨리도 아니며, 링컨도 아니다. 단지 우리가 알고 싶은 것은 이와 같은 방법이 일상생활이나 사업상에 어떤 효과를 거둘 수 있느냐 하는 점이다.

그러면 여기에서 필라델피아의 워크 건설회사의 고우 씨의 예를 들어 보기로 하겠다. 고우 씨는 우리들과 조금도 다름이 없는 보통 사람이다. 필라델피아에서 개최한 내 강연회의 회원이다.

워크 회사에서는 어느 건축공사를 의뢰받아, 지정된 기일까지 완공시키려고 일을 서둘고 있었다. 만사가 예정대로 잘 진행되어 나갔는데, 준공 직전에 갑자기 브레이크가 걸렸다. 건물 외부장식에 사용하는 청동장식의 하청업자로부터 도저히 기일 안에 납품할 수 없다는 통지가 왔던 것이다. 큰일이었다. 엄청난 손해를 볼 수밖에 없는 상황이었던 것이다. 한 사람의 하청업자 때문에 공사 전체가 중단될 형편이었다.

장거리 전화를 걸어 소란을 피워 봤지만, 아무 소용이 없었다. 그래서 고우 씨가 호랑이굴에 들어가는 마음을 먹고 뉴욕으로 떠났다. 고우 씨는 그 회사 사장실에 들어가자 우선 이렇게 말했다.

"이 부룩클린에는 사장님과 똑같은 성을 가진 분은 하나도 없더군요."

"아, 그래요? 그건 나도 모르고 있었습니다."

사장의 놀라는 기색을 보고, 고우 씨는 이렇게 설명했다.

"오늘 아침 이곳에 도착하자마자, 저는 사장님 주소를 알기 위해 전화번호부를 조사해 보았습니다. 그랬더니 사장님과 성이 같은 분은 한 사람도 없더군요."

"아, 그랬어요. 지금까지 나도 그 사실을 모르고 있었습니다."

이렇게 말하고, 사장은 전화번호부를 열심히 뒤적이는 것이었다.

"그럴 거예요, 좀 귀한 성이니까. 우리 조상은 200년 전에 네덜란드에서 이 뉴욕으로 건너 왔답니다."

그는 자랑스러운 듯이 자기의 가족과 조상에 대한 얘기를 늘어놓았다. 그의 이야기가 끝나고, 고우 씨는 이번에는 그 공장의 규모와 시설을 칭찬했다.

"참, 훌륭한 공장이군요. 규모도 크고 시설도 잘 되어 있고, 청동

공장으로는 일류로군요.”

“나는 이 사업에 일생을 바쳐 왔습니다. 얼마쯤은 자랑할 수 있다고 생각합니다. 어떻습니까, 공장 구경을 한번 하실까요?”

공장을 돌아보면서 고우 씨는 그 시설이나 제도를 칭찬하고, 다른 동업자들과는 경쟁이 안 될 만큼 우수하다고 말했다. 그가 이상한 기계를 보고 감탄하자, 사장은 그 기계는 자기가 발명한 것이라고 의기양양해 하면서 한동안 직접 그 기계를 가동시켜 보였다.

공장 구경이 끝나자, 사장은 점심을 함께 하자고 막무가내로 청했다. 그때까지도 고우 씨는 용건에 대해서는 일언반구도 입 밖에 내지 않았다. 그런데 점심을 함께 하고 나자, 사장은 이렇게 말했다.

“자, 이제 장사 얘기를 할까요? 물론 나는 선생이 찾아오신 목적을 잘 알고 있었습니다. 선생과 이렇게 즐겁게 얘기하리라고는 생각도 못했던 일입니다. 다른 주문은 늦추더라도 귀사의 것은 틀림없이 기일 안에 납품해 드릴 터이니 안심하시고 돌아가십시오.”

고우 씨는 한 마디의 부탁도 하지 않고 목적을 달성한 것이다.

덕분에 약속대로 제품이 도착해, 건물은 예정된 기일 안에 준공되었다.

만일 이때 고우 씨가 세상 사람들이 이런 경우에 흔히 쓰는 강경책을 취했다면, 그 결과는 어떻게 되었을까?

사람을 바로잡는 첫 번째 방법:

진심으로 칭찬해 준다.

간접적으로 주의시켜라

하루는 찰스 슈워브가 공장을 둘러보고 있을 때, 몇 명의 종업원들이 담배를 피우고 있는 장면을 보게 되었다. 그들의 머리 위에는 '금연'이란 표지가 붙어 있었다. 슈워브는 그것을 가리키며 "자네들에겐 저 글자가 안 보이나?" 하고 호통을 쳤을까? 슈워브는 그런 말은 결코 하지 않는다. 그는 종업원들에게로 다가가서 담배 한 개씩을 나누어 주고 "자, 밖에 나가서 피우고 오게." 하고 말했다. 그들이 금지사항을 위반한 장면을 직접 발각하고서도, 슈워브는 거기에 대해서는 한 마디도 말하지 않고, 오히려 담배를 주고 체면을 세워 주었으니, 그들이 그를 따르는 것은 당연한 일이다.

존 워너메이커도 이와 똑같은 방법을 썼다. 워너메이커는 하루에

한 번씩 필라델피아에 있는 그의 점포를 둘러보고 있었는데, 하루는 한 손님이 카운터 앞에 서서 기다리고 있는 것을 발견했다. 아무도 그 부인에게 주의를 기울이지 않고 있었다. 점원들은 저쪽 구석에 모여서 잡담을 하고 있었다. 워너메이커는 아무 말도 없이 슬그머니 판매소 안으로 들어가서 그 부인의 주문을 받은 다음, 포장을 점원에게 시키고 그대로 가 버렸다.

명설교자로 알려진 헨리 워드 비처 목사가 세상을 떠난 것은 1887년 3월 8일이었다. 그 다음 일요일에 비처 목사의 후임으로 라이먼 애보트가 교회에 초빙되어 첫 설교를 하게 되었다. 그는 정성껏 설교의 초고를 쓰고, 세심한 주의를 기울여 그것을 다듬었다. 그것이 완성되자, 그는 우선 아내에게 그것을 읽어 주었다. 원고를 읽는 연설이란 으레 재미가 없게 마련인데, 이것도 예외는 아니었다.

'재미가 없어요. 안 되겠어요. 사람들이 졸겠어요. 마치 백과사전을 읽는 것 같은 걸요. 여러 해 동안 설교를 하셔서 그 정도는 아실 거 아녜요. 좀 더 인간미가 흐르도록 자연스럽게 했으면 좋겠어요. 이건 창피를 당하기 알맞겠어요.'

그녀는 이런 말은 하지 않았다. 만약 했더라면 큰일이다.

"『북미논평』에 실리면 틀림없이 좋은 논문이 되겠네요."

그녀는 다만 이렇게 말했을 뿐이었다. 즉 그녀는 칭찬함과 동시에 연설에는 적당치 않다는 뜻을 교묘하게 비쳤던 것이다. 애보트도 아내의 말을 알아차렸다. 그리하여 그처럼 애써 완성한 원고를 찢어 버리고, 메모조차도 준비하지 않고서 성공적으로 연설을 했던 것이다.

자신의 잘못을 말하라

내 조카딸 조세핀 카네기는 수년 전에 캔자스시티의 부모 곁을 떠나 뉴욕으로 와서 내 비서노릇을 하고 있다. 당시 그녀는 지방의 고등학교를 나온 열아홉 살의 처녀로, 직장 경험은 전혀 없었다. 지금은 그녀를 우수한 비서라고 할 수 있지만 처음 한동안은 실수만 저질렀다.

하루는 그녀에게 야단을 치려고 했다. 그러나 마음을 돌려 내 자신에게 다음과 같이 타일렀다.

'잠깐만 기다려라. 너는 조세핀보다 두 배나 나이를 더 먹었고, 일의 경험은 그녀의 몇만 배나 된다. 그녀에게 너와 똑같은 능력을 기대한다는 것은 무리다. 하긴 네 능력이라야 별것은 아니지만 말이야. 우선 네가 열아홉 살 때는 어떠했는지 한 번 생각해 보라고.

실수만 저지르지 않았느냐 말이야.'

이와 같이 공평한 입장에서 생각해 보았더니, 같은 나이 때의 나보다 조세핀은 훨씬 훌륭했다. 그래서 그때부터 나는 조세핀에게 주의를 시킬 때는 다음과 같이 말하기로 했다.

"조세핀, 이건 좋지가 않아. 하기는 내가 지금까지 저지른 실수에 비하면 이 정도는 아무것도 아니지만. 처음에는 실수하는 것이 당연한 거야. 경험을 쌓아 가야 실수도 없어지게 마련이거든. 내가 젊었을 때에 비하면 지금의 네가 훨씬 나은 편이다. 나는 많은 실수를 해 왔기 때문에 너에게 잔소리를 할 생각은 없지만, 어떨까, 이렇게 하는 편이 낫지 않을까?"

다른 사람에게 잔소리를 할 경우, 겸허한 태도로 '나도 결코 완전치 못해서 실수도 잘하지만' 하고 전제한 다음, 상대방의 잘못을 주의시키면, 상대방은 그다지 불쾌한 생각을 하지 않게 마련이다.

독일제국의 마지막 황제인 빌헬름 2세 당시에 수상직을 맡고 있던 폰 불로우 공은 이 방법의 필요를 절실히 느낀 일이 있다. 당시의 빌헬름 황제는 천하무적인 육해군을 가지고 그 위세를 만천하에 과시하고 있었다. 그런데 그러던 중에 큰 소동이 벌어졌다. 영국을 방문중인 빌헬름이 엄청난 폭언을 했는데 그것이 『데일리 텔레그래프』에 실린 것이다. 이것은 당장에 영국 정계는 물론 국민들의 분노를 사게 되었고, 독일 본국의 정치가들조차 빌헬름의 독선에 아연실색했다. 예를 들면 '나는 영국에 호의를 가지고 있는 유일한 독일인이다, 나는 일본의 위협에 대비해서 대해군을 건설했다, 영국이 러시아와 프랑스의 공격을 받지 않고 안심하고 있을 수 있는 것은 모두 내 덕분이다, 남아전쟁에서 영국의 로버트 경이 승리한 것도 역시 내 덕분'이라고 말했던 것이다.

너무나 문제가 커지자, 그처럼 당당하던 빌헬름도 당황했다. 그래서 그는 불로우 수상에게 그 책임을 전가하려고 했다. 빌헬름은 불로우가 말한 대로 했으니 책임은 불로우에게 있다고 선언하라는 것이었다.

"폐하, 저에게 폐하를 움직여 그와 같은 말씀을 하시게 할 힘이 있다고 믿는 사람은, 영국이나 독일에는 한 사람도 없다고 생각되옵니다만."

불로우는 이렇게 대답했다. 그러나 그 순간 아차 싶었다. 빌헬름은 화가 머리끝까지 치밀어 호통을 쳤다.

"자넨 나를 바보로 취급하나! 그래 자네라면 절대로 저지르지 않을 실수를 내가 저질렀다는 말인가!"

불로우는 탓하기에 앞서 칭찬부터 했어야 했다고 깨달았지만, 때는 이미 늦었다. 그래서 그는 차선책을 강구했다. 즉 탓한 다음에 칭찬했던 것이다. 그런데 이것은 훌륭한 기적을 낳았다.

그는 공손히 다음과 같이 말했다.

"결코 그러한 뜻으로 말씀드린 것이 아니옵니다. 폐하께서는 원래 현명하셔서 저와 같은 사람은 감히 따를 수가 없나이다. 육해군에 관해서는 물론, 자연과학에 관한 폐하의 깊으신 조예에 저는 오직 경탄할 뿐이옵니다. 폐하께서는 자주 청우계나 무선전신, X선 등에 관한 설명을 해주셨는데, 그때마다 저는 그저 탄복할 따름이었나이다. 저는 그 방면의 일은 부끄러울 정도로 전혀 아는 바가 없나이다. 간단한 자연현상에 대한 일까지도 설명하지 못하옵니다. 저는 다만 역사에 대한 약간의 지식과 정치, 특히 외교에 필요한 지식을 다소 가지고 있을 뿐이옵니다."

황제의 얼굴에는 미소가 떠올랐다. 불로우가 칭찬했기 때문이다. 불로우는 황제를 추켜세우고 자기를 깎아 내린 것이다. 이렇게 되면 황제는 어떤 일이라도 용서하게 마련이다.

"항상 내가 말하는 것처럼, 서로 도와서 잘해 보도록 하세. 손을 굳게 마주잡고 전진하는 거야."

황제의 기분은 완전히 풀렸다. 황제는 불로우의 손을 몇 번이고 굳게 잡았다. 나중에는 열을 올려 "어느 누구고 불로우를 나쁘게 말하는 놈은 혼을 내 주겠다."고까지 말했다.

불로우는 이렇게 해서 위기를 면했다. 그러나 그만큼 빈틈이 없는 사람도 역시 실수를 했던 것이다. 그는 우선 자기 자신의 결점과 황제의 장점을 말했어야 할 것을, 반대로 황제를 바보로 취급했던 것이다.

이러한 예를 보아도 알 수 있는 것처럼, 겸손과 칭찬은 우리들의 대인관계에 있어서 큰 효과를 발휘한다. 이것을 올바르게만 이용한다면 인간관계에 기적을 낳게 할 수 있을 것이다.

사람을 바로잡는 세 번째 방법:
자신의 잘못을 말한 다음, 상대방에게 주의를 준다.

제4장

명령하지 말라

얼마 전에 나는 미국의 일류 전기 작가인 아이다 터벳 여사를 만나서 식사를 함께 한 일이 있다. 내가 「친구를 만들고 사람을 움직이는 방법(How to win friends & Influence people)」을 집필중이라고 그녀에게 말하자, 화제는 자연히 인간관계에 대한 여러 가지 문제로 옮겨져, 여러 가지 의견이 활발하게 교환되었다.

그녀는 오웬 D. 영의 전기를 쓸 때, 영과 3년 동안 같은 사무실에 근무한 일이 있는 한 사나이를 만나, 영에 관한 여러 가지 일들을 물어 보았다고 한다. 그런데 그 사나이의 말에 의하면, 영은 누구한테도 결코 명령적인 말은 쓰지 않았다고 한다. 명령하는 대신 암시를 준다는 것이다. '저것을 해!', 또는 '그렇게 하면 안 되네!' 하는 투의 말은 절대로 쓰지 않는 대신 영은 '이렇게 생각해 보면 어떨까?', '이렇게 하면 잘 될까?'라는 식으로 상대방의 의견을 물었다고 한다.

그는 또 편지를 구술하여 받아쓰게 한 다음, "이 편지를 어떻게 생각하나?" 하고 묻곤 했다고 한다. 그리고 그의 부하가 쓴 편지를 읽어 보고는, "여기는 이런 표현을 쓰면 더 좋을 것 같은데, 어떻게 생각하나?" 하고 말하는 경우도 흔히 있었다고 한다.

그는 상대방에게 항상 자주적으로 일할 수 있는 기회를 주었던 것이다. 절대로 명령을 하지 않고 자주적으로 일하게 하였던 것이다. 그리고 실수하는 가운데서 스스로 깨닫고 배우게 했던 것이다.

이러한 방법을 쓰면 상대방의 잘못을 바로잡기가 쉬워진다. 그리고 상대방의 자존심을 손상 시키는 일도 없고, 상대방에게 중요감을 주게 되어, 반감 대신 협조적인 마음이 우러나게 되는 것이다.

사람을 바로잡는 네 번째 방법:

명령하지 말고 의견을 묻는다.

체면을 세워 줘라

제너럴 일렉트릭사는 찰스 스타인메츠 부장의 이동이라는 까다로운 문제에 봉착했다. 스타인메츠는 전기에 관해서는 권위자이지만, 기획부장으로서는 적임자가 아니었다. 회사로서는 그의 감정을 해치고 싶지 않았다. 사실 그는 필요불가결한 인물이었지만, 몹시 신경질적인 사나이였다. 그래서 회사에서는 새로운 직책을 새로 마련하여, 그를 그 자리에 임명했다. '제너럴 일렉트릭 고문기사'라는 것이 그 직함이었다. 그러나 그가 하는 일은 별로 변동이 없었다. 그리고 부장에는 다른 사람을 앉혔다. 스타인메츠도 좋아했다. 그리고 중역들도 기뻐했다. 그렇게도 까다로운 인간에게, 체면을 세워 줌으로써 무사히 움직일 수 있었던 것이다.

상대방의 체면을 세워 준다! 이것은 몹시 중요한 일이다. 그런데도 이 중요성을 이해하고 있는 사람이 과연 얼마나 있을까? 자기의 기분을 관철하기 위해서는 남의 감정을 짓밟고 넘어간다. 상대방의 자존심 같은 것은 전혀 생각하지 않고서 말이다. 다른 사람들이 보는 앞에서 고용인이나 자식을 야단치는 일을 우리들은 흔히 볼 수 있다. 좀더 신중히 생각한 다음, 한두 마디의 다정한 말을 해주고 상대방의 심정을 이해해 주는 편이 훨씬 효과적인데도 말이다!

하인이나 종업원들을 어쩔 수 없이 해고하지 않으면 안 될 불쾌한 경우에는, 이와 같은 일을 잘 생각해 주기 바란다.

마샬 글렌저라는 공인회계사가 나에게 보낸 편지의 일부를 여기에 소개하기로 하겠다.

종업원의 해고문제는 아무리 좋게 생각해도 유쾌한 일은 아닙니다. 해고당하는 입장에서는 더욱 그럴 것입니다. 우리의 일은 시즌에 따라 좌우되는 경우가 많아, 매년 3월이 되면 많은 해고자가 생기게 됩니다.

해고시키는 일은 결코 유쾌한 일이 못됩니다. 그러므로 되도록 일을 간단히 처리하는 습관이 우리들 사이에는 마련되어 있습니다. 그것은 보통 다음과 같은 방법으로 처리하는 것입니다.

"스미스 씨, 좀 앉으시오. 아시는 바와 같이 시즌이 끝났기 때문에, 당신의 일도 없어졌습니다. 그리고 처음부터 바쁜 시기에만 일해 주신다는 약속이었구요."

이 정도로 말해도 상대방은 심한 타격을 받습니다. 냉정하게 팽개쳐진 기분이 드는 것입니다. 그들의 대부분은 회계의 일로 평생을 보낼 사람들인데, 이렇게 간단히 해고하는 회사에 대해서는 한 치의 애착도 느끼지 않습니다.

그래서 나는 임시직원을 해고할 때는 좀더 다정한 방법을 써 보려고 생각했습니다. 각자의 성적을 자세히 조사한 다음, 그들을 불러서 다음과 같이 말하는 것입니다.

"스미스 씨, 당신의 일솜씨에는 정말로 감탄하고 있습니다. 뉴욕에 출장 가셨을 때는 정말 수고하셨습니다. 훌륭히 일을 끝내 주셔서 저희 회사로서는 체면이 섰습니다. 당신은 그만한 실력이 있으시니 어딜 가시든지 큰일을 하실 것입니다. 우리는 당신을 믿고 있으며, 그리고 되도록 우리도 힘이 되어 드리려고 생각하고 있습니다."

이렇게 하면 상대방은 해고당한 것을 별로 괴롭게 생각하지 않고, 밝은 기분으로 떠납니다. 팽개쳐진 기분이 들지 않는 것입니다. 회사에 일이 있기만 하면 다시 써 줄 것이라고 생각하기 때문입니다. 그리고 회사가 다시 그들을 필요로 할 때에는 기꺼이 와 줍니다.

사람을 바로잡는 다섯 번째 방법:

상대방의 체면을 세워 준다.

작은 일도 칭찬하라

나는 피트 버로우라는 서커스 단장과 오래 전부터 친하게 지냈다. 그는 개나 망아지 등을 끌고 각 지방을 순회공연하고 있었다.

나는 피트가 개에게 재주를 가르쳐 주는 것을 보고 몹시 재미있다고 생각했다. 개가 조금만 잘 하면 쓰다듬어 주고 고기를 주고 하여, 크게 칭찬해 주는 것이다.

이 방법은 결코 새로운 것은 아니다. 동물의 훈련에는 옛날부터써 온 수법이다. 그런데 누구나 다 아는 이 방법을, 우리들은 왜 대인관계에 응용하지 않을까? 왜 회초리 대신에 고기를, 비평 대신에 칭찬을 사용하지 않는 것일까? 상대방이 조금만 발전하더라도 마음으로부터 칭찬해 줄 일이다. 그는 그 칭찬에서 힘을 얻어 더욱 발전 향상할 것이다.

싱싱교도소 소장인 루이스 로즈에 의하면, 범죄자들까지도 약간의 발전을 칭찬해 주면 큰 효과가 있다고 한다. 실은 이 글을 쓰고 있는 중에 그에게서 편지를 받았는데, 그 가운데 이런 말이 적혀 있다.

"죄수들의 노력을 적당히 칭찬해 주면, 그들은 새사람이 되려는 기분을 일으킵니다. 잘못을 심하게 꾸짖는 것보다는 훨씬 효과가 있습니다."

나 자신이 이제까지 걸어온 길을 되돌아보면, 칭찬의 말이 내 인생에 큰 전환을 가져온 기억은 확실히 있다. 누구에게나 그런 경험은 있을 것이다. 역사상에는 그 현저한 예가 얼마든지 있다.

지금으로부터 약 50년 전에 열 살 정도 된 한 소년이 나폴리의 어느 공장에서 일하고 있었다. 그는 성악가가 되려고 했다. 그러나 최초의 교사가, "너에게는 노래가 맞지 않아. 마치 덧문이 바람에 덜컹거리는 것 같은 목소리란 말이야."라고 말하여 그를 실망시켰다.

그러나 그 소년의 어머니는 비록 가난한 농부의 아내였지만, 그를 껴안고서 따뜻하게 격려해 주었다.

"너는 틀림없이 훌륭한 성악가가 될 거야. 엄마는 그것을 잘 알고 있어. 그 증거로 너는 점점 노래를 더 잘 부르고 있단다."

그녀는 살갗이 검게 타도록 일하여 아들에게 성악공부를 시켰다. 이 어머니의 한마디 격려가 그 소년의 생애를 일변시켜 놓았다. 여러분도 짐작이 가겠지만, 그의 이름은 바로 카루소다.

꽤 오래 전의 얘기지만, 런던에 작가를 지망하는 한 소년이 있었다. 그런데 그에게 유리한 조건이라곤 하나도 없었다. 학교는 4년밖에 다니지 못했고, 아버지는 부채 때문에 형무소에 들어가 있었다. 끼니조차 제대로 잇지 못하는 형편이었다. 그러던 중 그는 일자리를 얻었다. 굴 속 같은 창고 안에서 구두약 통에 상표를 붙이는 일이었다. 밤이면 음침한 다락방에서 두 소년과 함께 잤다. 그런데 그 두 소년들은 빈민가의 부랑아였다. 그는 자신이 없었기 때문에 남들의 비웃음이 두려워, 밤마다 남들 모르게 글을 썼다. 그리고 완성한 처녀작을 역시 아무도 모르게 잡지사에 우송했다. 하지만 번번이 그의 작품은 반송되어 왔다. 그러던 어느 날, 그에게 기념비적인 날이 찾아왔다. 작품 하나가 채택되었던 것이다. 원고료는 한 푼도 받지 못했지만, 편집장으로부터 칭찬을 들었다. 그는 인정을 받았던 것이다. 그는 너무나도 감격하여 흘러나오는 눈물을 닦지도 않으면서 거리를 돌아다녔다.

자신의 작품이 활자화되어 세상에 나온다는 사실이 그의 생애에 큰 변화를 가져왔다. 만일 그것이 아니었더라면, 그는 일생을 그 어두컴컴한 창고 속에서 보냈을지도 모른다.

이 소년의 이름은 바로 찰스 디킨스이다.

지금으로부터 약 60년 전에, 또 한 소년이 런던의 한 포목상에서 일하고 있었다. 아침 5시에 일어나, 청소와 심부름으로 하루 14시간이나 혹사를 당했다. 이런 중노동에 그는 견딜 수가 없었다. 그래도 2년 동안을 참고 지냈지만, 도저히 그 이상은 견딜 수가 없어서,

그는 어느 날 아침 아침도 먹지 않고서 상점을 빠져나와, 15마일을
걸어서 가정부노릇을 하고 있는 어머니에게로 갔다. 그는 미친 듯이
울부짖으면서 그 상점에서 일하기보다는 차라리 죽는 편이 낫다고
어머니에게 호소했다. 그리고 그는 모교의 교장선생님 앞으로 어려
운 처지를 호소하는 장문의 편지를 써 보냈다.

교장선생님에게서 곧 답장이 왔다.

"자네는 두뇌가 몹시 명석하여 그런 중노동에는 적합하지 않네.
오히려 지적인 일에 종사하는 것이 좋을 것 같네."

그러면서 교장은 그에게 학교의 교사자리를 마련해 주겠다고 했
다. 이 칭찬은 소년의 장래를 일변시켜, 영문학 사상 불멸의 공적을
남기게 했다. 그는 77권의 저서를 쓰고, 100만 달러 이상의 부를
펜으로 이룩한 조지 웰스였다.

사람을 바로잡는 여섯 번째 방법:

사소한 일이라도 아낌없이 칭찬한다.

기대감을 표시하라

내가 아는 사람에 어네스트 젠트라는 부인이 있다. 이 부인은 뉴욕의 스카즈데일에 살고 있는데, 하루는 식모를 고용하기로 하고 다음 주 월요일부터 오라고 일러두었다. 그러고는 그녀가 먼저 일한 곳에 전화를 걸어 문의해 보고는 그 식모에게 다소 문제점이 있다는 사실을 알게 되었다.

약속한 날 식모가 오자, 부인은 그녀에게 이렇게 말했다.

"넬리, 나는 그동안 전 주인에게 전화를 걸어 물어 보았더니, 너는 아주 정직하고 믿을 수 있고 요리도 잘하고 아이들 뒷바라지도 잘한다고 그러더라. 그런데 청소는 조금 미흡하다는 거야. 하지만 그건 사실이 아닐 거야. 도무지 믿어지지 않는단 말이야. 그건 네가 입고 있는 옷이 깨끗한 걸 보아도 알 수 있어. 너는 틀림없이 네 옷차림처럼 집안도 깨끗이 청소할 거야. 우리 한번 잘해 보자.”

과연 그들은 잘해 나갔다. 넬리는 부인이 기대를 걸어 주었기 때문에, 그 기대에 어긋나지 않도록 열심히 일했던 것이다.

볼드윈 기차제작회사의 사무엘 보클레인 사장은 이렇게 말하고 있다.

“어떤 장점을 발견하여 거기에 경의를 표해 주면, 대부분의 사람들은 이쪽에서 바라는 대로 따라오게 마련이다.”

요컨대 상대방의 어느 점을 바로잡으려고 생각한다면, 그 점에 대해 그는 이미 사람들보다 뛰어나다고 말해 주는 것이 좋다. 상대방에게 어떤 장점을 발휘시키려면, 그가 그 장점을 지니고 있는 것처럼 공공연히 대해 주는 것이 최선이다. 좋은 평판을 세워 주면, 그 사람은 당신의 기대를 배반하지 않도록 최선을 다해서 노력할 것이다.

헨리 리스너는 프랑스에 주둔하고 있는 미국 병사들의 품행을 개선하기 위하여, 이 방법을 썼다. 그는 명장으로 알려진 제임스 하보드 대장이 ‘프랑스에 주둔하고 있는 2백만 미국 병사들은 가장 청렴결백한 이상적인 군인’이라고 말하는 것을 들은 일이 있다. 이것은 지나친 칭찬이었지만, 리스너는 이것을 잘 이용했다.

그는 이렇게 말하고 있다.

“나는 대장의 말을 전군에 철저히 주지시켰다. 그것이 정당한 말인지 아닌지는 문제가 아니다. 설사 정당한 말이 아닐지라도 장군이 이와 같은 의견을 가지고 있다는 사실을 알기만 해도, 군인들은 감격하여 장군의 기대에 어긋나지 않도록 노력할 것이다."

속담에 "개를 죽이고 싶거든 먼저 그 개를 미친개로 만들라."는 말이 있다. 이것은 한 번 악평이 나면 만회하기 어렵다는 뜻이다. 그런데 이와 반대로 일단 호평이 나면 어떻게 되겠는가? 부자거나 가난뱅이거나 도둑이거나, 또는 그 밖에 어떤 사람이라도 일단 자기의 호평이 나돌게 되면, 대체로는 그 호평에 어긋나지 않도록 노력하게 마련이다.

"악인과 접촉해야 할 경우에는 그를 존경할 만한 신사로 간주하고 대하라. 이 외에는 그와 대항할 방법이 없다. 신사의 대우를 받으면, 그는 신사로서 부끄럽지 않게 행동하려고 노력할 것이다. 그리고 다른 사람으로부터 신뢰를 받았다는 사실을 몹시 자랑스럽게 생각할 것이다."

이것은 싱싱교도소 소장의 경험을 통하여 나온 말이다.

사람을 바로잡는 일곱 번째 방법:

기대에 찬 말과 행동을 많이 한다.

격려하라

내 친구 중에 40대에 독신자가 있는데 최근 어떤 여성과 약혼을 했다. 그런데 상대방 여성이 그에게 댄스를 배우라고 졸라댄다는 것이다.

이에 대해 그는 나에게 이렇게 말했다.

"나는 젊었을 때 댄스를 배운 다음, 20년 동안이나 그대로 추어 왔기 때문에, 어차피 한 번 다시 배울 필요는 있었다. 그런데 내가 처음 찾아간 교사는 내 댄스가 엉망이라고 말하는 것이었다. 아마 사실 그대로를 말했을 것이다. 처음부터 새로 시작해야 한다는 것인데, 나는 그만 싫증이 나서 그 교사에게 배우러 가는 것을 그만두고 말았다. 그런데 다음 교사는 사실대로 말하지 않는 것 같았지만, 나는 그쪽이 마음에 들었다. 내 댄스는 다소 시대에 뒤떨어지긴

했지만, 기본이 잘 되어 있기 때문에 새로운 스텝도 문제없이 쉽게 익힐 수 있다는 것이었다. 첫 번째 교사는 내 결점을 강조하여 나를 실망시켰는데, 이 교사는 그 반대였다. 장점을 칭찬하고 결점은 별로 말하지 않은 것이다. 리듬을 잘 알고, 소질도 있다고 말했다. 그러자 나는 내 자신이 서툴다는 것을 알면서도 그렇지 않은 것 같다는 생각을 하게 되었다. 물론 교습료를 내가 지불하니까 그런 칭찬쯤은 할 수도 있겠지만, 그런 것까지 내가 생각할 필요는 없다. 좌우간 칭찬을 받은 덕분에 나의 댄스는 확실히 늘었다. 교사의 칭찬의 말로 나는 용기와 희망이 솟아나고 향상심이 일어났던 것이다.”

누가 되었던 바보라든가 무능하다든가 재능이 없다고 야단치는 것은 그들의 향상심을 송두리째 잘라 버리는 일이 된다. 이와 반대의 방법으로 나가야 한다. 용기를 갖도록 격려해 주고, 하려고만 하면 능히 할 수 있다는 자신을 갖게 해주고, 그리고 이쪽에서 상대방의 능력을 믿고 있다는 사실을 알려 줄 일이다. 그러면 상대방은 자기의 우수성을 보여 주려고 열심히 노력할 것이다.

로엘 토머스는 이 방법을 이용하고 있다. 그는 이 방면의 명수다. 사람을 분발시키고, 자신을 갖게 하고, 용기와 신념을 심어 주는 일을 잘한다. 예를 들면 이런 일이 있었다.

얼마 전에 나는 토머스 부부와 함께 지냈다. 그 토요일 밤에 불이 활활 타오르는 난롯가에서 브리지게임을 하지 않겠느냐는 권유를 받았다. 브리지게임이라니! 나에게 브리지게임은 영원한 수수께끼다. 전혀 못한다.

"여보게 데일, 브리지게임은 아주 간단한 거야. 별다른 비결이 있는 것도 아냐. 단지 기억력과 판단력만 있으면 되는 거라네. 자네는 기억에 대해서 책까지 쓴 일이 있잖아. 자네에게는 안성맞춤의 게임이야."

정신을 차려 보니, 나는 어느새 생전 처음으로 브리지게임 테이블에 앉아 있었다. 그가 격려해 주는 바람에, 나도 문제없이 할 수 있을 것 같은 생각이 들어, 이런 결과가 되었던 것이다.

브리지게임이라고 하면 엘리 칼버트슨 생각이 난다. 브리지게임을 할 줄 아는 사람이라면 누구나 그의 이름쯤은 알고 있을 것이다. 그가 쓴 브리지에 관한 책은 각국어로 번역되어 이미 100만부나 팔렸다고 한다.

그런데 이러한 그도 한 젊은 여성으로부터, "당신은 브리지게임에 정말 놀라운 소질을 가지고 있군요." 하는 말을 듣지 않았더라면, 그 방면의 제1인자가 되지는 못했을 것이다.

칼버트슨이 미국으로 온 것은 1922년의 일로, 처음에 그는 철학과 사회학 교사가 될 생각이었지만, 적당한 일자리가 없었다. 그래서 그는 석탄판매상을 했지만 실패했다. 이어서 커피 판매를 해보았지만, 역시 뜻대로 되지 않았다. 당시의 그는 브리지의 교사가 될 생각 같은 건 꿈에도 없었다. 트럼프게임도 서툴러서 다른 사람들의 방해가 될 뿐이었다. 처음부터 끝까지 물어 가면서 하는 편이었다. 그리고 승부가 끝나면 게임의 결과를 꼬치꼬치 검토하기 때문에, 아무도 그와 놀기를 싫어했다고 한다.

　　그런데 어느 날, 그는 조세핀 딜론이라는 미모의 브리지 여교사와
알게 되었고, 그녀와 결혼까지 하기에 이르렀다. 그런데 그녀는 그
가 카드를 면밀히 분석하고 생각하는 모습을 보고, 그에게는 브리지
게임에 대한 천재적인 소질이 있다고 칭찬해 주었다. 칼버트슨을
브리지의 대권위자로 만든 것은 바로 그녀의 이 격려의 한마디였던
것이다.

사람을 바로잡는 여덟 번째 방법:

자기 능력에 자신을 갖도록 격려해 준다.

기꺼이 협력하게 하라

1915년 온 유럽이 1차 세계대전의 소용돌이에 말려들자, 미국도 방관만 하고 있을 수는 없게 되었다. 과연 평화를 회복할 수 있을지는 아무도 알 수 없었지만, 윌슨 대통령은 좌우간 노력해 보기로 결심하고, 전쟁 당사국의 지도자들과 협의하기 위하여 평화사절을 파견하기로 했다.

평화주의를 표방하는 국무장관 윌리엄 브라이언은 그 임무를 맡고 싶어 하고 있었다. 자기의 이름을 영원히 남길 절호의 찬스라고 생각했던 것이다. 그런데 윌슨 대통령은 브라이언이 아닌 친구인 하우스 대령을 임명했다. 이렇게 되자 하우스 대령은 중대한 난관에 봉착하게 되었다. 즉 브라이언의 감정을 상하지 않도록 주의하면서 그에게 이 사실을 표명해야 하는 것이었다.

당시의 상황을 하우스 대령은 그의 일기에 이렇게 쓰고 있다.

나에게 이 이야기를 듣자, 브라이언은 실망의 빛을 뚜렷이 나타냈다. 그는 자기가 갈 생각이었다고 말했다. 그래서 나는 대통령으로서는 이번의 사절 파견을 공식적으로 하는 것은 현명하지 못하다는 의견을 가지고 있고, 브라이언이 가게 되면 세상의 이목을 끌게 되어 곤란할 것이라고 말했다.

세상에는 이렇게 말하는 방법도 있는 것이다. 결국 브라이언은 너무나 알려진 큰 인물이기 때문에 그 임무에는 적합하지 않다는 것이었다. 이래서 브라이언도 기분이 풀리고 기뻐했던 것이다. 결국 하우스 대령은 상대방으로 하여금 이쪽의 제안에 '기꺼이 협력하게 하라'는 인간관계의 중요한 법칙을 지켰던 것이다.

월슨 대통령이 윌리엄 매카도우를 각료에 끌어들일 때에도 이와 같은 방법을 썼다. 각료라면 누구에게나 명예로운 지위다. 그런 지위를 주는 데 있어서도, 월슨은 상대방의 중요감을 배가시키는 방법을 썼다. 그러면 여기에서 매카도우의 말을 들어 보도록 하자.
"월슨은 나에게, 지금 조각을 하고 있는 중인데, 재무장관을 맡아주면 매우 고맙겠다고 말했다. 정말로 마음을 흐뭇하게 해주는 표현 방법이었다. 이 명예로운 지위를 맡는 것이, 오히려 내가 은혜를 베푸는 일이 되는 것 같은 느낌이 들었다."
그러나 불행히도 월슨이 언제나 이와 같은 방법을 취한 것은 아니었다. 그가 이 방법을 일관해서 사용했더라면, 아마 역사는 틀림없이 바뀌었을 것이다. 예를 들면 국제연맹 가입문제로, 그는 상원의원들을 분노케 하고 공화당을 무시했다. 인간관계를 무시한 이 방법은 그 자신의 실각을 초래하고, 건강을 해쳐 수명을 단축시키고, 미국을 국제연맹 불참가국으로 만들어, 세계역사의 진로를 바꾸어놓고 말았던 것이다.

'더블데이 페이지'라는 유명한 출판사가 있다. 그런데 이 회사에서는 언제나 이 법칙을 실행하고 있다. O. 헨리의 이야기에 의하면, 이 회사에서는 출판을 거절할 때 몹시 공손하게 거절하기 때문에, 다른 출판사에서 출판을 인수해 주는 것보다도 이 출판사에서 거절 당하는 편이 오히려 더 즐겁다고 했다.

내가 아는 사람 중에, 의리상 거절할 수 없는 단체에서 강연의부탁을 받으면서도 언제나 그것을 거절하는 사나이가 있다. 그런데그 거절하는 방법이 교묘해서 거절당한 쪽도 크게 기분을 상하지 않는다. 그가 거절하는 방법은 바쁘다거나 어쩌고 하여 이쪽 형편을 말하는 것이 아니라, 우선 의뢰해 준 것을 진심으로 고맙게 생각한다고 말하고, 유감스럽게도 도저히 사정이 되지 않는다고 사과한 다음, 그 대신 다른 강연자를 추천해 주는 것이다. 결국 상대방이 실망을 느낄 겨를을 주지 않고 다른 강연자를 생각하게 하는 것이다.

"내 친구 중에 브룩클린 이글지의 편집장인 클리블랜드 로저스라는 사나이가 있는데, 그에게 부탁하면 어떨까요? 그렇지 않으면 가이 히콕이 좋을 것 같습니다. 그는 유럽 특파원으로 15년 동안이나파리에 주재한 경험이 있으니까 놀랄 만큼 화제가 풍부합니다. 혹은 인도에서 맹수사냥을 한 경험이 있는 빙스턴 롱펠로가 어떨까요?"

뉴욕에서도 일류 인쇄회사 사장인 J.A. 원트는 한 기계공의 태도를 바꾸어 주어야 할 필요가 생겼다. 제일 중요한 것은 상대방의 감정을 상하지 않도록 하는 것이었다. 그런데 이 기계공이 하는 일은 타이프를 하거나 밤낮없이 혹사되고 있는 인쇄기계를 조정하는 일이었다. 그는 노동시간이 길고 일의 양이 너무 과중하여 조수가 필요하다고 항상 불평을 말하고 있었다. 하지만 원트 씨는 조수도 붙여 주지 않고, 작업량도 줄이지 않고, 그러면서도 그 기계공을 만족시켰다. 그에게 방을 하나 따로 주었던 것이다. 도어에는 그의 이름이 적혀 있고, 거기에는 '수리계장'이란 직위가 붙어 있었다. 그는 일반 공원이 아니라, 어엿한 수리계장이 된 것이다. 그는 권위가 부여되고, 사람들의 인정을 받게 되어, 자기의 중요감이 충족되자 불평을 잊고 열심히 일하게 되었다.

이것은 유치한 속임수처럼 생각될지도 모른다. 그러나 나폴레옹 1세도 이와 비슷한 수법을 썼다. 그는 자기가 제정한 레존 드눌 훈장을 1천5백 개나 뿌리기도 하고, 18명의 대장에게 원수(元帥) 칭호를 주기도 하고, 자기의 군대를 '대육군'이라고 부르기도 했다.

전쟁터의 노병들을 '장난감'으로 속이는 것이라고 비난하자, 그는 이렇게 대답했다.

"원래 인간은 장난감에 지배되게 마련이다."

이 나폴레옹의 수법, 즉 직함이나 권위를 부여해 주는 방법은 우리들이 사용해도 효과가 있다. 그 한 예로 앞에서 말한 바 있는 나의 친구 젠트 부인의 경우를 소개하겠다.

　부인은 근처의 개구쟁이들에게 시달림을 받은 일이 있다. 툭하면 정원으로 침입해 들어와서 잔디밭을 망가뜨려 놓는 것이었다. 위협하기도 하고 달래도 보았지만, 전혀 효과가 없었다. 그래서 부인은 개구쟁이 대장에게 직함을 주어 권위를 세워 주었다. '탐정'이란 직함이었다. 그래서 잔디밭에 마구 침입하는 자를 단속할 임무를 주었던 것이다. 이 방법은 놀라운 효과가 있었다. '탐정'은 뒤뜰에 모닥불을 피워 철봉을 새빨갛게 달구어 가지고, 그것을 휘둘러 침입자들을 추방했다.

사람을 바로잡는 아홉 번째 방법:

기꺼이 협력하게 한다.

행복한 가정을 만드는 7가지 방법

HOW to WIN FRIENDS & INFLUENCE PEOPLE

제1장

잔소리를 하지 말라

나폴레옹 3세의 왕비 마리 유주니는 절세의 미인으로, 나폴레옹 3세는 그 미모에 매혹되어 그녀를 왕비로 맞아들였다. 측근들은 스페인의 미천한 귀족의 딸이라고 반대했지만, 그녀가 지닌 우아함과 젊음과 아름다움과 매력에 완전히 빠져 버린 그는 이 반대의 소리에 귀 기울이지 않았다.

나폴레옹 3세 부처는 건강·부·권력·명예·아름다움·애정 등 완전한 행복에 필요한 모든 조건을 구비하고 있었다. 그리고 이처럼 열렬한 애정으로 축복된 결혼은 일찍이 그 유례를 찾기 어려울 정도였다.

그러나 불행히도 이 뜨거운 애정의 불꽃도 얼마 안 가서 그 빛을 잃어, 뒤에는 쓰디쓴 잿더미만이 남았다. 나폴레옹 3세는 유주니를 아내로 맞아들일 수는 있었지만, 뜨거운 애정과 황제의 권력을 가지고서도 그녀의 잔소리를 막을 수는 없었던 것이다.

질투와 시기에 사로잡힌 그녀는, 그의 말은 귓전으로도 듣지 않았다. 그녀는 국정을 의논하는 중신회의 자리에까지 뛰어들어 방해를 했다. 남편에게 다른 여성이 나타날까 두려워서 감시의 눈을 잠시도 돌리지 않았다. 걸핏하면 친정 언니에게로 달려가서 남편을 욕하면서 울고불고 하기 일쑤였다. 그의 서재로 뛰어 들어가 욕설을 퍼붓는 일은 비일비재한 일이었다.

그러기에 나폴레옹 3세는 호화로운 궁전을 몇 개씩이나 가지고 있으면서도 마음 한 번 편히 쉴 곳은 아무데도 없었던 것이다.

한편 유주니는 그처럼 남편에게 잔소리를 퍼붓고서 얻은 것이 과연 무엇인가? 세상에서도 보기 드문 귀중한 사랑을 질식시켜 스스로 불행을 자초했을 뿐이다.

레오 톨스토이 백작 부인은 임종의 자리에 딸들을 불러 놓고, 다음과 같이 고백했다.

"너희들 부친이 돌아가신 것은 내 탓이었어."

딸들은 아무 말도 하지 않았다. 어머니의 고백이 사실이라고 생각했기 때문이다. 어머니의 끊임없는 불평과 비난과 잔소리가 아버지를 죽음으로 몰아넣었다는 사실을 딸들은 잘 알고 있었던 것이다.

톨스토이 부부는 어느 모로 생각해도 행복한 부부였다. 남편은 세계적인 대문호로 불후의 걸작을 많이 남겼다. 톨스토이의 명성을 사모하여 밤낮을 가리지 않고 숭배자들이 그를 찾아왔으며, 그의 말은 한마디도 놓치지 않고 모두 기록해 두었다 심지어는 "자, 이제 그만 잘까." 하는 말까지도 필기하는 형편이었다.

더구나 톨스토이 부부는 재산에 있어서나 사회적 지위에 있어서나, 자식을 두는 것에 있어서나 남부러울 것이 전혀 없는 부부였다. 이처럼 축복받은 결혼은 흔치 않았다. 지나친 행복에 도리어 불안하여, 그들 부부는 이 행복이 언제까지나 지속되기를 하나님께 빌었다.

그런데 그러던 중 뜻밖의 일이 일어났다. 톨스토이의 태도가 달라지기 시작하더니, 드디어는 전혀 딴 사람이 되어 버렸던 것이다. 그는 이제까지의 저서를 부끄럽게 생각하고, 평화를 바라고 전쟁과 빈곤을 지상에서 추방하기 위하여, 계속 팸플릿을 써 내게 되었다.

젊은 시절에는 온갖 죄악을 경험하고 살인까지 했다는 톨스토이가 기독교 정신을 그대로 실천하기 시작했다. 가지고 있던 모든 토지와 재산을 사람들에게 나누어 주고, 그는 자진하여 가난한 생활로 뛰어들었다. 온종일 들판에 나가 일하고, 나무도 베고 풀도 깎았다. 신발도 손수 만들어 신었다. 식사는 나무그릇에 담아 먹고, 예수의 교훈대로 적을 사랑하려고 노력했다.

톨스토이의 생애는 비극이었다. 그 원인은 결혼에 있었다고 하겠다. 아내는 호화스러운 생활과 사치를 좋아했고, 그는 그것을 경멸했다. 아내는 사회적인 명성과 칭송을 갈망했지만, 그에게는 그런 것이 아무런 의미도 없었다. 아내는 부를 동경했지만, 그는 부를 죄악시했다.

그는 저서의 인세도 받으려 하지 않았다. 그래서 부인은 화를 내고 울고불고 야단을 떨면서 여러 해 동안이나 끈덕지게 남편을 못살게 굴었다. 마음에 들지 않는 일이 있으면 히스테리 발작을 일으켜 죽는다고 위협하기 일쑤였다.

결국 1910년 10월의 어느 눈 오는 날 밤, 82세의 톨스토이는 가정불화를 견디지 못하고 정처 없이 집을 나오고 말았다. 그리고 그로부터 11일 뒤에, 그는 시골의 어느 역에서 숨을 거두었다. 임종의 자리에서 그가 마지막으로 한 말은, 아내를 절대로 자기 몸 가까이 오지 못하게 해 달라는 것이었다.

이것이 바로 톨스토이 부인의 잔소리와 불평과 신경질이 빚어낸 비참한 종말이었던 것이다. 물론 그녀로서도 불평을 말할 이유는 충분히 있었을 것이다. 그러나 문제는 그 불평을 터뜨림으로 해서, 그녀는 얼마나 이득을 보았느냐 하는 사실이다. 오히려 그럼으로 해서 사태만 점점 악화시켰을 뿐이 아닌가!

아브라함 링컨의 생애를 비극적으로 만든 것도 역시 결혼이었다. 그가 암살당한 것도 그의 결혼에 비교한다면 비극이라고 할 수 없을 것이다.

링컨 부인은 세상에서도 보기 드문 잔소리꾼으로, 25년 동안이나 링컨을 줄곧 괴롭혔다. 그녀는 1년 내내 하루도 빼놓지 않고서 남편에게 불평과 비난을 퍼부었다. 그녀의 말에 의하면, 링컨에게는 좋은 점은 하나도 없다는 것이다. 등은 고양이처럼 구부정하고, 걸음걸이도 볼품이 없다. 귀의 모양이나 얼굴의 생김새도 마음에 들지 않는다는 것이다.

링컨과 그 부인은 모든 점에서 대조적이었다. 태생·기질·취미·사고방식 등 어느 점에서도 공통점을 찾을 수가 없었다. 링컨 연구의 권위자인 앨버트 비버리지 상원의원은 이렇게 말하고 있다.

"부인의 외침소리는 골목 저쪽까지 들렸으며, 끊임없이 온 동네에 소란하게 울려 퍼졌다. 때로는 행패까지 부렸다."

링컨 부부는 신혼생활 초기에 제코브 알리 부인 집에 하숙을 하고 있었다. 알리 부인은 스프링필드의 한 의사의 미망인으로, 그녀는 남편이 죽자 하숙집을 시작했던 것이다.

그런데 어느 날 아침에 링컨 부부는 식당에서 아침을 들고 있었는데, 갑자기 부인이 화를 버럭 냈다. 그 원인은 아직도 풀리지 않은 수수께끼로 그녀는 마시고 있던 뜨거운 커피를 갑자기 남편의 얼굴에 끼얹었다. 더구나 다른 하숙인들이 보는 앞에서 그랬던 것이다. 이에 알리 부인이 달려가 물수건으로 그의 얼굴과 양복을 닦자 링컨은 대꾸 한 마디도 없이 꾹 참고 있었다고 한다.

링컨 부인은 보기 드물 만큼 광적인 질투심을 지니고 있었다. 그래서 드디어 그녀는 미치고 말았다. 미칠 정도였으니까 원래 성격에 병적인 데가 있었으리라는 것이 그녀를 동정할 수 있는 유일한 근거다.

그러면 이와 같은 잔소리나 화가 링컨을 변화시켰던가? 하기는 변한 것은 사실이다. 아내에 대한 태도가 변했다. 그는 불행한 결혼을 후회하고, 될 수 있으면 아내와 얼굴을 마주하지 않으려고 노력했던 것이다.

스프링필드에는 열한 명의 변호사가 있었다. 그들은 스프링필드에만 죽치고 앉아 있어 가지고는 돈벌이가 되지 않았기 때문에 판사를 따라 각 군청 소재지를 순회했다. 다른 변호사들은 매주 토요일이 되면 스프링필드로 돌아가 가족과 함께 즐거운 주말을 보냈지만, 링컨만은 그러지 않았다. 집에 돌아가는 것이 두려웠던 것이다. 봄과 가을에 순회재판길에 오르면 스프링필드에는 절대 들르지 않았다고 한다.

이런 상태가 몇 해 동안이나 계속되었다. 시골 하숙집에서의 생활은 고생스러웠다. 그러나 그것이 아무리 고생스러워도 집에서 아내의 잔소리를 듣는 것보다는 한결 나았던 것이다.

링컨 부인, 유주니 왕후, 톨스토이 부인들의 시끄러운 잔소리의 결과는, 그녀들의 생애에 비극을 가져왔을 뿐이었다. 결국 가장 소중한 것들을 전부 파괴해 버리고 말았던 것이다.

뉴욕의 가정재판소에 11년간 근무한 베시 햄버거는 수천 건의 이혼소송을 조사한 결과, 남편이 집을 나가는 중요한 원인은 아내의 잔소리 때문이었다고 했다. 그리고『보스턴 포스트』지에는 다음과 같은 글이 실려 있다.

"이 세상의 아내들은 시끄러운 잔소리로 결혼의 묘혈(墓穴)을 파고 있다."

가정생활을 행복하게 하는 첫 번째 방법:

잔소리를 하지 않는다.

제2장

장점을 인정하라

"나는 일생 동안에 바보짓을 많이 하겠지만 연애결혼만은 안 할 작정이다."

이것은 영국의 재상 디즈렐리가 한 말로 그는 이를 실행했다. 35세까지 독신생활을 하다가, 한 돈 많은 과부에게 청혼했다. 그보다 열다섯 살이나 더 먹은 부인으로, 50년의 세월을 경과한 머리에는 희끗희끗 서리가 얹혀 있었다. 물론 연애는 아니었다. 그가 돈에 눈독을 들이고서 청혼했다는 사실을 그녀는 잘 알고 있었다. 그래서 그녀는 조건을 하나 내세웠다. 그의 성격을 알기 위해서 1년 동안을 기다려 달라는 것이었다. 그리고 그 기한이 되자, 그녀는 승낙했다. 그리고 그 결과는 대성공이어서, 이들만큼 행복한 결혼생활을 즐긴 부부도 드물 것이다.

디즈렐리가 선택한 돈 많은 과부는 젊지도 않고 미인도 아니었으며, 그렇다고 머리가 좋은 것도 아니었다. 문학이나 역사에 대한 지식도 없었고, 웃음이 터져 나올 엉뚱한 소리도 태연히 지껄였다. 예를 들면 그리스 시대와 로마 시대는 어느 쪽이 먼저인지도 모르는 정도였다. 복장이나 가구에 대한 안목도 엉망이었다. 그러나 그녀는 결혼생활에 있어서 가장 중요한 것을 지니고 있었다. 즉 남성 조종법을 터득하고 있었던 것이다.

그녀에게는 남편의 지능에 대항하겠다는 따위의 생각은 조금도 없었다. 재주 있는 여성들을 상대하는 기지의 응수에 진저리가 나서 돌아온 디즈렐리에게 있어서는 아내의 터무니없는 이야기가 도리어 위안이 되었다. 상냥한 아내의 따스한 마음씨로 가득 찬 가정은, 그에게 있어서는 무엇과도 바꿀 수 없는 마음의 안식처였다.

그가 인생의 행복을 느끼는 것은 아내와 함께 지내는 시간이었다. 그녀는 그의 좋은 협력자였고, 마음의 벗이었고, 좋은 조언자이기도 했다. 그날 있었던 일을 빨리 아내에게 얘기하고 싶어서, 디즈렐리는 언제나 회의가 끝나자마자 집으로 달려갔다. 그리고 그녀는 남편이 하는 일에는 절대적인 신뢰를 가지고 있었다. 그녀는 30년 동안을 오직 디즈렐리만을 위해서 살았다. 그녀의 재산도 그를 위해서 써야만 가치가 있다고 생각했다. 그 대신 그녀는 디즈렐리에게 둘도 없는 여성이 되었다.

그녀가 죽은 뒤, 디즈렐리는 백작이 되었다. 그러나 그 이전, 자신이 아직 평민이었을 무렵, 그는 빅토리아 여왕에게 아내를 귀족의 서열에 올릴 것을 간청해서 그녀는 1868년에 그녀는 귀족이 되었다.

그녀가 사람들 앞에서 어떤 실수를 저질러도, 디즈렐리는 절대로 그녀를 나무라거나 하지 않았다. 만일 누가 그녀를 조롱하기라도 하면, 그는 정색을 하고서 아내를 옹호했다.

그녀는 결코 완전한 여인은 아니었지만, 30년 동안이나 싫증도 내지 않고 남편이야기만 하고 남편을 칭찬했다. 그 결과 디즈렐리는, "우리는 결혼하고 30년이나 되었지만, 나는 아직까지 권태기라는 것을 모른다."라고 말했던 것이다.

디즈렐리는 사람들 앞에서 분명히 아내는 자신의 생명보다도 더 귀중하다고 말하곤 했다. 그 결과 아내는 언제나 친구들에게, "남편이 잘해 주어서 내 일생은 행복의 연속이에요." 하고 말했던 것이다.

두 사람 사이에는 이런 농담이 자주 오갔다.

"내가 당신과 결혼한 건 결국 돈이 목적이었던 거야."

"맞아요. 하지만 다시 한 번 결혼을 하신다면, 이번에는 사랑 때문에 역시 저하고 결혼하실 거예요."

디즈렐리도 그것을 인정하고 있었다. 확실히 그녀는 완전한 아내는 아니었다. 그러나 디즈렐리는 그녀의 장점을 충분히 살릴 수 있는 현명함을 지니고 있었던 것이다.

가정생활을 행복하게 하는 두 번째 방법:

장점을 인정해 준다.

제3장

결점을 들추지 말라

디즈렐리의 가장 무서운 정적은 글래드스턴이었다. 이 두 사람은 언제나 사사건건 대립하여 심하게 충돌했다. 하지만 그들에게는 단 한 가지 공통점이 있었다. 그것은 바로 행복한 가정을 지니고 있었다는 점이다.

윌리엄 글래드스턴과 그의 아내 캐서린은 자그마치 59년 동안이나 변함없는 애정을 과시하며 살았다. 엄숙한 얼굴을 한 영국의 대재상 글래드스턴이 아내의 손을 잡고 노래하면서 난로 주위를 빙빙 돌며 춤추는 모습을, 나는 가끔 머릿속에 그려 본다.

건달 남편에 극성쟁이 아내,
손에 손을 잡고서 가니

세상 거센 파도도 문제가 없네.

　정적에게는 귀신처럼 무서운 존재였던 글래드스턴이었지만, 일단 가정으로 돌아가면 절대로 꾸짖는 소리는 하지 않았다. 아침을 먹으려고 아래층으로 내려왔을 때 사람들이 아직도 일어나지 않고 있으면, 그는 아주 온건한 항의방법을 썼다. 큰 소리로 괴상한 노래를 부르는 것이었다. 영국에서 제일 바쁜 사나이가 아래층에서 혼자 아침을 기다리고 있다는 사실을, 집 안 사람들은 그것으로 알 수 있었다. 그는 가정에서는 일체 잔소리나 꾸중을 하지 않기로 결심했던 것이다.

　러시아의 캐서린 여왕도 역시 그랬다. 그녀는 세계 최대의 제국을 지배한 여왕으로, 수백만 국민의 생사여탈을 한 손에 쥐고 있었다. 정치적으로는 상당히 가혹한 짓도 하고, 전쟁을 일으켜 무수한 적을 죽이기도 했다. 그런 그녀가 요리사가 고기를 지나치게 태웠을 때에는 한 마디의 잔소리도 없이 웃으면서 그것을 먹었다. 이 점은 세상의 남편 되는 사람들이 잘 배워야 한다.

　이혼문제 연구의 권위자인 드로시 디크스의 말에 따르면, 세상의 결혼 중 50% 이상은 실패로 끝난다고 한다. 신혼의 꿈이 깨어지고 이혼의 비극을 초래하는 중요한 원인의 하나는 상대방의 결점을 들추어내는 일이라고 한다.

가정생활을 행복하게 하는 세 번째 방법:

결점을 들추어 내지 않는다.

칭찬하라

로스앤젤레스에서 가정연구소 소장으로 있는 폴 포피노 박사는 이렇게 말하고 있다.

"남성들이 아내를 선택할 경우 대개는 온순한 여성을 고른다. 너무 잘난 여성을 기피한다. 유능한 여사원도 한 번쯤은 점심 초대를 받을지 모르지만, 대학에서 배운 '현대철학사조'에 대한 이야기를 화제로 꺼내거나, 자기가 먹은 음식값은 자기가 내겠다고 고집을 부리기 쉽다. 그렇게 되면 그녀는 두 번 다시 초대를 받지 못할 것이다. 이와 반대로 대학을 나오지 못한 타이피스트가 점심 초대를 받는다면, 상대방 남성에게 정열이 담긴 눈길을 보내면서 '어서 당신에 대한 얘기를 더 들려주세요.' 하고 재촉할 것이다. 그 결과 그는 동료들에게 그녀에 대해서 '별로 미인은 아니지만 이야기솜씨가 좋은 여성'이라고 칭찬할 것이다."

남성은 자신을 아름답게 보이려는 여성의 노력을 칭찬해 주어야 한다. 여성이란 복장에 대해 놀라울 정도로 큰 관심을 지니고 있다. 그런데도 모든 남성들은 이에 대하여 지나치게 무관심하다. 예를 들면 한 쌍의 남녀가 길모퉁이에서 다른 한 쌍의 남녀와 만났다고 하자. 여성 쪽에서는 절대로 상대방 남성을 보지 않는다. 상대방 여성의 복장을 본다.

나의 할머니가 지난해에 98세로 작고하셨다. 그런데 돌아가시기 조금 전에, 30여 년 전에 찍은 할머니의 사진을 보여 드렸는데, 그녀는 "내가 어떤 옷을 입고 있지?" 하고 물으셨다. 시력이 좋지 않았기 때문에 본인은 잘 알 수가 없었기 때문이다. 나는 놀라지 않을 수 없었다. 이미 백 살이 다 된 노파가 30여 년 전에 입은 자신의 복장에 대해서 관심을 가지고 있는 것이다. 나는 깊은 감명을 가지고 할머니의 말씀을 들었다.

남성들이란 5년 전에 자기가 입었던 양복이나 내의 같은 것은 기억하지도 못하고, 또 생각조차 하지 않는다. 그러나 여성은 다르다. 남성들은 이 사실을 명심해야 할 것이다. 프랑스의 상류사회에서는 남성은 부인의 복장에 대하여 하룻밤에도 몇 번씩 칭찬하도록, 어린 시절부터 교육을 받고 있다. 실로 현명한 일이라 하겠다.

여기에서 재미있는 이야기를 하나 소개하겠다.

어느 농가의 주부가 들에서 일하고 돌아온 사나이들의 저녁 식탁에, 건초를 산더미처럼 놓아 주었다. 사나이들이 화를 내자, 그녀는 태연히 대답했다.

"아니, 당신들 이제야 깨달은 모양이군! 나는 당신들을 위해서 20년 동안이나 음식을 장만해 왔지만, 당신들은 건초를 먹고 있지 않다는 사실을 깨달은 모습은 한 번도 보여준 일이 없었거든!"

제정 러시아의 귀족들은 이런 점에서는 상당히 이해심이 깊었던 것 같다. 요리가 마음에 들면 식후에 요리사를 식당으로 불러서 칭찬해 주는 것이 상류사회의 습관이었다.

세상의 남편들은 모름지기 아내에 대하여 이렇게 해야 할 것이다. 음식이 맛있게 되었을 때는 그 사실을 인정하고 칭찬해 주라. 자신이 건초를 먹고 있는지 아닌지조차 분별하지 못한 채 식사를 하고 있다는 느낌을 주어서는 안 된다. 그리고 나아가서는 그녀 덕분에 행복하다고, 쑥스러워 하지 말고 솔직히 말하라. 디즈렐리조차도 공공연히 그렇게 말하지 않았던가.

얼마 전 잡지에 에디 칸터의 말이 실려 있었다.

"내가 오늘날 이만큼 성공한 것은 전적으로 아내의 덕분이다. 그녀는 나의 어릴 때부터의 친구로, 항상 내가 잘못된 길로 빠지지 않도록 마음을 써 주었다. 결혼 후에는 저축에 힘쓰고 요령 있게 투자하여, 나를 위하여 재산을 늘려 주었다. 5명의 귀여운 자녀도 두었고, 아내의 노력으로 집안은 언제나 행복하고 평화롭다. 앞으로도 나에게 어떤 성공이 있다면, 그것은 모두 아내의 덕분이다."

할리우드에서는 결혼이란 도박이나 마찬가지다. 보험회사에서도 꽁무니를 뺄 정도다. 그런 속에서도 오직 워너 백스터의 결혼만은 보기 드문 성공을 거두고 있다. 부인은 여배우이던 위니프렛 브라이슨으로 그녀는 화려한 무대생활에 이별을 고하고 그와 결혼했다. 그녀의 희생은 컸지만 희생은 충분히 보답되었다.

백스터는 이렇게 말하고 있다.

"아내는 무대에서 갈채를 받을 기회를 잃었다. 그러나 그녀는 언제나 내 갈채를 받고 있다. 여성이 남편으로부터 행복을 받는다고 하면, 그 행복은 남편의 칭찬과 애정 이외에는 없다. 그리고 그 칭찬과 애정이 진실한 것이라면, 그로 인하여 남편의 행복도 보장된다."

가정생활을 행복하게 하는 네 번째 방법:

마음에서 우러나오는 칭찬을 한다.

제5장

작은 관심을 기울여라

옛날부터 꽃은 '사랑의 언어'라고 생각되어 왔거니와, 꽃이란 그렇게 값비싼 것은 아니다. 특히 그 계절의 꽃은 값이 싸다. 길거리에서 얼마든지 팔고 있다. 그런데도 세상의 남편들은 한 묶음의 수선화도 집으로 가지고 돌아가려 하지를 않는다. 그들은 꽃이라고 하면, 난초처럼 비싼 것만 생각하거나, 아니면 알프스 산정에 피는 에델바이스처럼 쉽게 손에 넣을 수 없는 것으로 생각하고 있는 모양이다.

고작 몇 송이의 꽃을 아내에게 선사하는데, 그녀가 병원에 입원할 때까지 기다릴 필요는 없다. 내일은 돌아가는 길에 장미꽃 몇 송이라도 사는 것이 어떨까? 시험 삼아 한 번 해보라.

브로드웨이의 스타인 조지 코언은 어머니가 세상을 떠날 때까지,

매일 두 차례씩 전화를 걸어 주었다. 용케도 화제가 많았다고 생각할 사람이 있겠지만, 별로 대단한 얘기를 한 것은 아니다. 전화의 목적은 상대방에게 이쪽 관심을 알리기만 하면 족했기 때문이다.

여성들이란 생일날이나 기념일을 중요하게 생각한다. 그 이유는? 남자들은 그것을 모른다. 남자들은 많은 날짜를 기억하지 않고서도 살아가는데 지장이 없다. 그러나 잊어서는 안 될 날짜도 약간은 있다. 예를 들면 1492년(콜럼버스가 미대륙을 발견)과 1776년(미국독립선언의 해), 그리고 아내의 생일날과 결혼기념일이다. 앞의 두 가지는 경우에 따라서는 잊어도 괜찮지만 뒤의 두 날짜는 잊어서는 안 된다.

4만 건의 이혼소송을 취급하여 2천 쌍의 조정에 성공한 시카고의 조세프 사버드 판사는 이렇게 말하고 있다.

"가정불화의 원인은 대부분 아주 사소한 일들에 있다. 남편이 출근할 때 아내가 손을 흔들어 전송해 주기만 해도, 이혼하지 않을 경우가 얼마든지 있다."

로버트 브라우닝(영국의 시인)과 엘리자베스 브라우닝의 결혼생활에는 목가적인 아름다움이 있었다고 한다. 남편은 사소한 칭찬의 말과 성의를 다하여 끊임없이 애정을 북돋아 주었던 것이다. 병상의 아내가 자기 언니에게 보낸 편지에 이런 구절이 있다.

"요즘 나는 남편의 말처럼 정말 천사가 된 것 같은 기분이 들기 시작했어요."

아내에 대한 조그마한 관심의 가치를 소홀히 여기는 남성들이 세상에는 너무나 많다. 결혼의 행복은 사소한 관심의 집적으로 이루

어지는 것이다. 이 사실을 깨닫지 못하는 부부는 불행한 결혼생활을
할 수밖에 없다.

가정생활을 행복하게 하는 다섯 번째 방법:
사소한 관심을 기울인다.

제6장

예의를 지켜라

월터 댐로치는 일찍이 대통령 선거에 출마한 일이 있는 웅변가 제임스 브레인의 딸과 결혼했다. 두 사람은 몇십 년 전에 스코틀랜드에 있는 카네기의 집에서 알게 되었는데, 그 이후로 그들은 사람들이 부러워할 만큼 행복한 가정생활을 했다. 그 비결을 부인에게서 들어보자.

"배우자의 선택은 물론 중요하지만, 그 다음으로 중요한 것은 결혼 후의 예의입니다. 아내는 다른 사람들에게 예의바르게 대하듯이 남편에게도 예의를 지켜야 합니다. 바가지를 긁는 여자한테서는 어떤 남자라도 도망가고 싶어질 것입니다."

무례함은 애정을 파괴하는 암이다. 그 정도의 사실은 누구나 다 아는 바이지만, 그런데도 우리들은 집안 식구에 대해서는 다른 사람에 대해서보다 훨씬 무례하게 행동한다.

"아이 지긋지긋해. 또 그 얘기야!"

설마 다른 사람에게는 이러한 말을 쉽게 하지는 않을 것이다. 친구의 편지를 몰래 뜯어보거나 그들의 비밀을 캐내거나 하지는 않을 것이다. 그런데 가장 가까운 가족에 대해서는 이러한 무례를 예사로 범한다.

드로시 디크스 여사는 이렇게 말하고 있다.

"우리에게 악의적인 독설을 퍼붓는 존재는 어김없이 가족이란 사실은 정말 놀라운 일이다."

예의는 결혼생활을 부드럽게 하는 윤활유라고 할 수 있다.

「아침 식탁의 독재자」의 저자인 올리버 홈스는 가정에서는 결코 독재자가 아니었다. 그는 아무리 불쾌한 기분에 사로잡힐지라도 결코 그것을 가족에게 보이지 않았다.

"불쾌한 기분은 자기 혼자만으로도 족하다. 다른 사람까지 불쾌하게 만들어서는 안 된다."

이것이 홈스의 생각이었다. 그런데 우리들은 어떠한가? 회사에서 일이 제대로 안 되거나, 상사에게 꾸중을 듣거나 하여 불쾌한 일이 있으면, 집에 돌아가서 가족들에게 화풀이를 한다.

외국에서는 집안에 들어가기 전에 현관에서 신발을 벗는 습관이 있는데 그날 하루 동안에 있었던 직장에서의 근심걱정도 집에 들어가기 전에 벗어버리고 들어가는 것이 좋다.

고객이나 동료들에게는 결코 난폭한 말을 하지 않는 사나이도 아내에게는 예사로 큰 소리를 지른다. 그러나 진정한 행복을 얻기 위해서는 일보다는 결혼생활을 훨씬 더 중요하게 생각할 필요가 있다.

아무리 평범할지라도 행복한 결혼생활을 맛보고 있는 사람이 독신으로 사는 천재보다는 훨씬 더 행복하다.

러시아의 문호 투르게네프는 이렇게 말하고 있다.

"나를 위해서 저녁 준비를 해 놓고 기다리는 여인이 어디엔가 있다면, 나는 나의 재능을 전부 버릴지라도 후회하지 않는다."

행복한 가정이 전체 가정에서 몇 퍼센트나 될까? 드로시 디크스 여사는 결혼의 50% 이상은 실패라고 말하고 있지만 폴 포피노 박사의 설은 이와 다르다.

"사업에 성공하는 비율은 결혼의 성공률보다 낮다. 사업에서는 70%가 실패하지만 결혼에서는 70%가 성공한다."

디크스 여사는 결혼에 대하여 다음과 같은 결론을 내리고 있다.

"결혼이라는 사건에 비한다면, 출생은 단순한 에피소드에 불과하고, 죽음 역시 하잘 것 없는 사건에 불과하다 남자들이 일에 쏟는 만큼의 정열을 왜 가정에도 쏟지 않는지, 그 이유를 여성들은 알 수가 없다. 백만금의 부를 쌓는 것보다도 온순한 아내와 평화롭고 행복한 가정을 꾸미는 편이, 남자들에게는 훨씬 더 의의가 있는 일인데도, 가정의 행복을 위하여 진지한 노력을 기울이는 사나이는 백 명에 한 사람 꼴도 안 된다. 인생에서 가장 소중한 일을 팽개쳐 놓고 있는 것이다. 아내에게 대해서는 강압적인 태도를 취하는 것보다 부드러운 태도를 보여 주는 것이 훨씬 더 효과적인데도, 남자들은 왜 후자의 방법을 택하지 않는지, 여성들은 이해할 수가 없다. 아내를 마음대로 움직이는 기술을 모든 남편들은 알고 있을 것이다. 조금만 칭찬해 주면 아내가 만족스러워 한다는 것을 남편들은 알고 있다. 낡은 옷이라도 그것이 잘 어울린다고 말해 주면, 아내가 최신 유행의 옷을 바라지 않는다는 것도 알고 있다. 아내의 눈에 키스를 해주면 아내는 소경처럼 되고, 입술에 키스를 해 주면 벙어리처럼 된다는 것도 남편들은 충분히 알고 있다. 남편이 그 정도의 일은 충분히 알고 있을 것이라고, 아내는 생각하고 있다. 그녀는 자기를 기쁘게 해주는 방법을 남편에게 가르쳐 주었을 것이다. 그런데도 남편은 그 방법을 쓰려 하지 않고, 아내와 싸워서 큰 손해를 볼지라도 칭찬의 말을 해주는 것보다는 낫다고 생각하고 있는 모양이다. 이러니 아내가 화를 내는 것도 당연한 일이다."

가정생활을 행복하게 하는 여섯 번째 방법:

예의를 지킨다.

올바른 성지식을 가져라

사회위생국장인 캐서린 데이비스 여사는 1천 명의 기혼부인들에게, 결혼생활에 대한 앙케트를 청한 일이 있다. 그 결과 성생활에 불만을 가진 사람이 의외로 많다는 사실이 밝혀졌다. 이 조사에 따르면 이혼의 큰 원인으로서 성생활의 부조화를 들 수 있다고 발표했다.

G.V. 해밀턴 박사의 조사도 이것을 입증하고 있다. 박사는 남녀 각각 100명의 결혼 생활에 대하여 4년간 연구를 계속했다. 그는 이 사람들과 개별적으로 면담하여 약 400항목에 걸친 질문으로 그들의 결혼생활을 철저히 검토했다. 이 조사는 사회학적으로 중요한 의의를 지니고 있기 때문에, 유력한 자선가의 경제적 원조를 받았다. 해밀턴 박사와 케네드 맥거번 박사의 공저인 「결혼에 있어서의 장해」가

그 조사의 결과이다.

해밀턴 박사는 결혼에 있어서의 장해에 대하여 이렇게 말하고 있다.

"성적 부조화는 가정불화의 주요한 원인이 되지 않는다고 일부 정신의학자들이 주장하고 있지만, 이것은 폭론이다. 성생활만 순조롭다면 대체의 경우 다른 사소한 마찰은 문제가 되지 않는다."

폴 포피노 박사는 가정생활 연구의 권위자이거니와, 그의 설에 따르면 결혼의 실패는 보통 4가지 원인에서 일어난다고 한다. 그는 그것을 다음과 같은 순서로 들고 있다.

① 성생활의 부조화
② 여가 이용법에 대한 의견의 불일치
③ 경제적 곤란
④ 심신의 이상

여기에서 성문제가 제1위를 차지하고 있음에 주의하라. 금전문제가 제3위라는 것은 좀 의외인 것처럼 생각될 것이다. 이혼문제의 전문가들은 입을 모아서, 성생활의 균형을 유지하는 것이 결혼생활에는 절대적으로 필요하다고 말하고 있다.

신시내티 가정재판소의 호프만 판사는 수천 건의 이혼소송을 처리해 온 사람으로 "10명 중 8, 9명이 성적인 데 불만을 품고 이혼을 한다."라고 했다.

심리학자로서 유명한 존 워트슨도, "섹스가 인생에서 가장 중요한 문제인 것만은 명백하다. 섹스는 인생의 행복을 좌우한다."라고 말했다.

내 강연회에 참가한 많은 의사들도 이와 똑같은 의견을 가지고 있다. 교육문화가 발달된 20세기에서, 이 자연의 본능에 대한 무지로 말미암아 결혼생활이 파괴되어 인생항로에서 난파를 당하는 사람이 속출하고 있음은 실로 유감천만이라 하지 않을 수가 없다.

올리버 버터필드 신부는 18년 동안의 성직생활을 청산하고, 뉴욕 가정상담소의 소장이 되었다. 그만큼 많은 결혼식의 주례를 선 사람도 흔치 않을 것이다.

"내 경험에 의하면 결혼식장의 신랑, 신부들은 애정과 열정에 불타고 있지만, 결혼의 의미를 모르는 이들이 의외로 많다. 결혼에 있어서 성생활의 균형은 몹시 어려운 문제임에도 대부분의 경우, 되는 대로 방임되어 있다. 그런데도 이 나라의 이혼율이 16%에 그치고 있다는 것은 실로 놀라운 사실이다. 대부분의 부부들은 진정한 결혼생활을 영위하고 있는 것이 아니라, 단지 이혼하지 않고 있는 것일 뿐이다. 이야말로 지옥의 문턱에 있는 것과 마찬가지다. 행복한 결혼이란 되는 대로 방임해 두어서는 결코 이룩될 수 없다. 현명하고 신중하게 계획된 뒤에라야, 비로소 그것을 쌓아올릴 수 있는 것이다."

버터필드 신부 밑에서 결혼식을 올리는 신랑, 신부는 이 문제에 관하여 그와 흉금을 터놓고 솔직히 상의하도록 되어 있다. 그 결과 성문제에 무지한 인간이 너무나 많다는 사실이 판명 되었다고 한다.

그는 또 이렇게 말하고 있다.

"결혼생활을 행복하게 하는 요소는 여러 가지가 있다. 성문제는 그 중 하나에 불과하다. 그러나 성의 균형이 깨어지면, 다른 요소들은 모두 쓸모가 없어진다."

그러면 올바른 성지식을 지니려면 어떻게 하는 것이 좋은가? 이에 대하여 그는 이렇게 대답하고 있다.

"결혼생활에 대한 사고방식과 그 실제에 관하여, 부부가 허심탄회한 태도로 흉금을 터놓고 상의를 거듭해 나가는 것이 좋다. 제일 좋은 것은 성생활의 지식을 올바르게 가르쳐 주는 적당한 책을 읽는 일이다."

가정생활을 행복하게 하는 일곱 번째 방법:

올바른 성지식을 지닌다.

제8장

가정의 행복 측정법

각 문제마다 'Yes'라는 대답에 10점을 준다.

◆ **남편을 위한 문제**

① 당신은 가끔 아내에게 꽃을 사다 주고, 생일날이나 결혼기념일에 선물을 보내고, 생각지도 못한 일을 해서 아내를 기쁘게 해주어 따뜻한 애정을 표시하는가?

② 당신은 사람들 앞에서는 아내에게 절대로 잔소리를 하지 않는가?

③ 당신은 생계비 이외에 별도로 아내에게 용돈을 주는가?

④ 당신은 감수성이 강한 여성의 기분을 이해하여, 피로로 신경질이 된 아내를 따뜻하게 위로해 주는가?

⑤ 당신은 당신의 여가시간의 반 이상을 아내와 함께 지내는가?

⑥ 당신은 아내의 요리솜씨나 살림솜씨에 대하여, 당신 어머니나 친구의 부인과 비교하지 않는가? 단, 아내가 우수하다고 말할 때는 별문제다.

⑦ 당신은 아내의 지적 생활, 클럽, 사교, 독서, 공민으로서의 의견 등에 대하여 깊은 관심을 보여 주고 있는가?

⑧ 당신은 아내가 다른 남성으로부터 댄스 신청을 받거나 호의를 받아도 군말 없이 허락하는가?

⑨ 당신은 주저하지 않고 아내를 칭찬해 주는가?

⑩ 당신은 아내가 단추를 달아 주거나 양말을 꿰매 주면 고맙다고 말하는가?

◆ **아내를 위한 문제**

① 당신은 남편의 사업에 절대 간섭하지 않으며, 그의 동료나 비서 또는 그의 시간 사용법에 대하여 참견하지 않는가?

② 당신은 가정을 재미있고 즐겁게 하기 위해 최대한의 노력을 하고 있는가?

③ 당신은 남편 구미에 맞도록 날마다 음식 장만에 애쓰고 있는가?

④ 당신은 남편의 직업을 이해하고 도움이 되도록 노력하고 있는가?

⑤ 당신은 남편이 실패할지라도 불평을 말하지 않고, 명랑하고 용감하게 역경을 뚫고 나가도록 노력할 수 있는가?

⑥ 당신은 시어머니나 시누이들과 사이좋게 지내려고 애쓰고 있는가?

⑦ 당신은 남편이 좋아하는 옷차림을 하고 있는가?

⑧ 당신은 이의가 있더라도 웬만한 일은 타협하여 가정의 원만을 도모하고 있는가?

⑨ 당신은 남편의 취미에 동조하여 함께 골프를 치거나 야구구경을 가는가?

⑩ 당신은 남편과 공통된 화제를 이야기할 수 있도록 세상의 움직임에 관심을 기울이고 있는가?

친구를 만들고 사람을 움직이는 방법

데일 카네기 지음 김이랑 옮김

초판 1쇄 2005년 3월 25일
초판 5쇄 2011년 5월 9일

펴낸곳 시간과공간사
등 록 1988년 11월 16일 제1-835호
펴낸이 최석두

ISBN 978-89-7142-175-4 03320

서울시 마포구 서교동 480-9 에이스빌딩 3층 우) 121-210
전 화 02)3272-4546~8 팩스 02)3272-4549
이메일 pyongdan@hanmail.net